日本史籍協會編

淀稻葉家文書

東京大學出版會發行

淀稻葉家文書

緒言

一本文書ハ舊淀藩主稻葉正邦幕府老中在職中其手許ニ達セル書翰意見書建白書並探索書類等ヲ集錄セルモノナリ正邦元治元年四月老中ニ任シ慶應元年四月辭シ更ニ同貳年四月再任シ明治元年二月ニ至レリ

一本文書中ニ收ムル原書ノ一二ハ既ニ世ニ發表セラレタルモノアレトモ其大部分ハ從來全ク未發ノモノニシテ殊ニ正邦老中筆頭時代慶應三年以後ノモノニ關シテハ貴重ノ史料ニ富ミ幕府ノ最高機密ニ屬セル政

策ヲ窺フヘキモノ少ナカラス

一本書ハ稲葉家ニ於テ作製セル原書ノ副本五冊本ヲ基礎トセリ然ルニ副本ノ體裁ニ從フトキハ紙數過多ニ上リ壹册ニ完結スルコト困難ナルヲ以テ止ムヲ得ス之カ體裁ヲ改メタル所尠ナカラス例ヘハ改行スヘキモノモ單ニ闕字ヲ以テ其意ヲ示シ或ハ數行ニ渉ルヘキモノモ一行ニ詰メ又ハ包紙ノ圖樣アルモノヲ唯文字ノミニ留メタルカ如シ

一書中各文書ノ番號ハ稲葉家所藏原本ノ番號ヲ示セルモノナリ尙番號順序ヲ追ハサルハ一々原本ニ就テ輯錄スルコト能ハス全ク同副本ノ順序ニ從ヘル爲ナリ

蓋シ同副本ハ年代順ニ排列セルモノナルヘシ
一稲葉子爵家ニ於テ本會ノ懇請ヲ容レ之レヲ刊行シテ本會々員ニ頒ツコトヲ許諾セラレタル好意ヲ感謝ス
大正十五年十二月
日本史籍協會

緒言

淀稲葉家文書　目次

淀稻葉家文書第一

自元治元年五月
至慶應二年六月

イ六十一號
○元治元年五月　莊內藩諭新徵組書

申渡之覺

一組中之者一時御時勢ニ感發いたし憤激之餘り父母ニ離れ妻子を打捨爲報國不顧身命御當地江馳集候條一段之儀ニ付夫々御召募之上猶又御扶持御宛行等迄被下置候事ニ有之都而御手厚之御取扱を蒙り候段　御恩澤之程誠難有可奉仰事ニ候仍而者銘々彌志を厲し身を愼御奉公筋第一ニ心掛專ら武士道相磨き他日何等之御用有之節如何ニも　御目鏡ニ不外奉報　御國恩候樣可心掛筈ニ候處近來種々不都合之所業ニ及候者間々有之假令報國を口ニし盡忠を唱候共聊其廉相立不申畢竟報國を名として利祿を貪候姿ニ相當り素より右樣之者ニ候ハヽ多分之御宛行等被

下御召抱可相成様無之儀ニ付一同厚勘辨互ニ切瑳を加へ名義を不汚様
第一ニ可心掛事
一當局之儀元來海防を始専ら非常御備之　御趣意を以四方有志之士を被
召集候ニ付而者是迄住居向等都而陣中屯所之振ニ被相定候儀ニ有之各
迚も天下之事變ニ感し慷慨激烈身命を不惜國を去り家を離れ新徴之募
ニ應し馳集候上者更ニ餘念も無之筋ニ候得共先以急速攘夷之御決定ニ
も不被爲　至今日之上差向何等之事も無之無疆勤番之体ニ而歳月を送
り候上者父子之恩夫婦之情其外無止事仔細も可有之筈ニ付銘々始終家
を保長く御奉公相勵候様被成度　御趣意を以去秋中新規被　召抱夫々
御扶持御宛行等被下置候事ニ候且又各兼而當家ぇ御委任之儀ニ付先般
構木坂下御用屋敷拜領被　仰付猶又今度組頭以下役々不殘轉役被　仰
出悉皆手限御任相成候ニ付而者取扱方厚く相考先以深き　御趣意ニ基
人情無止事場合を察し今般速ニ普請取掛改而各一軒別長屋貸渡し可申

條右普請出來之上勝手次第父子妻子を引取り孝養を盡し御奉公彌無怠
長く可抽忠節事
一組方近頃如何之風聞間々有之一体當局之儀者新創之御場所ニ付是迄御
取扱向趣法も聢与相立不申候處先以諸國之少年輩多人相集獨身勤番之
体罷在候ゟ畢竟種々之風聞ニ及候次第も可有之今度　御趣法變革被
仰出御取扱向夫々相立候ニ付而者當節如何之次第を以取調中之者格別
其餘假令如何樣之所業有之此後何方ゟ訴出又者掛合等有之候共都而今
日ゟ以前之儀者一切用捨可致候間其段相心得今日ゟ以後各一新いたし
報國之名實不相反候樣厚可心掛候尤純忠清義之筋相顯候ニおゐてハ猶
夫々御取立ニも可相成筈若又此後も改心不致不都合之所業等有之候者
彌　上を欺き利祿を貪り候筋ニ而不容易儀ニ付少も無用捨嚴重可及沙
汰候間銘々覺悟可有之事
右之趣御委任被　仰渡候條各堅く相心得可罷在者也

子五月　◎上包ノ圖省略

第十號
○元治元年十月頃

武田耕雲齋組
薄井徳太郎事
山名新太郎改
里見小主永改
里見寅男改

浪人頭取　里見三彌
右之者先手信州ゟ脱走其後徒黨企候發起人
本所　牧野主計弟
赤城下　關口權介
村松町　小栗徳三郎
神田邊　小橋太助
小梅　大橋照司

通り町邊　渡邊源左衛門
久世大和守藩　廿人程
織田兵部少輔藩　十人程
松平伊豆守藩　金子與三郎
川越藩　三拾人程
壬生藩　野原正一郎
門人不殘
上州

同　新田萬次郎

太田宿醫師　福島自立

同本陣　悴　但耳聾

同木崎宿　藤屋　文吾

同　近江屋　文吾

同在　高橋通

下野足利中町　藥湯ノ主

同　近在江川村
鈴木千里

但里見三彌脱走之砌此千里方ニ隠候而再企徒黨候由之事

同　村
武平

同田作村
安達一齋

同
赤尾清三郎

同
佐藤定之允

同櫻崎村
源光寺

同山川村　長林寺

同江川村　吉祥寺留守居

同八木宿　織田退藏

右者何レも三十人五十人ツヽ之頭人之由猶此外甲州信州等北國之分ハ名面不相知且御府内も日々増減人數者不相知候由

イ五十二號

○元治元年十一月廿七日　稲葉閣老廣島ヨリ江戸閣老ヘ寄ル密書案

原稿自筆

十一月廿七日防長御處置ニ付同列へ申遣稿

委細御申込之趣致承知候其後篤と愚考仕候處御滯坂頃之時勢ニ候ハヽ前文之御處置も御尤ニ奉存候得共其後追々伏罪之姿も相顯已ニ先便ニも申進候通り三家老ハ勿論頭立候過激輩ハ彼方ニ而死罪申付大膳父子も寺院

ニ蟄居眞ニ悔悟之樣子ニ而謹愼ニ　御沙汰相待居候ニハ無相違相聞へ殊ニ此度之義ニ付而ハ最初ゟ聊も　命令違背之景色も無之候上ハ　朝敵之名も消へ候とハ難申候得共罪狀薄らき候とハ可申歟然ルニ此上大膳父子他藩へ御預ケと被　仰出候而ハとても國中之人心承伏不仕正議之者迄も惑亂相生し可申且又被仰越候通り諸藩之議論沸騰可致其義ハ御構無之ニも致せ追々永陣ニ相成候樣ニ而ハ諸打手之向も自然疲弊ニ堪兼銘々勝手ニ歸國等致候者無之共難申樣子ニ御座候右之仕合せニ至り候ハヽ防長二國ハ差置天下人心之向背ニ係り國家之御大事是ゟ相生し可申と心配之至り奉存候元ゟ寬優之御處置可然と申上候ニハ無之候得共御預之義ハ今一應御再評被成候方と存候全躰　上へも被仰上之上御內評御決之由被仰遣候を彼是愚意申述候ハ何共恐入候次第ニハ候得共只今之形勢ニ而者とても難被行候上種々不都合相生し却而　御爲筋ニ不相成と存候間不得止心付之義申進候尤過激輩御處置之義ハ是迄とても聊無宥恕切捨ニ取計候義

ニ御座候當地著以來未格別之日數ニハ無之候得共時勢之緩急人情之變動ハ時々聊宛之相違ハ有之候間紙面ニ而申進候而も事情文意ニ難盡義も多何分小生一人ニ而右樣重大之事件取計候ハ余り過分之義と奉存候一人之苦心ハ兎も角もつまり　御爲ニも相成間敷と存候間各樣之內御一人急速御下向御談合被下候樣仕度存候過日ハ伊豆殿御出張被蒙　仰候やニ傳聞仕候左候ハヽ其內御到著之御事共存候得共一日も早く御一人御越之程日夜御待申居候尤大膳父子御處置之次第ハ至當時双方之形勢ニ付申進候義ニ御座候今ニモ彼方ニ而聊ニ而も變動致候カ又ハ兼々總督ゟ御申遣置候件々相拒ミ候ハヽ諸方一同直樣打入候手筈ハ勿論油斷不仕候事ニ御座候先ハ余《マヽ》御再答旁要用而已申進度如此御座候頓首

十月廿七日

猶々本文被仰越候義聊ニ而も洩聞候而ハ打手之氣緩ミニ相成候間極密被仰遣候旨致承知候尤彌降參之上ハ近日之內御處置之義督府ニ而衆評

可有之筈ニ兼々相成居候間右之模樣承候上尾張殿へも可申上未總督へも不申上候呉々も不容易御大事之義一人ニ而取計候義ハ此上とても微力ニ及兼候間何れニも急速御一人御出張之程御賴申上候以上

原稿自筆

イ四十九號
〇元治元年十一月廿七日　稲葉閣老廣島ヨリノ書簡案

十一月廿七日惣督拜借金之義江戶に申遣候稿

然者尾張殿ヵ此度之御用ニ付而ハ御入費不容易事ニ付御領分等へも多分之御用金被仰付候處ヶ也ニ相調只今迄之處御凌被成候得共此節ニ至り右も御手薄ニ相成何共被成方無之候故先日ゟ其地へ御拜借之義委細御願被成置候由之處此節別而御切迫之次第も有之候ニ付於大坂表差向御立替御拜借被成度趣小生へ毎度御直話も有之以隼人正も再三御沙汰も有之候得共何分大金之義とても取計難仕候間尊地へ可申進旨申上置候得共實ニ御當惑之御樣子ニ御坐候間何とか御評議御坐候樣致度存候右之段序ニ付申進候草々不備

十一月廿七日

〇元治元年十二月　稲葉閣老尾張總督ニ呈する意見書案
イ四十八號　原稿自筆

子十二月朔惣督へ差出書面之稿

一末藩三人被召寄大膳父子之罪狀被仰渡之上何れも恐入候趣申聞候ハヽ

一旦開城仕最寄打手之向へ相渡し可申旨可被仰付哉之事

一大膳家老兩人計急速被爲召兼而被仰付候三ヶ條之義來ル幾日迄ニ是非

御請申上候樣若右期限を過候而遲延致候ハヽ諸手人數萩山口之城下迄

繰入候樣御下知可被爲在尤大膳父子謝罪之義ハ朝幕へも被仰上置候ニ

付戰爭之御趣意ニハ無之候間心得違無之安心致候樣併彼方ゟ好而開兵

端を候は勝手次第之旨被仰渡可然哉之事

一大小御目付并軍目付之內兩人計岩國ゟ被差遣置監物申談以後臨機之諸

件取計ひ候ハヽ御都合可宜哉之事

十二月朔日

原稿自筆

○イ四十五號
元治元年十二月カ　稲葉閣老廣島在陣中臣下へ諭告

甚寒之節一同無事在陣事靜ニ罷在一段之事ニ候追々長陣相成嘸々可爲難義と察入候就而ハ惠筋之義も心附候得共承知之通舊來疲弊之勝手向不任心底誠ニ乍少分寸志迄ニ聊之金子手元ゟ差遣候此上彌相愼我等一同艱難を相凌候樣有之度候事

○イ三十七號
慶應元年二月十七日　織田兵部少輔内願書

私先祖内大臣常眞信雄父贈太政大臣信長從來之御懇親御舊好御座候段被思召元和元卯年　權現樣　台德院樣ゟ常眞江出格之以　思召於上和兩州五萬石餘拜領被　仰付其後代々格別之家格御取扱被成下候處私曾祖父美濃守信邦明和四亥年家來共不取計之儀有之候ニ付蟄居被　仰付羽州高畑江所替被　仰付祖父左近將監江家督被下置柳之間席被　仰付家格之儀は同姓出雲守並ニ被　仰付候段誠ニ以奉恐入左近將監以來日夜不安寢食事于今百年愁歎仕候依之不得止事累年　御代々樣每御年回上野御門主執當

迄歎願書差出候得共猶又當四月　權現樣貳百五拾回　御祭禮御相當被遊候ニ付而は猶更一入歎願仕候遠祖清盛以來信長爲祭祀　權現樣　台德院樣ゟ被下置候祿位子々孫々永相傳社稷保衞墳廟祭薦仕盡忠孝可奉報　御宏恩之所前條之次第ニ付舊領墳墓之地も壞敗仕後世子孫難盡孝力自然不忠不孝之汚名難免誠ニ以家之瑕瑾歎ヶ敷愁傷仕候今般　權現樣貳百五拾回之　御祭禮私終身再度難逢　御大禮之義右曾祖父美濃守蒙　御咎候後最早百年ニも相成候間祖父左近將監以來歎願仕候趣幾重ニも　御憐察被成下且信長勤王之功被　思召美濃守御咎　御赦免被成下　權現樣　台德院樣ゟ厚　思召ニ而被下置候舊領且舊格之儀ニも御坐候間何分ニも忘失難仕且先祖代々之墳墓も有之候間當時難相調候は責而は舊地近邊ニ而墳墓守衞之地丈舊復被　仰付候は手輕之陣屋也共建置候樣ニも相成候得者躬自參詣祭薦も仕度且は近年外夷通商之事情ゟ自然本邦狡猾姦謀之徒變動有之候迚當在所表は百里之偏僻遠邑之儀蒙　鈞命候迚急速疲馬之力難

及依之於舊領近所墳墓爲守衞祭薦丈也共舊復被成下候は　權現樣　台德院樣信長之御舊好被　思召被下置候　御神志之驗も相殘且手輕之陣屋也共建置候時者同所ゟ少分之人數緩急應　鈞命出府爲仕候は乍纖毫之小忠大海之爲一滴共奉報　御宏恩度偏ニ感激仕子孫忠孝之勵ニも相成生々世々先祖傳來之家來共迄も如天地恩戴之仕日夜御恩德哥唱仕忠孝之性情も爲相盡抽忠勤度奉存候何卒　權現樣　台德院樣御舊好被　思召候　御神慮且左近將監以來累年奉歎願候趣意乍恐　御哀憐被成下此上出格之以御慈悲前文願之通曾祖父美濃守御咎　御赦免舊格之通相殘候樣仕度此段幾重ニも奉歎願候以上

二月十七日　　織田兵部之輔印

（上包）心願書　　織田兵部少輔

イ七十二號

○慶應元年三月カ　某氏建言（長州處分並諸政改革ニ就テ）

長州御征討無之候而ハ大旗御進メ相成曠日持久空敷兵を鈍せられ候事ニ

當り御威令難相立候得共無餘儀御意味合も御坐候而一旦寛大之御處置御坐候共必す再犯致候ものと御見通シ相成再擧之御手配有之義御急務之事」

一長州減高ニも相成候ハヽ、上知場所其家ゟ御預ケは勿論近國諸侯ゟ御預ケ等ニ相成候而は不可然御旗本之内より可然人物御撰擧相成其地悉皆御委任有之常住坐臥長州之動靜相探り忠告仕候義は勿論新御料所之民心漸々御德化ニ歸候樣所置致し萬一之節者自元小人數且應援等も相屆申間敷候間死テ而止候覺悟之もの被遣候樣致度候事

一今般御出師相成候は長州之逆徒御掃攘之御趣意ニ候得とも長州は枝葉にて他ニ根幹有之事は衆人囑目致居候ニ付此儘御凱旋相成候而ハ又々如何樣之儀出來可申も難測候ニ付　御上洛之上聢ト御國是相立候迄ハ御動き無之樣仕度候事

一右等御所置之次第は萬機ニ涉候事故筆端ニ難盡候得共詰り御誠心を以上下內外共御貫き有之候儀專一ニ付閣老方ニて御政柄御掌握相成居候

ゐは被行申間敷もはや　御盛年ニも被爲成殊更　御英明ニ被爲在候間
諸事御直裁ニ相成萬一　思召違之儀も被爲〻在候ハヽ幾應も諫言を盡
既ニ御決定相成候儀如何樣之儀有之候共容易ニ御變替無之事ニ御廟謨
相立諸有司は上之思召下ニ通し下之情上ニ相貫き上下隔絕不仕候樣御
仕向有之追々御誠意相顯候上は　朝廷ニ於ゐも是迄之御疑惑相散　宸
襟を被爲　安御依賴被遊候義は勿論之事故諸藩ニ至迄間然可仕樣無之
候間初ゐ　幕府之御威令御復古之基相立候ニ付其上ニゐ諸般御舊復ナ
リ御改革ナリ宜ニ隨テ被行可申候間　御直裁相成候儀眼目と被存候事
一外國之所長御採用相成候義　皇國固有之士氣御引立之御一助ニ被遊候
儀者尤以御急務ニ御座候得共己を捨て彼ニ流れ候御處置にては永續仕
間敷第一御國體ニも拘り可申候間篤と御取捨相成可成丈自國之古實を
存し兵制等御立有之必用之術耳御採用御座候得者決ゐ異論相生申間敷
候尤外國技藝等傳習被　仰付候ものは盡く彼之法則通り習熟爲仕其上

にて利害得失御吟味相成候樣仕度候事

一御旗本御家人等ゝ御不相當之張紙直段ヲ以御切米御渡相成候儀は實ニ歎ヶ敷義第一　御仁德を失廉恥之風を破候根元と被存候加之從來遠國御用被　仰付候もの爲支度取越相願候得者皆米御渡相成候處右等も近來御廢相成候段歎息之至ニ有之候物價騰貴仕候趣相唱候得とも金貨ニ對し候得者差而不釣合之事も無之知行給地等賜り居候ものは以前兩ニ壹石ニて拂米致候處昨今年貳斗內外ニ拂候ニ付凡五倍ニ當り候間諸物價ニ對し更ニ差支無之廩米にて御渡相成候ものハ實ニ凌き方無之殊更御給金取ニ至り候而者妻子扶助も出來兼候は眼前ニ付何樣御世話被爲在候共士氣引立兼候事ニ御座候右樣御無理之御處置ニ而は　御誠意相貫兼候間以來張紙直段は時相場相當之事ニ御舊復相成御給金取之ものは三倍ニ被成遣其上にて士道を磨不申候歟如何之所置御座候ハヽ嚴重ニ御取調之上夫々嚴譴被　仰付候樣仕度候事

一前文之儀當今御勝手御繰合等不容易御時節ニ付難被行樣相聞候得共右御償ニハ商税之法御立御座候得者是式之義ハ聊以御心配無之其餘御勝手御充實は申迄も無之御武備も十分相整候事ニ御座候此商税御取立之法は實ニ富國强兵之基西洋諸洲皆此法にて國力を張候事ニ御座候間前文と並被行れ(マヽ)候樣仕度候事

商税御取立之儀者聢ト御決定之上衆議を盡し御手戻無之樣ニ御定有之度候ニ付大本而已相認候且税則再議之時ニ當り居候間尤以好機會ニ付輸出品無税之御談判有之其代り御國內ニ而御取立之事ニ御治定有之候ハヽ二重税之旨申出候儀者無之候若亦其以前税則再議御決定有之候ハヽ畠永免除相成其代り商税にて御取立御座候事ニ外國官吏ヘも御引合相成候得者年貢之儀ニ付決而苦情無之農民等も信伏可仕候

一金銀貨幣各種之割合相當不仕候ニ付物價も平等ニ不至外國交易ニも差響候ニ付御改無之候而者根本相立兼候尤金銀坐(マヽ)之幣御改革は一朝一夕

ニ被行申間敷候ニ付別段鑄造局御取立相成候方可然乍去差當り金銀共御改鑄之上御引替可相成山出金銀乏敷可有御座哉ニ付近頃蒸氣器械御取寄ニも罷成候義故佐州其外金銀鑛山水敷ニ相成堀方出來兼候處に御仕懸御座候ハヽ自元金銀ハ根合ニ入候程多數御座候事故多分之出方相成候義必定ニ付早々御處置御座候樣仕度其他金銀山御取開之ヶ所も數多御座候事と奉存候ニ付精々御世話被爲在候ハヽ三五ヶ年之内ニハ必す莫大之出高ニ至り候事ト被存候夫迄之處は御改鑄可相成御見居之金銀貨見本同樣御吹立相成不足之分楮幣ナリ製銅金ナリ御製造有之右にて是迄之通用金御引上之上御改鑄御座候樣仕度尤差當り御用途多之儀ニ付製銅金ニ而一時御補有之十分ニ諸侯初に拜借被　仰付武備相整候樣御世話有之度候事

一山陵御修復相成候儀者　御當代之　御美事御崇敬筋無此上も御儀と奉存候就而者永久御修補料御備有之度候事

一朝廷御賄料多分ニ御増進相成其外搢紳家ニも家領御増與被成遣候向も御座候哉之由右は　御崇尊筋格別之御儀ニも可有御座候得共　神君様御至誠御至德ヲ以御神慮被爲遊御賄料等多分ニ不被進候者　朝家之御爲遠大之神算被爲在御定相成候義と奉存候且當今諸般御國計多之處海防筋殊更　聖慮を被爲惱屢　勅諚等も被爲在候折柄有限御収納高之儀ニ付御賄料相増候得者夫丈御豫備筋も御引〔行カ〕屆相成兼候は判然と相分候事故一時無御據御所置ニ御座候ハヽ永久之處如何可有之歟左候とて今更御斷被　仰上方も有御座間敷候ニ付　朝廷之御爲日本全國之寺社等ニ篤と御説得相成山林之竹木を伐候而なり共其分限ニ應し上納金被仰付候ハヽ數萬之寺社ニ付一寺一社より一金を獻候而も數百萬金ニ可至候ニ付右之分當今疲弊致居候諸藩以下へ安利ニ御貸附有之年々冥加上納ニ相成候金高員數ニ應し蝦夷地新田開墾相成右御取箇〔マヽ〕附候分ヲ以追々御賄料幷陵御修補料ニ御備被成候ハヽ御永續罷成可申第一蝦夷地

御開拓行届候得者是亦御實備も相立候事ニ而諸寺社於而も格別之御廉柄故御教諭次第必す信伏可仕御貸附相成候諸侯も御救助等感戴仕候儀は勿論別段之御金ニ付利納相滞候義者有之間敷候事

但御仕法等は篤と御評議之上御決定有之候事故巨細之義は相省申候

右數件先日御內話之趣も御座候間不顧忌諱相認申候御一覽後丙丁へ御投與可被下候以上

三月

イ九十七號
○慶應元年四月カ　探索書取　長防事件

書取

長州之儀初發御征伐之節いまた解兵ニ相成不申內萩より奇兵隊退治之高札を所々ニ相建候より國亂差起惣体國中三ニ相分古來より之備組先（マヽ）鋒隊と此度變動ニよつて取立候奇兵隊との戰爭ニ相成右之內先（マヽ）鋒隊中之者ニ而同隊之議論與合兼別ニ引分居是を當時干城隊と唱右者先（マヽ）鋒隊奇兵隊ニ

も附不申中央ニ大膳父子を守護し萩城ニ籠候由之處先〔マヽ〕鋒隊奇兵隊との戰爭都合十一戰ニ而先〔マヽ〕鋒隊打負巨魁之面々は多石州之方ニ出走いたし一國之權奇兵隊ニ歸候樣相成其後同隊より再大膳父子を山口ニ迎取出走いたし候者共ハ石州より送返候付巨魁數輩者切腹流罪等被處其他ハいまた刑斷等夫々相片付不申內御再討之事起其節　公邊より被　仰立候罪案於長州不落著之旨を以前文之三隊幷岩國等ニ至迄一國一致之容ニ相成是より國內大ニ和熟いたし於南北戰爭におよひ候處此度休兵之後は猶又國情內端一變之機相見是迄追々之戰爭事變ニよつて國力甚費弊ニおよひ最早浪華迄出兵いたし候手當も無之樣相成此儘ニ而戰爭而已を務候ハヽ勝候而も費弊を重ね負候而も費弊をかさね進退共ニ窮り候樣相成積り亡國之埒ニ至り可申依之今日之見識は第一國力を養候處ニ相定候得共若此以後引續御再々討有之候ハヽ勿論防戰之覺悟ニ而當時專海陸軍備を組立右ニ付而は尙又費弊ニ費弊をかさね諸方ニ手を延侵掠抔致候儀は存懸も無之樣

子ニ相聞申候如此國情ニ相成候も畢竟ハ長州之政府追々之國亂ニ而人物一變いたし當時は永非雅樂時代之もの多被擧用一國之政體は元就之初年ニ泝候と之事ニ而振興仕居候得共老輩多候處より今日ニ至り前日之非を覺內實は無事を求候所より當時政事座相勤居候桂小五郎松原乙藏列之ものも前日とハ見識も打替居候樣子ニ相聞候尤　公邊和戰之御沙汰延引仕候ハヽ諸隊之激烈は前日之通山口より抑ニ兼候樣ニ成行兩三年を不過事を破可申は必然ニ候得共當今之所は彼より諸方ニ手を出し侵掠いたし候儀は決而有之間敷乍然備中倉敷等之事ハ元長州國論之所致ニ而は無之激烈之徒山口之命をも不相用より起り候儀ニ候得は右體之儀は何時可有之哉も難計段申出候大概右之趣ニ相聞候得共吟味筋未落著ニ至兼候間追而は申口異同之儀も可有御座候事

イ二十三號
○慶應元年閏五月　英艦長バルクル長州人と應接要領

閏五月九日英ノ軍艦長崎ヲ發シ橫濱港到ル連日ノ概略

此軍艦ハ英ノ「スルアルマツク」カ交代トシテ「スルハルリーバルクル」ナルミニストルヲ乘セ横濱ニ航スル也サテ後五月九日當港ヲ發シテ翌十日長州馬關ニ達ス頓テ馬關ノ隊長杉《マヽ》留之助幷ニ應接士官伊藤井上兩人軍艦に來リ來舶ノ慶賀ヲ述テ退ク 此時馬關ノ市中ニ令シテ云洋人必上陸スヘシ隨テ又諸物ヲ求ヘシ賣買ノ間聊不廉ヲ爲シテ高利ヲ貪ル等ノコアラハ其儘刎首セシムル云々 續テ葛《マヽ》小五郎外ニ先年西洋ヘ遊行セシ者抔彼是三四輩又英艦ヘ來訪イタシ談合時ヲ移ス其大意和親ヲ結ヒ條約ヲ定ム 條約書ハ英人ヲウタ所持ス事長ケレハ爰ニ略ス親子兄弟ノ情也何事モ赤心ヲ開テ共ニ與ニ國事ヲ議リ大小ノ事總テ依頼スルト云ヘリバルクル許諾スバルクル問云今關東ヨリ長ヲ征スルノ事アリト聞長ハ如何ンカ所スル長人答云從來國ヲ興シ政ヲ復セント欲スレ𪜈幕府不震人心日ニ月ニ廢弛ス切歯慷慨スレ𪜈致スヘカラス爰ニ癸亥ノ年新ニ國綱ヲ張リ武威ヲ盛ニスヘキノ　朝命ヲ天下ニ布告セラレシカハ始テ欣躍ノ思ヲナシ飽迄　朝命ヲ奉シテ他ヲ顧ミズ憤發興起シテ力ヲ國内ニ盡シ直ニ各國ノ船艦ニ砲發シ遂ニ監軍使ヲモ給ハリ重キ感狀ヲ蒙ル

豈獨リ好テ是ヲ爲スモノナランヤ總テ君命ヲ奉スルノミ其後邊海ノ戰ヨリ今又不覊ノ交ヲ爲ス思ハサルノ珍事ト謂テ賀ヲ祝スサテ國ヲ興シ舊ヲ改ルノ　朝命アッテ頃テ反對表裏ノ　勅下ル是全姦吏邪臣ノ釀ス所ニシテ眞ノ　勅旨ニアラス若又萬一長防ニ於テ聊過失アラバ其明證ヲ以テ吾ヲ糺サレンヿヲ希フ吾其過失ヲ悟ラハ吾ヨリ行テ其罪ニ服シ何ノ吝ナルヿカ之有ン然𪜈吾ハ道義ヲ爲ス者ト思ヘリ今無名ノ兵馬ヲ動カシテ吾邊境ヲ侵ス者アラハ敢テ重代ノ恩ヲ忘テ敢テ之ニ敵スルニアラス止ヲ得ズシテ之ヲ防カント云ヘリ

又云過日吾國ニ説ヲ爲ス者アリ大膳父子ヲ縛セント欲セハ其意ニ任セ命ヲ脱《マヽ》サント欲スルモ又致スヘカラス總テ其意ニ任セ而後金枝玉葉ノ内ヲ求テ是ニ社稷ヲ存セシメハ果テ然ラントノ俗説紛々ト唱爲シ凡三四千人ニモ及ヒシカ共大膳父子ヲ除テ爲誰社稷ヲ可維持是迄ノ養育ハ誰ヨリ受シヤト云テ一朝ニシテ其俗ヲ破リ今ハ全國ノ議一定セリ

談シ畢テ馬關ノ應接館ニ招待ス入テ館舍ヲ見レハ廣大ノ造營殆眼目ヲ驚シ器物飾餝ノ設珍肴佳味ノ饗應實ニ情ヲ盡シ禮ヲ盡ス又暫アツテ近傍ノ佳地ニ誘ヒ山水ノ風景ヲ弄シ遠人情意ヲ慰シム再度館舍ニ歸テ一泊ス此夜安否ヲ訪ノ使三度ニ及ヒ別ルヽニ臨テ贈物ヲ厚ス長人云此設テ〔ママ〕曾テ洋人ニ限ニアラス　幕府列藩共ニ平常ヲ以テ交リ來ラハ皆斯ノ如クス何ソ敢テ戰爭ヲ好ンヤ然圧彼等暴威ヲ振テ吾ニ迫ラハ吾又止ヘカラス
上陸ノ後土地ノ形勢ヲ察スルニ先都城部落毎ニハ一ハタヒロン又ハ二三隊ヲ置キ晝夜軍事ヲ習シメ服ハ上下ノ差別ナク等シク筒袖タツ附幷洋製ノ沓ヲ用ヒ但士以上ハ羅紗以下ハ呉呂服ヲ著シ唯小袴等ノ紋〔ママ〕色白キ縮緬又ハ白綸子等ハ士分ニ限リ以下ハ同色ノ黒紐ニ拵ヘ筒ハ貴賤トナク大略ミニールライフルヲ所持ス又報國隊ト云モノ有リ始メ調和ノ説ヲ唱後ニ報國ノ志ヲ與ス故ニ先非ヲ悔ヒモト取ヲ切テ心ヲ改ルノ證トス故ニ軍士皆短髮也長府人尤多シ惣シテ海岸臺場ハ條約ニ依テ廢止ス然圧陸地一里

程ノ内ニハ嚴重ノ砲臺盡ク築之」バルクル退テ思フ長州開タリト𪜈斯迄ハアラシト又内情ヲ聞ク如斯詳ナラスツラ〱ヲモン見ルニ　勅命ヲ天下ニ布告サレシ故長州ハ斷然　朝命ヲ重シ後ヲ顧ミスシテ國ヲ危難ノ際ニ忘ル直ニメ且廉ナリト可謂此時ニ臨テ一人長ノ危急ヲ救フモノ有ヲ聞ス却テ長ノ浮沈ヲ傍觀座視ス不信ノ甚シキモノト可謂今信ヲ失ヒ義ヲ忘ルヽノ輩ヨリ思君憂國ノ人ヲ征スル理ナシ此長佐ケスンハ道義何クニカ存ント謂ッテ長ヲ憐ノ情他日ニ倍シ幕府列藩ヲ尤ムルノ心愈深シ一人ノ本邦人深ク之ヲ患ルト雖モ猥ニ言ヲ發セス同十一日ノ晩ヨリ纜ヲ解テ行々内海ヲ測量シ所々ノ城下ヘモ留リ或ハ風景ヲ弄シ或ハ土地ヲ察シ此日遂ニ浪花ノ港ニ達ス海灣數百里程ノ風土ヲ察テ嘆テ云物種多シト雖此地茶ニ若クモノアラン《シカ》滿目ノ顆体情ニ餘リ有リ何ソ天賚ヲ空スル速ニ此業ヲ遂ヨト云ヘリ浪花碇泊中種々ノ談話ノ端ヨリ彼ノ君ハ　天朝ニ與スルカ又關東ニ從ンカ吾云道義ノ存スル處ニ從フ然ラハ則　天朝道ヲ得テ　幕府

義ヲ失ハヽ幕ハ果テ討ヘキヤ否曰不然國ヲ擧テ是ヲ諫ノミ何敢テ討之彼云今爰ニ　天朝　幕府兩議アツテ何レカ正何レカ邪ナルヲ詳ニセサル事アラハ君ハ何レニ從ンヤ云ク己レ其理ヲ詳ニセサレハ是ヲ一國ニ議リ一國其理ヲ詳ニセサレハ是ヲ隣邦ニ議リ隣邦其理ヲ詳ニセサレハ是ヲ天下ニ議ル天地ノ道ハ仁ト不仁トノミ然時ハ曲直邪正何レニカ定ラサラン而後　幕府過チアレハ天下ト之ヲ諫メ萬一　天朝ニ於テ不可解ノ事件アラハ天下ト闕下ニ伏テ之ヲ訴也彼云然ラハ則長ハ正ニメ其他ハ邪也　天朝ハ直ニシテ關東ハ曲ナリ君ハ如何ンカ思ヘル答云長ハ尤非尤邪其他姑置ク焉彼顏色ヲ變テ起テ其故ヲ問答云長人前　勅ヲ眞トシ後勅ヲ僞トス前勅ハ國ヲ與スノ　宸旨後　勅ハ國ヲ覆スノ姦計ト云ヘリ如斯明白詳盡ノ理ヲ知ラハ何カ故ニ　天朝ヲ諫奏セサル未奏問〔マヽ〕ヲ遂スシテ猥ニ眞ト云僞ト云未其解一ナリ又長カ論ニ就テ之ヲ見ニ前勅ヲ無二ノ　宸旨ト云ヘリ其前　勅ナルヤ尊王攘夷富國强兵之〔マヽ〕然處過日君等軍艦ヲ以テ香船、ニ禍スルノ怨ヲ報ス未決戰ノ域ニモ至ラスシテ旗ヲ雲煙ノ下ニ卷テ罪ヲ　朝幕ニ託シテ和ヲ請ヒ親ヲ結フ曾テ昨日ノ饗應情ヲ盡シ禮ヲ盡ス十三年ノ久シキヲ積ミシ關東ト雖モ如斯例アリシヿヲ不聞果テ前　勅ヲ奉セハ何故ニ爰ニ至ルヤ未其解二ナリ凡長人ノ心タルヤ我意ニ欲スルヿハ俚言モ之ヲ信シ我意ニ不叶ノ《ヿカ》ハ君命モ之ヲ犯ス後　勅僞ナリト唱ルモ實ハ九重ノ内ヨリ再度飜スヘカラサルヲ悟リ之ヲ千里ノ外ニ點《マヽ》ク唯前　勅ハ暗ニ志願ニ合スルヲ以テ是ヲ奉スルト云ヘリ且本邦全國ノ勢ハ却テ前　勅ノ甚シキヲ驚キ未其ヲ解セサル内獨リ長州ハ　幕府ヘモ不拘列藩ヘモ不料猥ニ商船ニ向テ暴發ス列國ノ傍觀又宜ナラスヤ殊ニ又去年都門ニ向ヒ闕下之戰ヲ爲シ恐多モ彈丸ヲ　天子ノ宮殿ニ留ム將タ亂臣トモ云ンカ將逆賊トモ云ンカ是ノ概略ヲ察シテ其曲直邪正ノ際ヲ詳ニセヨト云ヘハ「ハルクル」手ヲ拍テ賞嘆シ日本海《マヽ》ノ以來如此明論ヲ聞スト云テ忽筆者ニ命シ是ヲ倫敦ニ贈レリ談シ畢テ言ヲ改テ云斯ク長州ノ事ヲ論スレハ　幕ハ由ア

ルニ似タレ𪜈敢テ然ルニアラス大小ノ官吏多クハ路ヲ塞キ百分ノ一タモ大樹ノ尊聽ニ不達却テ信義ヲ他邦ニ失ヒ之カ爲ニ諸賢ノ憤ヲ起シムルヿ不少吾是ヲ患ヿ久シ故ニ以來ハ是ノ濛昧ナル事情ヲ以テ胸算ヲ定メス大小總テ　大樹ノ耳ニ入テ　大樹ノ口ヨリ出ルヲ聞テ以テ始テ證トセラレンヿヲ伏希スト云テ跡ハ戯レ交リノ談話ニ移リ同十二日浪花港ヲ發シテ同十六日横濱ノ館ニ達ス一人ノ本邦人ト「ハルクル」トノ問答故紙中彼ニ我ヲ以テ自他ヲ分　説話ノ大略ヲ記ス故不詳不盡意

イ三十五號
○慶應元年八月十六日　松平攝津守内願書

先達而中奉内願候封書　御掌握被成下難有仕合奉存候然ル處去ル八日御城代越中守ゟ内達有之候ニは近々　還御之御模樣ニモ可被爲成哉之由被申聞候就而は彼是自由ケ間鋪奉内願候樣ニ而恐入奉存候得共御入操以何分相應之御役向被　仰付　還御之節御供被　仰付被下置候樣奉歎願候左候得は差向汚名相雪面目ヲ施冥加至極本懷之義奉存候何卒出格以　御含

右樣被成下置候ハヽ誠ニ以難有仕合奉存候尤兼而奉内願候再勤之儀は厚
御含被成下向後是非共内願之通被　仰付被下置候樣奉願上候左候得は尚
更汚辱相雪此上も無御座難有仕合奉存候間幾重ニも　御含之程一向奉歎
願候當節柄御用多之御砌度々奉内願候儀實ニ奉恐入候得共前條之次第難
默止奉内願候以上

八月十六日　松平攝津守

上包
心願書　松平攝津守

イ三十四號
○慶應元年八月廿一日　内藤若狹守歎願書

私儀此度大坂表御警衛被　仰付　御進發御供　御免被　仰出難有仕合奉
存候此上　還御等も被爲　在候節ハ御道中御手薄ニ而者心配仕候間何卒
御道中爲御警衛御供被　仰付候樣奉歎願候且又去五月中當地出張仕候處
在所表ゟ粮米送方更ニ無之買米ニ而相凌罷在候得共莫大之入用甚以當惑
心配仕候其上在所表昨今年打續風雨出水ニ而田畑違作此上之處公務幷家

中扶助等者勿論農民撫育ニも差支當惑仕候且又清內路御關所御預被　仰付候ニ付而者同所當節柄人數多差出置當所与兩樣ニ而何分難行屆深心配仕候何卒前文之次第　御賢察被成下候樣偏奉歎願候以上

八月廿一日　　內藤若狹守

（イ二十二號）
○慶應元年八月　英商長州と密商等の件（定役格平井茂十郎米國商人カヒ子ツト）問答

附紙〔是者江戸表ゟも申上置候

於下關英亞商人共密議始末書

一乙丑八月在崎ノ英國商人コロウル兄弟及ヒオールト等同國蒸氣ユニオン船ニ乘組ミ長州下ノ關ニ至ル商務ヲ同州ノ長官ト議センタメ也始メ二商馬關ニテ各別ニ一家ノ商法ヲ爲シ互ニ相知ルヿナシ後ニ至リ探知シ得テ卽チ商量シテ云ラク我輩卽今ノ如ク別ニ門戸ヲ張ルハ併セテ之ヲ大ニシ極メテ隆盛ノ一擧ヲ計ルニ如カス我輩自ラ彼地ニ至リテ倶ニ後事ヲ地方官ニ商議スヘシト是乃チ長州行ノ因テ起ル所ナリ船初テ馬

關ニ達ス卽チ陸ニ上リ應接館ニ入リ先來意ヲ告ケ接對スヘキ職員ニ見ヘンヿヲ乞フ應接館ノ主長對テ云ヘラク商務ノ如キハ我司ル所ニ非ス城下ニ告報シテ高官ヲ迎ヘ來ラスヘシトテ卽時吏人ヲ發シ翌日高官至リ互ニ初對面ノ辭儀ヲワリテ二商云ク現時貴國要用ノ諸般武器大礮小銃彈丸火莍何レモ貴國ノ需ニ從ヒ我輩之ヲ輸送スヘシ代貨ハ米麥及ヒ鹽等ヲ以テ專主トシテ時ニ從テ交ユルニ貨幣ヲ以テセントス欲ス乞フ貴國是ヲ允ルスヘキヤ否ヤ高官悅ヒ諸ス二商之ヲ謝シ玆ニ於テ猶談話數刻ニ及フノ序二商問テ曰ク卽今貴國ノ君主政府ニ抗拒シ頗ル不遜ノ色ヲ現ハスニヨリ大君特ニ征伐ノ軍ヲ率ヰテ今巳テニ大坂城ニアリ日ヲトシテ大軍席捲シ來リテ貴國ヲ一掃セントス知ラス此一事イカナル結局ニイタルヘキヤ敢テ明示ヲ乞フ高官對テ云ヘラク今我國陽ニ屈伏ノ色ヲ現ワス此故ニ大君忽チニ斧鉞ヲ下スヿナシ此上猶寧辭ヲ述ヘ一二ノ隨順ノ徵候ヲ呈シ雌伏不振ノ体ヲ示サハ彼掛齒ニタヘスト思ヒ日ヲ

重スシテ大軍東ニ回リ去ルヘシモシ又左ナクシテ決戰ノ時ニイタルヿアラハ我手下數萬ノ雄兵ハ云フニ及ハス別ニ吾ヲ援ルモノナキニシモアラネハ一敗血ニ塗ルヿアラシ此ヲ以我輩今幕府ノ大軍坂城ニアルモ更ニ懼怕セス靜ニ民兵ヲ募集シ城垣ヲ修補シ要害ヲ營ミ側ラ民ヲ富マスノ術ヲ務ム思ヘラク國ヲ富マスハ交易ヲ廣クスルニ如カスト故ニ專ラ領內ニ夷國館ヲイトナミ弘ク萬國ノ商旅ヲ迎ヘントス其地境ノ如キモ日ヲ經スシテ一決スヘシ其期ニ至ラハ足下等速ニ崎地ノ商會ヲ廢シ此地ニ來テ交易アルヘシ二商云ク君ノ辯論素ヨリ正ニシカルヘシト雖モ併ナカラ一二ノ疑惑ナキニシモ非ス敢テ茲ニ陳述ス聞ク足下ノ君主前ニ大君ヨリ賜ヒシ尊稱爵位ノ身ニアリシ時モ與國ノ諸侯一枝ノ援兵ヲ出セシヿヲ聞カス今尊稱ヲ廢シ爵位ヲ貶セラレ恰モ一ノ庶人ノ如シ一ノ庶人ニシテ其君上ニ背キ敢テ我意ヲ恣ニス豈ニ人ノ是ヲ援ルアランヤ長官云ラク爾事情ヲ知ラス姑ラク我分解スルヲ聽ケ抑稱號ノ如キ

ハ大君政府ノ私ニ與ヘシ物ナリ今是ヲ私ニ還セリ是未タ稱號ナキ以前ニ均シ官位巳テニ止ムト雖モ我君家數百年ノ久シキヨリ帝朝ニ勳功アルヲ以テ下シ賜ヒシ勅感ノ書類尊貴徽章官位等ハ依然トシテ猶相存ス是ニ加フルニ領スル所ノ兩國ハ大君政府ノ賜物ニ非ス數代祖先ノ苦辛ニ依テ久シク有スル所ノ物ナル故大君政府モ是ヲ猥ニ動スヿ能ワス現今我國主張スル所ノ策ハ唯々國ヲ强ル一事ノミ强國ノ策ハ貿易ヲ廣ムルニ如カス因テ不日馬關ヲ開クヘケレハ足下等及ヒ足下ノ國人ハ云フニ及ハス歐州《マヽ》亞米亞弗利加各洲ノ人々我港内ニ陸續トシテ輻輳セラレンヿ尤祈ル所ナリ

一卽今長崎港居留ノ外國商人ヨリ諸般ノ武器ヲ長州ヘ賣與ヘシヿ一次二次ニ止マラス長州ニテハ是等ヲ以要害ニ備ヘ不虞ノ豫防ニ充由ノ聞アリシ故其事件ヲ委シク尋ルニ亞米利加スクーネル……（船名）兼テ專ラ其ヿノミ心掛ルヿ紛レナシ其先亞國商船スクーネルモニトル（船名）同シク長州

ニ至リ頗ル奸ヲ働キ後崎地ニイタリシ處從官岡士詰責シテ捕獲ノ沙汰アルヘキ由ヲ傳聞シテ出帆シ此船ノ免レシヨリ奸商各馬關ノ密交ヲ企希シ竟ニ此船又此轍ヲ踏ムニ至リシトソ或人定役格平井茂十郎予亞メリカ商人カヒテツトニ此奸船ヲ剿滅スルノ策ヲ問フ予對テ云是難カラス官一隻ノ堅艦ヲ外國ノ蒸氣船ヲ借リ用ユルモ亦可ナリ一日百トルラル出シテ器械方等ヲ併セテ借リ得ヘシ發シ士官數名捕兵五六名ヲ乘セ今長州ノ一港ニ碇泊スル所ノスクー子ルニ不意ニ近ヨリ捕兵ヲ乘移ラセ先船長ヲ鞠問シテ其所持スル船帋ヲ査檢シ何ノ爲ニ馬關ニ來ルヤヲ問ヒ其實ヲ得是ヲ我堅艦上ニ送リ次ニメイトヲカヒタンノ次ニ位シテ積備ヲ司ルモノナリ鞠問シテ其積載ル荷物ヲ査檢シ是モ同シク我艦上ニ送リ水手等盡ク艙內ニ幽囚シ積所ノ武器ヲ點檢シ士官是ヲ押シ我堅艦此船ヲ挽キテ長崎港ニイタリ之ヲコンシユルニ交割《マヽ》シテ吟味ヲ命セハ「コンシユル」モ是ヲ回護スルノ力ナク止ムヲ得ス法ヲ照シテ裁斷シ過料ヲ命シ船ヲ我官府ニ沒入シテ事終ルヘシ又是ヲ査問シ其實ヲ得ルコト歐洲ノ一法アリ則チ奸

ヲ爲セシ英商民ヲシテ其岡士館ニテ日本官人ト交割シキリス〔マヽ〕ノ十字ヲ出シテ其犯セル奸謀ヲ檢責シ若奸商陳シテ其實ヲ吐白セサルトキハ其十字ヲ以テ罪人ヲ面拆シテ云此十字ハ耶蘇皇帝ノ照ス所ナレハ十字ニ背テ僞言スルトキハ天罰免レカタカルヘシト十字ヲ奸商ノ口ニ嘗サシメテ詰責セハ必ス吐白スヘキナリ其故ハ耶蘇敎宗ニ於テ宗祖ノ敎ヲ僞タランニハ他日衆人是ヲ指シテ宗祖ノ反人ト唱ヒ與席交通ハ勿論商法ノヿニ於テモ人是ヲ卑避シテ人ト交營スルヿ能ワス終ニ世界中ノ廢人トナル也故ニ其廢人トナランヿヲ恐レテ速ニ犯罪ヲ白露シ謝金ヲ出シテ罪ヲ償フヿ是歐洲ノ規則ナリ誠ニ斯ノ如クナラハ后來奸商ノ道ヲ絶チ數年横恣ノ匪徒ヲシテ愕然吃驚シテ低頭斂手セシムルハ正ニ此一擧ニアルヘシ

一近頃英亞ノ奸船開カサル港ニ於テ密カニ私商ヲ遂ルヿ紛レナシ人アリ予ニ問テ云港內ニ在勤スル所ノ岡士ハ其職掌從民ヲシテ條約ヲ遵守セ

シムルニアリ今斯ノ如キ事件ハ條約ニ反スルノ尤ナル者ナリ然ルニ岡士是ヲ默視シ啞子ノ瑛ヲ甞メシカ如キハ是何ノ意ソ予答テ云岡士ノ職ハ條約ヲ遵守セシムル爲ナルヿ固ヨリ然リ然ルニ條約ハ我官民ヲシテ禆益ヲ得セシムル爲ニ設ク因テ岡士ノ行フ所聊カモ臣民ニ不益ナラハ是岡士條約ヲ作ルノ主意ニ悖ルナリ此事件ノ如キ其職分ノ效スヘキ所實ニ日本ノ高官ニアリ

一先年我政府ヨリ合衆國ヘ軍艦製造御委托ノ後數年ノ星霜ヲ經テ漸ク此節ニ至リ合衆國ヲ發シテヤカテ我大東ニ著セントス何ノ爲ニ斯ノ如ク遲延セルヤ或云ミニストルプロインヾ實ニ貨幣ヲ好ム癖アリテ所有ノ造船ノ費過半己カ囊中ヲ潤シタリシニ因ルト或ハ云彼國政府ニ托セスシテ他ニ命セシ故政府ノ事ニ非ストシテ斯ノ如シト諸說紛紜タリ敢テ乞フ足下ノ所見ヲ示サレンヿヲ

是プロインカ貨癖ニ因ラス又委托其宜ヲ得サルニ非ラス別ニ一大緣故

アリ抑日本政府造艦ノ命ヲ下セルヰニ當テ英國政府特ニ使命ヲ發シ合衆國政府ニ告テ曰ク我國日本ト軍事アランヿ近キニアリ乞フ造船ノ工ヲ速ニシテ彼國ヲ助ケ我ヲ防クノ要害ヲ與フル勿レト此一言ヲ以テ合衆國ヲ遲留セシメ而シテ一面ニ又タ日本ニ向フテ云ラク合衆國人貨財ヲ貪ルヿ蒼蠅ノ血ヲ慕フニ異ナラス許大ノ費用恐ラクハ一モ貴國ニ益ナカラン其證ハ見ルヘシ此後造船畢工ノ期限ヲ越ユトモ更ニ片板モ東ニ來ルヿ勿ルヘシ是ニテ亞人ノ事ニ堪サルヲ知ルベシト如斯兩國ノ中間ニ在テ双方ニ詭言ヲ搆ヒシ故サテコソ現下事平キテ後正ニ始テ軍艦ノ國ニ至ルヲ得タリ英詭術ヲ以ラ萬國ニ接スル大ムネ此類ナリト

一方今外夷トノ交際漫々トシテ津涯ナキカ如ク其胸臆ノ如キハ數年覊絏ニ親炙スル人ト雖モ容易スク窺ヒ知ルヘカラズ平生ノ事情猶オシカリ況ンヤ國事ノ如キニ於テオヤ聞今彼政府事ヲ幕府ト謀ルヲ主意トス故ニ薩州長州ノ如キアリト雖モ僅カニ奸商ノ密ニ私情ヲ通スルノミナリ

數年ノ後ニ至リ一旦政府ノ條約ハ究屈ニシテ利益少ナシト見ルヿアラハ所謂利ニ喩ル國風ナレハ彼速ニ風ヲ見テ柁ヲ轉シ帝朝及諸侯ト事ヲ計ルヲ政府ノ眞意トスルニ及ハヽ諸侯ヲ助ケテ帝朝ヲ護擁シ政府ニ向ヒ端ヲ尋テ事ヲ開キ和親ヲ破リ條約ヲ廢シ終衅端ヲ起シ己レ中間ニ在テ大利ヲ謀ラントスルヿ正サニ流水ノ卑キニ就クカ如クナルヘシ

一亞人此條件ヲ語リ又改テ曰ク此事貴國ノ爲ニ忠告ス於予何ノ益カアラン然レトモ此事件ハ予國人モ關係セシヿナレハ予カ口ヨリ漏泄セリト國人ニ覺知セラルヽ片ハ予是カ爲メニ大ナル患ヲ生ス予カ姓名ヲ顯スヿナカレ

一或人對テ曰ク吾國ノ爲メニ秘密ヲ告知セラレ事情詳明ヲ得ルハ實ニ足下ノ恩義ナリ何ソ足下ノ姓名ヲ顯ワシ却テ恩ヲ報スルニ患ヲ以テ足下ノ深切ノ意ヲ害スヘキ

第十二號
〇慶應元年八月　西丸二丸其他敷面調書

西丸二丸御殿向幷兩山紅葉山　御宮　御靈屋向外ヶ輪御門々御役宅
向步兵屯所共外共惣敷面高

一拾貳萬九百疊
　內
貳百七十七疊　獻　上　表　貳百貳拾九疊半　備後長間表
六　疊　同長間七尺表　千三百四拾三疊　同　上　表
九拾六疊　同上七尺表　六　疊　同上九尺表
貳千七百九拾七疊半　同　中　表　四拾六疊　同中輪廣表
五百拾七疊半　同中七尺表　拾三疊半　同中九尺表
五千六百拾三疊半　同　下　表　貳百三拾貳疊　同下七尺表
五千九百貳疊　同下々表　六萬四千貳百八拾九疊半　同差立
表
　內五千五百枚　大奥御小納戸向其外渡薄緣所々遣廻御用薄緣共壹ヶ年見積取調候分

貳　疊半　同貳間半床表　貳拾疊　同貳間床表
貳拾四疊　同壹間半床表　三拾貳疊　同壹間床表
貳百壹疊半　同通藋表　貳拾五疊半　大間近江表
三千三百六拾三疊　備中表　五千三百八拾九疊　中近江表
七拾四疊　近江表　貳千四百三拾三疊半　上琉球表
貳萬貳千七拾九疊半　中琉球表　四百貳拾壹疊半　御買上琉球表
五千九百六拾九疊　古表
内千五百枚　大奥向其外渡薄縁壹ヶ年見積取調候分
右之外清水御館向日光定式渡物兩山御法事御用外國人宿寺向表替此度
知恩院宮御學殿ニ相成候増上寺眞乘院住居向等者相除取調申候
酉年・戌年・亥年　三ヶ年平均一ヶ年分
備後御疊表遣拂高

一五萬五百七拾七枚五分四厘
　内
七百七拾七枚三分三厘　長間表　三拾貳枚六分六厘　長間七尺表
千三百六拾三枚半　上表　三枚三分三厘　上九尺表
九拾貳枚半　上七尺表　三千六百拾壹枚三分三厘　中表
四枚三分三厘　中九尺表　貳百八拾七枚六分六厘　中七尺表
三拾貳枚壹分六厘　中輪廣表　五千八百九拾六枚九分　下表
百四拾八枚八分三厘　下七尺表　五千百三拾四枚壹分七厘　下々表
九拾五枚壹分六厘　通雚表　三萬三千三拾八枚三分六厘　差立表
九枚三分三厘貳間半　床表　七枚　貳間床表
拾六枚六分六厘　壹間半床表　貳拾六枚三分三厘　壹間床表
　外
一百五拾枚程　獻上表

右之通御座候以上

丑八月

御疊方

○第三十八號慶應元年十月　條約勅許奏請書

昭德公御代外國交易之義ニ付　朝廷へ被差出候御書付寫

臣家茂謹而宇內之形勢ヲ熟考仕候處近來追々變遷いたし和親を結ひ有無を通し互ニ富强を計候風習ニ推移り候上ハ是天地自然之氣數不得止之勢ニ可有之奉存候就而ハ　皇國ニ限り一向御外交不被爲在候而ハ卑怯退縮之姿ニ相成　御國體　御國威とも都而相立申間敷既ニ先年於下田亞米利加使節と和親條約爲取替相成候も右等斟酌之上遂　奏聞御許容相成候儀ニ而其以來追々鎖國之舊格を變し富强之基漸く相開け候處其後外交拒絕被　仰出候ニ付可成丈　聖諭遵奉仕度志願ニ御座候得共無謀之掃攘ハ致間敷旨尙被　仰出候趣も有之候間何れニも富國强兵之策相立候上ならては膺懲之典も難被行就而者彼之所長を採り貿易之利を以多く船礮を設備

以夷制夷之術を講し候事當今第一之急務と奉存是迄種々苦心罷在候折柄防長之事件相起り終ニ大坂城迄出張仕候處不料夷船兵庫港に渡來條約之廉々改而　勅許有之候樣申立若臣家茂於而取計兼候得者彼　闕下に罷出直ニ可申立と申張種々論談ヲ盡シ應接仕候得共何分承諾不仕去迚無謀之干戈を動し候而者必勝之利無覺束假令一時者勝算有之候共四方環海之御國柄東西南北旦暮攻掠を受候而者戰爭無已時者　皇國生民之糜爛此時よりり相始り可申不仁不慈此上ハ有之間敷誠に以歎敷儀臣一家之存亡ハ姑く差置　寶祚之御安危ニも關係仕實以不容易儀ニ而　陛下萬民を覆育被遊候御仁德ニ相悖り可申哉臣家茂於而も職掌相立不申候間右等之處篤と思召被爲分乍恐衆口ニ御動搖無之斷然と　御卓識を被爲立何卒改而條約ニ付去虛存實至當之談判仕候儀判然と　勅許被成下候樣仕度左候得者如何樣ニも盡力仕外ハ外夷制馭之實備を立內者防長追討之功を遂上　宸襟を奉安下萬民を安堵せしめ臣家茂祖先之志ニ報ひ可申志願ニ御座候　皇

國如何樣英武之御國ニ候共萬一內亂外寇一時ニ差湊西洋萬國を敵に引受候而者終ニハ　聖體之御安危にも拘り萬民塗炭之苦ニ陷り候ハ必然之儀と誠ニ以痛哭慨歎之極假ニモ治國安民之任を荷ひ候職掌ニ於て如何樣御沙汰御座候共施行仕候義何分ニも難忍奉存候依而申上候通速ニ　勅許之御沙汰被成下候ハヽ百方　寳祚之無究萬民之大幸無此上千々萬々奉懇願候寔ニ不任悲歎號泣之至奉存候尤外夷　闕下ぃ罷出候樣相成候而ハ深く奉恐入候儀ニ付精々盡力談判を遂け來ル七日迄兵庫港ぃ爲差扣候間成丈早々御沙汰被成下候樣仕度此段奉奏聞候

〇慶應元年十一月カ　老中松平伯耆守各國公使へ談判大意
イ六號

今般　特命にて伯耆守殿大坂表より御出張各國公使ぃ御談し之大意

一是迄　御門之叡慮者鎖國　大君之思召者開國にて外國交際　公武之御合体に差響キ十分に和親を盡スコ能ハス深く御痛心被遊候處此度條約

勅許被　仰出　公武御同意相成候御滿悅之至りに候就而者向後殊更和親を盡し萬事公明正大に處置し互ニ猜疑之心なく永世之親睦を失ハザル樣改而契約可致ため閣老伯耆守被差遣候事尤償金及税則變革幷三港彼此之利益ニ相成候仕方相談可致旨被　仰付候事

償　金

一償金渡し方日延之儀申談候得者兵庫開港之催促致され候兵庫開港を以て償金に換る事出來候ハヽ先般各國軍艦攝海に相迫り候節速ニ兵庫開港致し償金相斷可申筈之處兵庫開港ニ付而者列藩種々之異論も有之卽今開港致し候而者不折合ニ付何分條約期限迄者相開かれ不申候強而償金請取度趣被申聞候ハヽ外國ゟ借用致し候而も相渡し可申候へとも可成者水野和泉守より申入候通日延之儀被聞屆呉候樣賴候左候ハヽ此度條約　勅許相成殊更和親懇切之驗も相見へ一段萬（マヽ）足ニ存候防長之御處置相濟候上者速に償金殘之分可相渡此儀暗ニ下之關開港之儀御含之御談

シ可《》有之候償金日延之儀承屆吳候ハヽ三港之內外國人之爲メニ相成候義何にても被申聞へく候此方に爲差不益無之儀ニ候ハヽ早速申立之通取行ひ可申候

税則變革并三港利益

一貿易者有無を通し互に利益可有之筈之處三港相開キ候以來損失多くして利益無之左候而者貿易之詮も無之是レ全我國其事ニ關スル吏胥不案內之故と存候併貿易利潤無之候而者自然人心之向背にも差響キ終には親睦之妨にも相成候まヽ此度殊更厚く和親を取結度思召ニ付而者第一貿易之仕方一變致し互ニ利潤有之輸出入日々盛大ニ相成候樣致し度存候間向後各國商法に傚ひ税則等變革致し貿易繁盛相成候仕方各國より敎示相受度候事且右之外三港利益に相成候義者何事ニ不限內外之事共腹藏なく相談致し吳候樣賴入候是迄之仕來ニ不拘便利宜義ニ候ハヽ速ニ相改メ其通取行ヒ可申候事

右之條々大坂表に於て　大君より被　仰付候事
償金日延御談判ニ付而彼江御差許し可相成哉ニ御談之廉左之通
一入船之爲メ目印之燈台取建候事
一貨幣製造器械御取寄二分判壹分銀等容易に出來候樣取計候事
一減稅之事
一エンテルボツト之事

○イ五號
慶應元年十一月廿四日幷廿五日
閣老松平伯耆守佛公使と應接筆記(共十一枚)
伯耆守　佛公使江　對話
慶應元丑年十一月廿四日横濱著船卽刻十時午前伯耆守佛蘭西公使館江爲
尋問罷越候節左之談話に及ふ
此度外國事務取扱候樣大坂ニ於て　大君之命を蒙り去廿一日兵庫港出帆
只今當港著船不取敢爲尋問罷越候

御著船早々御尋問被下候段格別之御交情難有奉存候　台命ニテ大坂より態々御出張之儀ハ何れ重キ御談判筋有之候事と奉存候其御趣意柄相伺度候

著船早々旅装も不改甚不禮之体にハ候ヘ共差向爲尋問罷越候義ニ付談判筋之儀者追々可申入候尤此度　大君より被仰付候大意者向後猶又和親を厚くし萬事公明正大ニ議し互ニ隔心なく永久之交りを堅ふせんとの思召ニ候

仰之趣誠ニ高明之御論に候是迄御國と外國之交際ニ隔テ有之候譯者互ニ眞實之事情通せさる故に御座候併私儀者　御國之御事情も能存し及ふ丈懇親を盡し御爲メ御一ニ可仕存居候

厚意不淺忝存候併外國より　日本を見れハ通信之道盛に開ケ　日本闔國之爲メに相成候へハ假令　大君者　徳川氏ニあらすとも日本之爲メたる事を失ハさる樣或者思ふへし公使所云懇親を盡し爲メをおもわれ候儀者

一に　日本之爲メ之懇親に候哉又ハ　大君之爲メ之懇親に候哉
御沙汰之儀者深キ御趣意有之御尋之儀と奉存候　大君之御爲メハ素よ
り　日本之御爲メにて二事無之儀に御座候況や　大君外國と和親を通
せられ候故よりして彦根侯之殺害長州之反逆等種々國家之御困難を生
し今に至而　大君を御見捨申上候樣之不信不義者不仕何所迄も大君之
御爲メに懇親を盡し奉り候より他事無之候
其儀承り大に安心致し候　大君にも嘸かし御滿悦に可被思召候依てハ殊
更隔意なく正直に萬事打明ケ談判可致候間返す〳〵も懇親之程賴入候
仰之如ク打明ケ正直に御談判有之候儀今二三ケ年前より今日之御談し
之樣相成候ハヽ是迄之御不都合者有之間敷　大君之御爲メニ殘念至極
に奉存候今萬國中勝れて國勢之盛ナルハ御承知之通英佛之二國に御座
候　御國にて取分ケ和親を通せられ御交り可被遊者英佛之外に有之間
敷佛國ハ素より　大君之外に可重之心無之條約　勅許相望候ひしも

天子と　大君と御同意相成其間に御不都合無之　大君之思召御徹底相成候様仕度存寄迄にて敢而　勅之一字を重し候のミにハ無之候佛國大君を重スル之厚キ如此に御座候英國も同樣之儀にハ可有之候得共公使　御國に在留スルヿ未タ久からす私程　政府之御事情に通せさる所も有之哉に存候間此上厚く御交り被遊私共々同心協力御身方致し候樣仕度奉存候

懇切之談話忝存候猶晩程夕五時罷越談判可致候

右畢而退散

慶應元丑十一月廿四日夜伯耆守佛蘭西公使ヘ對話

一應挨拶畢而伯耆守より左之書取差出し一見致サス

佛國之厚キ懇親ハ我　日本之爲メニスルカ抑　大君之爲メニスルカヲ相尋候ヒシニ全　大君之爲メニスル趣ヲ被申タリ然シ　大君之爲メニ懇親ヲ盡サレ德川家ニ於テ富國强兵之基ヲ立テ國力日ニ盛ニ相

成候得者便チ　將軍之職掌ヲ盡サレ　日本全國之安穩ヲ致スヿヲ得ヘシ是レ取リモ直サス我　天子之御爲メニシテ獨リ　德川一家之私論ニアラサルナリ

御書取之趣私心得方聊相違無之候

承知ニも可有之候得共是迄　天子之思召者攘夷之處萬國通信者天地自然之理にして不可拒之勢ニ付　政府ニ於て條約取結ヒ各國ゝ和親せられ候儀實ハ　叡慮に不被爲叶殊に外藩之諸侯舉而攘夷之議を　闕下に奉り依之攘夷之　御念慮益堅ク一昨年來兩度之御上洛も無御據三港拒絕等之御沙汰御遵奉　還御被遊候處此度條約　勅許被仰出　皇國御安穩之基と御滿悅無此上候就而者向後改而和親取結ヒ互に隔心なく諸事眞實を主とし虛飾を省キ出來候儀者速に取行ひ出來ざる儀者速に相斷り候樣打明て談判致し條約面も不都合之廉々者再議可致樣　大君より命せられ出張致し候儀ニ御座候併　大君十年來之思召今日に至り初而貫徹致し漸く　勅

許相成候事故次第に順序を追ヒ施行致し度　勅許あれハとて俄に手廣く
取行ひ候而者却而害を生し跡戻り致し候儀も可有之候間右之邊篤と了解
被致度候
仰之趣御尤至極私了簡も其通りに御座候既に其意味にて書翰相認本國
政府江申遣候
大君今般之御趣意別紙ヶ條書之通に候
此時左之書面差出し一見致サス
一各國和親實正ニスル事
一右實正ニスル根本ハ公武御一和之事
一商法ヲ嚴格ニ立ル事
一萬事正實ヲ本トシ互ニ公明正大ニ處置スヘキ事
是迄無餘儀次第も有之右を左左を右と申置候事も有之以後不分明之事共
者委細改正可致商法筋も不實之事無之樣改め申度畢竟條約　勅許無之故

諸事不都合之引合等有之候ニ付向後正直正路を以萬事打明ケ可及談判候
御尤千萬御書取之趣立派なる御事に候公武御合体者和親之大本と奉存
候間昨年英國公使アールコックにも能々申談候事にて大本相立不申候
而者何事も大成に至り難く譬ハ土臺にも構なく家作取立候様之ものに
て　勅許無之うちハ外國之事　公武御合体に差響深く心配仕候事ニ御
座候

此時伯耆守　勅諚之御別紙取出し拝見致サス

此一條に付内話致し度候此度條約　勅許之儀ニ付而者諸藩も彼是議論を
生し無謀之建言有之候間萬一之　御沙汰被　仰出候而者輦轂之下に衅端
可差起無此上奉恐入候處　大君格別之御盡力にて漸く　勅許ニ者相成候
へ共最初者三港條約　勅許と被　仰出右ニ而者御不都合ニ付三港之二字
御删り相成候様被　仰上三港之二字者御除相成候へ共素々兵庫開港者
叡慮に不被爲叶儀ニ付　御別紙相添條約　勅許被　仰出候儀に御坐候

條約　勅許被　仰出候儀　政府にて一通之御骨折に無之儀者能承知仕
居候唯今拜見被仰付候御別紙之儀ニ付御談し之筋相伺度候
此時伯耆守より　大君之思召之趣を以左之ヶ條書差出ス
一兵庫ヲ鎖シ代港不差出事
一長州に廻リ候儀ハ不都合之事
一此ノ外都而　公武之御合体ニ差響キ候儀ハ致間敷事
長州に廻り候儀者最早無之候兵庫一條者至而六ヶ敷事件に候間伯耆守
樣御存寄不殘相伺不申候而者私之意中も難盡候
公武之御一和者和親之根本に候間和親を盡さんと欲せハ宜ク先ツ　公武
之御一和を希ふへし先刻其許之申され候通　公武之御合体を考へすして
只和親を盡さんと欲せハ土臺ニ構なく家作致し候と同樣にて成就致間敷
候此度條約　勅許被　仰出候へ共兵庫開港之儀者何分　天子之思食に無
之强而相開キ候節者　御和合に拘り外國交際和親之障りニ相成內外之御

處置甚御不都合ニ付兵庫之儀者見合申度是れ　公武之御一和ニ隙なく外交和親を盡され度　思召にして實ニ無據御場合に付御內情能々被汲分其許出格之取扱を以て兵庫開港之儀差止候樣周旋賴入候

仰之趣能相分り申候右之御返答者二ッ有之候一ハ各國之心を以てし一ハ日本之心を以て申上候

一各國之心を以て申候へハ凡條約者國之法則にして彼是之臣民愼而遵守すへき所也今條約を捨て兵庫開港之儀彼是御不都合被仰聞候とも各國にて承諾可仕理決而無之候況條約　勅許相成間合も無之御異論相生し候樣にてハ　御國之御法則不相立御政事之弱ミに相成申候如是双方不都合之儀を公使より本國政府江難申遣此前兵庫開港之儀四ヶ年之延期承諾仕候ハ明後年卯年可開見當有之候へハなり到底不開之御談しに候而者決而承引不致候

一日本之心を以て論し候へハ兵庫港ハ萬國開クヿを希望し　天子之思

食にてハ閉ん事を欲し給ふなり今　大君　天子之思食に從て處置す
へきか萬國之希望に隨て處置すへきか正理之存する所如何と見るの
ミ
回答之趣篤と勘考之上明日午後第二時引合可申候
右畢而退散
慶應元丑十一月廿五日晝後伯耆守佛蘭西公使ニ對話
一應挨拶畢而　在府同列共より用談有之候間歸府可致井上備後守を以て
申越候依て今日にも歸府可致筈之處昨夜談話致し候儀も有之候間罷越候
今日引合濟之上明日者歸府之積ニ候
昨夜申上候儀委細に御了解相成候哉
了解致し候昨夜も申聞候通兵庫開港之儀　天子之思食に不被爲叶條約ニ
者揭ヶ有之候へ共　叡慮ニ對され何分御開キ難相成候
兵庫開港之儀　御門之思食に不被爲叶强而御開キ相成候節者　公武之

御合体に差響終にハ外交和親も相破れ候様相成候間和親之本ハ　公武之御合体　公武之御合体を希ひ候ニ者兵庫を開ク間敷との御趣意昨夜之御説得にて私儀者能々相分り申候併各國公使之職掌者條約遵守之権ハ有之候得共條約交替之権者無之候間如何程御尤之御談しと奉存候ても條約之明文ニ對し鎖港又ハ代港之御談判者本國政府ニ御直談に無之候而者難調候

各國公使者條約を守る權ハ有之候得共條約を替へる權ハ無之に付此方より申聞候儀尤と者存られ候へ共其政府ニ直談に無之候而者取扱兼候段無余儀相聞へ候然ラハ如何之手續を以て其政府ニ申遣候而宜敷候哉

御書翰にて被仰遣候而者深キ御趣意徹底仕間敷候間使節被差遣國帝面前に於て兵庫開港御不都合之件々御明辨有之候て可然奉存候

使節被差遣候て談判急度相調可申哉

急度と申儀口外者難仕候へ共兵庫開港御不都合之御事情者能々了解仕

居候間右之御談判相調候様御周旋者可仕候
兵庫を鎖シ候儀者是非御成功之上　御奏聞有之度　大君之思召ニ付呉々
も周旋頼入候
右畢而退散

○イ七號
慶應元年十一月廿五日　閣老松平伯耆守英公使と應接筆記(共七枚)

伯耆守殿英公使𛀁　對話書

慶應元丑十一月廿五日午後五時第　伯耆守殿英國公使𛀁對話

一應挨拶畢而
昨日江戸表にて　大君益御機嫌能御在坂被遊候段承り恐悦至極奉存候
伯耆（守脱カ）様御初いつ頃大坂表御出立被成候哉
本月廿日大坂表出立致し兵庫𛀁一泊翌廿一日同港出帆致し候
左候ハヽ御軍艦にて御越之儀と存候廿一日何時御出帆にて幾日何時當
港𛀁御著船相成候哉

廿一日午後第四時兵庫港出帆廿四日午前第十時當港ゟ著船致し候卽刻尋問可致存候處出府中之趣ニ付歸港相待居申候

伯耆守樣大坂表より御出張被成候と承り早々御面會仕度今曉第二時江戶表發足仕候近々江戶ゟも御越被成候哉

江戶同列共より早々面談致し度儀有之候趣申越候間明朝にも出立可致積に有之候

今般當表ゟ御出張被成候者如何之筋御談判にて御越し被成候哉和蘭公使も私一同出府今日歸港致し候ニ付列席にて御談判相伺候

此度條約　勅許被　仰出候ニ付ゐ者各國との通信公然之場合に至り候間改ゐ厚く和親を取結ひ互に隔心なく眞實を主とし虛飾を省き萬事公明正大に處置し出來候儀者速に取行ひ出來ざる儀者速に相斷候樣打明て談判致し永世之親睦を失ハざる樣被遊度　思召にて　特命を蒙り出張致し候儀に有之候

素より各國之望ミも外に無之和親之一ツのミニ御坐候御承知にも可有之候得共和親を失ふと失ハさるとハ條約を守ると守らざるに有之候互に條約を遵守致し候へハ交際日に厚く永久和親打續き候事にて各國之望む所に候

條約　勅許之儀ニ付而者　大君も格別御心配被遊漸く今日之場合に至り御滿悅被思召候併　朝廷にてハ外國之事情なか〳〵能ク　御承知者無之事故開ラケ方遲く一同盡力周旋致し居候

方今萬國日に開ケ盛大ニ相成候間鎖國之御舊習御直し被遊候儀肝要与奉存候

追々各國之所長を取り相開キ申度候方今も三五年前に比すれハ大に開ケ申候拙者共蒸氣船に乘組大坂より二三日之海路にて横濱ゟ著致し候等之事もひらけ候一証に候

條約面御取り守各國ゟ御交り被遊候へ者　御國も日に開ケ諸事御都合

よく相成り申候條約面に觸れ候而者　御國相開ケ不申のミならす　御國之御不都合種々相生し可申存候　御門外國之儀者よく御承知無之趣ニ者候へ共　御國内之儀者素より御承知と存候間條約面御守り不被遊候ハヽ　御國内御不都合相生し候と申理御了解有之候ハヽ條約之通御違背有之間敷左候ハヽ追々親睦も厚く相成申候

此時和蘭公使より明廿六日第十二時御用談に無之閑晤之ため御入被下候樣申出ル江戸表に用向も有之候へ共折角之厚意ニ付繰合可罷越旨返答有之

大坂にて御約定申せし事ハ其通　政府ニて御執行可被成償金之儀者如何相成候哉此度御出張に付而者右等之御談判も可有之相伺可申候へ共是迄之樣御等閑ニ而者甚不都合に存候

條約　勅許不相成以前者無據事情より左と申事を右と申候樣之儀有之種々不都合之事も有之候へ共此以後者萬事公明正大に談判可致候間其方に

も其邊厚く心得られ可申候是迄差滯り居候事も有之候ハヽ可被申出候出來さる筋に候ハヽ速に相斷出來候儀ニ候ハヽ速に聞届可申候償金之儀ニ付和泉守より各國公使〻書翰差遣し候處文言之內其許等存寄に不應廉も有之哉に承り及申候右金子外國商人等より借用致し候而も取計出來可申哉

此時井上備後守より償金三百萬弗之內五十萬弗ツヽ相渡し候約定にて二度目迄渡し濟相成三度目五拾萬弗十二月限り精々繰合可相渡旨酒井飛驒守ゟ英公使〻引合有之候段英通辯官アレキサントル〻相咄ス

大坂にて御約定申上候償金之儀此節御渡し難相成候間追テ相渡し候迄相待可申旨水野和泉守樣御一名之書翰ヲ以被仰遣候段何共不得其意此程大坂ニて御約定之儀橫濱〻罷歸候や否直ニ御違約相成候樣にてハ御條理不相立御書翰之通償金日延へ之儀本國政府〻申遣し候辭柄無之候

一体大坂にて　大君御承知之上御懸り御老中方御一同と約セし事を和泉守様御一人にて御破り被成候儀以之外之事と存候素々各國之望ミ者償金請取度儀ニ者無之兵庫を開キ候を希ひ候處　大君之思召ニ依て兵庫開港者御不都合ニ付償金御差出し之方に御約束仕候を御違約被成候事故纔はかりの金子には候へ共道理ニ對し格別嚴敷申上候儀ニ御座候至極尤之事にハ候へ共和泉守一了簡にて右申入候儀にも無之實以當今之處金子差支當惑致し候如何致し候而宜候哉格別懇親之廉を以て其許之考へ承り度候間可然周旋頼入候

素より金子相好ミ候譯ニ者無之候間貿易盛ニ相成候儀を償金之代り御許し相成候方可然存候兵庫を開ク御談判者如何に候哉

兵庫開港之儀者何分六ケ敷其談判者迚も致し兼候償金三度目五十萬弗來月晦日限り相渡候様精々丹誠可致候へ共急度請合者難出來候右にて勘辨致し候様存候當今之處何分差支相渡し難く金子無之にハ困り申候

右樣御打明ヶ御咄しニ候へハそれにて宜敷候十二月中御沙汰相待可申
候向後右之通打明て被仰聞諸事早々片付候樣相願候十二月晦日迄に彌
五十萬弗御渡相成候ハヽ償金半分丈者相濟申候
右畢而退散

○（イ八號）慶應元年十二月十一日

丑十二月十一日於横濱和泉守殿伯耆守殿兵部少輔殿英國公使ゟ御對
話書（共十二枚）

丑十二月十一日於横濱英公使館和泉守殿伯耆守殿兵部少輔殿御對話
井上備後守菊地伊豫守栗本安藝守木下大内記牧野若狹守平山謙二郎罷出
一應挨拶畢而
今日何時頃品川御出帆被成候や
十時頃發帆致し候此程出府之節者薄待恥入居候處丁寧の挨拶書翰被差出
忝候

此程御待遇御饗應御粗末と被仰候而者私今日之御取扱者何とも申上候樣無御座候
其節御談判之假公使館御相談之通相成候得者伯耆守樣御歸府之頃者立派なる處にて御饗應出來候樣可相成と樂居申候
阿蘭陀の公使館ハ當館より四倍程も廣く孛漏生も美麗に出來申候
此間出府之節御談判之廉々書留置書翰にいたし差上可申候
當所假公使館普請之儀安藝能登ﾆ命置候間委細兩人ﾆ引合可被申候
是迄右一件ニ付御談判筋至極都合宜候間此節もすら〳〵と相調候樣仕度被存候
一同意ニ有之候
此程亞國ﾆ御誂之軍艦著港致し候此後幾艘程出來候哉
一餘り出來方遲々致し候故跡船者斷及候
伯耆守樣ニ者最早御支度出來大坂へ御歸り被成候哉

一江戸表ニテ種々御用も有之存外遲延致し候得共漸支度も出來明日ニも
拔錨歸坂致し候積ニ候
能き船出來候得者海路大坂ゟ御出も容易に可相成候
蒸氣船出來已來大ニ都合宜相成候
薩州人長崎ニ於而ドックを取建度相願し處政府にて御聞濟無之趣承り
申何等之御差支ニ候哉
素より差支も無之候得共右樣之儀者更ニ政府ゟも不申立定めて虛說ニ可
有之候
萬一相願候ハヽ御差支之儀ハ無之哉
右者政府ニ於て取建候積ニて既ニ下調致し居候
至極結構之事ニ御座候早々御成功を拜見仕度候
朝比奈甲斐ゟ右掛命し置候
同人者長崎ゟ參り候や

在崎奉行より申越同人者江戸ニ於て爲取扱候
横須賀江ドック御取建相成候哉
出來候積ニ候
長崎港内地形自然ドック之形を成居候處有之候
右樣天造之地形も有之候故奉行も見込申立候事ニ候
今日本國政府より書翰到來仕候内チデーにマルカより御國江條約取結
申度私江右周旋致し候樣申越候
此節者　大君御留守中態々遠海渡來ニ而も迚も條約取結候運ひニ者難
相成候
只今直ニ者參り不申何れ三ヶ月も經候ハヽ渡來可致候
白耳義抔舊來約定も有之國ニ候得共　御留守中之事故大坂江伺中ニ相成
今又新規の國より使節來候得者猶更之義先篤と談判を盡品ニ寄其許扱を
申談候義も可有之候國の廣狹者如何

蘭抔より少々大なる國ニ御座候西洋ニてハ國の大小ニ拘らす一様ニ取
扱申候
素より國の大小を以て高下の等級を立る旨意無之心得の爲廣狹を尋候事
ニ候
御尤ニ御坐候伯耆守様ニ者江戸御用向最早被爲濟候や
江戸御用も數々有之夫々申談猶上坂之上同僚ぃ打合　大君ぃ伺候廉も數
多候得共漸々江戸同僚談判丈ハ粗相濟申候
白耳義使節者いつ頃迄御待せ被成候や
先刻も申候通り　大君ぃ伺中ニ候間程合難計候
先刻の砲聲者魯西亞軍艦渡來いたし候ニ而有之候御覽も被成候や
水師提督ニ而も渡來いたし候哉
箱館より岡士渡來仕候由ニ御坐候
當地ニおゐて陸軍傳習私方ぃ御賴之義者御取極相成候哉

右者其筋委任之縫殿頭見込も有之候間猶衆議を盡し候上同人より爲談候積ニ有之候
輸出入税改革之義如何候哉
在府同僚ゟ申談之上右懸り小栗上野菊地伊豫兩人を近日差遣し談判可爲遂候
貨幣改鑄一件過日御談判申上候通ニ致度存候
篤と取調之上ならてハ容易ニ挨拶及かたく候
何も御六ヶ敷事有之間敷と存候
政府より命し置候職掌之者盡外ニ而勝手ニ鑄造者難出來候
政府之御鑄造相成當然之儀と存候
夫々職掌之者委置候儀ニ而政府ニ而鑄造者不致規則ニ而諸事未タ開さる
國故致し方無之候
私見込之趣未タ御徹底無之与相見申候

開ゟ之上者容易の事も開さる內者甚六ヶ敷者ニ有之候其一端を申候得者
拙者領分ニゟ鯨漁有之海岸村々ニゟ自由ニ採事不相成舊來採來候村々限
りニゟ外村々ニゟハ見なから手を空敷致し居候事有之右等之類ニゟも推
察可被致候
私見込者鯨漁之事ニ者拘り不申候
素より鯨ニ關候事ニ者無之候得共我國の事情多く如此類ニゟ親〻規の事ハ
甚六ヶ敷候
貨幣を鑄造致し候者新規之事ニ者無御坐候
先刻より申入候類之事情篤与諒察勘考可被致候
交易を盛ニ致し候ニ者貨幣を多く不致候ゟ者難相叶御國之一分銀を御
製被成歟又ハ西洋銀を通用被成歟二ツより外處置無之候
いつれも貨幣之事ハ至大之事故篤与衆議を盡し不申候ゟ者輕易ニ難取計
候

御議論も可有之候得共條約面ニも貨幣之个條有之是非其通ニ者不被成候而者難相成候

條約取結之時末々を洞見不致取極候故品々差支有之候

御國にて御差支之廉者有之間敷何々之廉御差支相成候哉

差支者無之候得共甚六ヶ敷候

貨幣鑄造之器械者何之爲ニ御取寄相成候哉

其筋職掌之〇（脱アルカ）願出し候故注文いたし候

器械ニ而製候得は一日貳拾五萬枚充出來申候

我國ニ而者壹萬兩鑄造致し候ニ千人之工手間懸貳萬兩ハ貳千人三萬兩者三千人懸候

此度大坂より態々　大君之特命を以御越有之鑒要事件之御談判有之旨

當港御出張を御待申居候處右者御發言なしに御發途相成候哉

右者今日之事ニ者相成兼候間いつれ明朝相越候樣可致尤談判ニ者無之懇

親之咄ニ有之候
明日者日曜日ニ而墓參等も仕候間明後日朝ニ相願度候
明後朝者出帆上坂いたし候間明朝可相成者面會致し度候
御急之儀ニ候ハヽ操合可申候得共態々御出之儀ニ付可相成者只今御發
話被下候樣致し度今晩御差支ニ候ハヽ明後日ニ相願申候
此時御挨拶無之
本國政府宰相より傳言有之候間可申上候
承り可申候
英人小遣泰藏傳吉儀ニ御座候日本人之西洋人の家ニ奉公致し居候もの
を恣に召捕候ハ懇親の取扱ニも無之客之取扱ニも無之開たる國の處置
ニ無之いつれニも右一件之落著を相待居申候趣ニ御坐候
右一件委細之義いまた其筋のものより不申立候
左候ハヽ右之趣ニ政府ヘ可申遣候

一体泰造儀者日本の法を犯せしものなれバ是非ニ及ばす傳吉者罪狀輕き
もの故差赦候尤右吟味中其方士官立合候樣相達候筈ニ候
右之もの横濱江參り候を待居申候
早々其筋江達し候樣可致候
何れニも書翰を以可申上候承り候處而者泰藏關所を破り賤き身分ニ而帶刀を致し候由爲差罪ニも無之奉存候
我國法ニおいて罪之輕重ニ依り夫々之律有之泰藏ニ限り律ニ觸候義ハ出
來難き道理ニ候
右一件御取扱振ニ而御懇親歟御不懇親歟御國之御旨意相知申候御國之法律者秘し被置其時之勝手ニ被成候事ニも候哉
過日周防守より談及候通勝手ニ秘し置候譯ニ無之我國の法犯し候もの之
方ニ而律之輕重を心得候樣ニて者卑賤愚蒙之情狀ニ者是位之事を致し候
者高々此位之律ニ當り候抔心得違犯し候族も有之間敷とも難申候間刑法

を取扱候ものニ限り律を取扱鄭重ニいたし候事ニ候
律之事ハ强て不申上懇親不懇親之御處置振を御談判申上候
懇親ハいつく迄も盡し國律ハいつく迄も正し候事ニ而壹人之爲ニ日本の
法律を枉る事ハ難相成候
如此延々相成居候者懇親之御所置ニ無之御國之法ハ其時之勝手ニ御定
被成候事と相見申候罪を枉て當テ候御仕組候得者政府之權ニてハ自由
ニ相成可申
延々相成居候ハ夫々引合之もの遠國ニ居候趣いまた不相揃右も寃罪ニ陥
さる様夫々引合之ものを呼出し總て手落無之様取調候事故日合も懸り候
事ニ候得共右之通粗齒《マヽ》ニ不致少しニ而も無實之罪ニ不相成候様念入取扱
候者卽ち懇親を盡し候道理ニ候
餘り殘刻之御取扱と奉存候
西洋ニ而者入牢の久近を以罰ニ當候事も有之と承及候得共我國ニてハ右

樣之律者無之いつれニも念入吟味詰之上裁許相成候事ニ付其方之情狀と
ハ行違候事も可有之候
西洋人之宅ニ而召遣候ものを斷なしニ差押候ハ無法之處置と奉存候
泰藏義長崎奉行召捕候節西洋人小遣之段申立候得ハ斷候者勿論ニ候得共
當時者小遣相止無宿之由申立候ニ付於長崎奉行右之通取計候趣ニ候
長崎ニおいて外國小遣奉公兩三年も致し居候もの不存と申筈者無之何
レにも此後之御取扱振次第政府ゟ申遣候樣可仕當時者何事も不申上御
處置振を見て居可申候併關所を通越刀を差候者罪と申ものニ者無之候
西洋ニ而者左も可有之なれとも日本ニ而者舊來之法律有之候間律通り取
計候外致し方無之候併罪之輕重有無者吟味詰之上ならてハ不相分只今議
論致し候而者互ニ口舌を費し候迄ニて眞の無益ニ候
今度右樣之法を御創被成候事哉と存候
右樣條理も無之事ハ更ニ無之候いつれにも書翰差出し次第右兩人横濱ゟ

差越し其方士官爲立合吟味之上是非を申立へく候夫ニ而公平之所置ニ相成可申候

關所を越刀を帶し候ハ罪とハ難申外之罪ニ行度御見込有之右等之舊惡を引出し罪ニ行ハれ候事と被察候茶を買候事も罪之由に申なし候趣茶を買候事罪科ニ候得者飯を喫し候も罪科ニ可有之候

夫等之瑣事末節ハ拙者も委細ニ心得不申其筋之もの申付吟味可爲致候公正之吟味を盡し候者微細ニ相分可申候

此時答なし

是より於別席御對話有之候事別記有之

○イ十號 慶應元年十二月十二日　閣老松平伯耆守英公使へ諭告大意(共二枚)

丑十二月十二日於横濱伯耆守殿ゟ英國公使ゟ御諭説之趣

十二月十二日於横濱英公使館和泉守殿伯耆守殿兵部少輔殿パ〔マ〕ークヽゟ御對話之節伯耆守殿より御諭説之趣

一大君殿下御旨有之外國交際を厚ふせされは國内長州の處置も致し難く殊ニ英佛ハ世界の强國ニ候得者別して實情を以諸事無腹藏談判致すへき旨

一償金差延し方之儀者和泉守一名を以申入候通疑念も有之哉ニ候得共最前より江戸幷在坂同僚も一同往復談判を盡し小事なから　大君にも御聽ニ入候上申入候事ニ候間不惡被思候樣致し度候

一開港場輸出入稅改方之儀者委細在府同僚に申談置都合宜樣取計可申候間猶諸事無隔心双方都合宜樣可被談候

○イ四號
慶應元年十二月十二日

慶應元丑十二月十二日英吉利ミニストル館別間ニおゐて和泉守伯耆守井上備後守應接密話(共五枚)

慶應元丑年十二月十二日於英吉利館別間和泉守伯耆守井上備後守應接密話之次第

此度　大君より被命候件々之內先刻も申入候通條約　御許容相成候ニ付
而者此上益懇親を厚くし諸事無隔意打明ヶ談判致し候儀勿論之義ニ而夫
ニ付誠ニ以話聞兼候儀有之候得共不話れハ　大君之命を奉し難く甚以氣
之毒なから申談候ハ抑兵庫開港之儀は　帝には更ニ御嫌ひ被遊候儀ニ候
然る處條約面ニ掲ヶ有之候事故今更廢し候者於　大君ハ甚以外國ニ對し
御信義も不相立殆与御迷惑被遊候ニ付追々　天子ニも御奏　聞相成候得
共如何にも右開港之義ハ被止度き　叡慮ニ而强而与申上候得者一体之條
約　御許容相成候をも御沙汰止可被　仰出哉も難計程之御模樣ニ相見候
ニ付何れニも兵庫ハ不開樣致したく候
ミニストル
段々被仰聞候趣ニ而ハ眞ニ　帝ハ兵庫御開き被遊候義を御嫌ひ被遊强
而与申上候へハ條約　御許容も御止可被遊程ニ思召候哉
いかにも左樣ニ候

假令何樣　帝御嫌ひ被遊候与も素より條約面ニ有之候儀ニ而其條約を御許容被遊候上者今更御差止被遊候樣之儀ハ迚も難出來道理ニ御座候よしや出來候事ニ候共ミニストル者條約を守り候丈ケ之權ハ有之條約面廢起之權は無之既ニ政府与政府之條約ニ付私之權を以取捨ハ難相成義ニ御座候

償金之儀ハ如何御座候哉

償金之儀も是迄度々申談候通三度め之分當年中ニハ何分ニも難出來候得共精々手段才覺致し居候

兼而申上候通右樣償金御六ヶ敷上ハ兵庫を御開相成候得ハ償金ハ丸で不被遣候与も宜敷候一体償金之儀ハ英國ニ而ハ好ミ不申處其御方ゟ達而償金之方御都合宜敷与被仰聞候義ニ有之然るを其償金も難被遣兵庫も御開き難被成与申候而ハ餘り御手前勝手之被仰聞方与奉存候間旁以兵庫之事も償金之事も政府ニ申遣兼候義ニ御座候年內少しも償金ハ被

遣兼候哉
至極尤之義右之手續ハ兼々申入候通猶亦先刻も申談候通何分才覺六ヶ敷
既ニ茲ニ勘定奉行罷在候間可承候此時和泉守ゟ備後守江少も年内ハ出來兼候哉と承貳拾萬弗迄者如何
樣ニも繰合可相渡殘り三拾萬弗ハ來三月迄猶豫之義賴入候
是迄御約定有之候廉々兎角御變約而已に相成居此上之御談判も何事と
もニ（マヽ）當てニハ難相成と奉存候しかし段々打明ヶ被仰聞候趣も御座候ニ
付何そ外國江對し御懇親之顯れ候程之確證御立テ被成候へハ右之廉を
以政府江可申遣候
右者何樣之事をいたし候得者宜敷候哉
たとへハ先刻も申上候通貨幣換鑄被成候事亦者税則御改メ等之義速ニ
申上候通り被成候ハヽ可然候是者外國之爲メ而已ニハ無之日本之御爲
ニ相成候義ニ御坐候
貨幣換鑄之儀ハ何れニも何とか不致候半而ハ難相成候得共是者容易之儀

ニ無之既ニ先達而ゟ夫々其筋之者ゟ申付取調させ居候義ニ有之稅則改之儀も其通り其筋ゟ申付置取調中ニ付調出來次第猶可申入候
貨幣換鑄之機械佛國ゟ御注文有之候趣もはや到著仕候哉いまた到著不致候不遠內來著之由ニ有之候
機械參り候ハヽ速ニ御取行ひ可被遊候
左樣ニ致し度候扨亦是迄不得止事場合も有之種々之談判之內ニハ聊虛飾之談判等も有之候哉ニ而甚以不宜事故向後ハ此程中ゟ申入候通り何事も公明正大ニ談判いたし度心得ニ而其筋之役人ゟも厚く申含置候間其方にも其心得ニ而諸事被引合候樣致し度候
素より御互之事ニ而左樣無之候而ハ不相成筈に御坐候
右畢而退散
○慶應元年十二月十二日（イ九號）
丑十二月十二日於橫濱和泉守殿伯耆守殿兵部少輔殿佛國公使ゟ御對

話書（共五枚）

十二月十二日於横濱佛公使館和泉守殿伯耆守殿兵部少輔殿ロセスヘ

御對話 但馬守　井上備後守　菊池伊豫守　栗本安藝守　木下大内記　瀧澤喜太郎　牧野若狹守　平山謙二郎罷出

一一應挨拶畢而

昨日御手前樣方より英公使ヘ御談判之趣者同人御答申上候次第ニも昨夜書面差越し閣老方御越有之候ハヽ同人見込ニ同意致し私よりも猶同樣之御談判可申上旨申越候得共私義者極不同意ニ有之右樣之御談判ハ事の破を生し候のみ寸益も無之候間採用不申候抑同人之申立候儀悉皆唯今御談判ニ不及儀何故御打消し不被成候哉

素より一ト通押合候迄ニ而談判いたし候次第ニも無之何れにも其許見込をも承り猶勘辨可致積ニ而手輕く物分レニ致し置候其許見込無腹臓可被申聞候

右一件ニ付而者御手前樣方より別紙案文之通り御挨拶被下度候

此時公使よりカションへ申含同人通辨いたし案文之趣申聞ル案文別紙ニ有之

右案文之内貨幣改方之儀者一体御國貨幣鑄造之器械者不便利ニ而御益薄く候間本國へ御注文新發明之器械到著次第速ニ御取建外國輸入之銀症（性カ）御改之上御國貨幣に御鑄替吹減四分丈を御收被成候得者器械ニ而製シ候ヘ者入費壹分ニ而相濟候ニ付残三分之御益相成候凡三ヶ月御執行之内ニ者本手者御取戻しニ相成申候事故早々御施設相成候方可然候輸出入税改革之儀者是迄之姿ニ而者外國人相手故御國人を欺き兎角税を減し候様奸詐を構ひ且脱漏も多く種々之葛藤も生し候間佛始西洋各國の如く無税ニ被成候得者御國人より税を差出し候儀御改方も行届面倒も無之政府之御便益に相成申候尤其當分御國品少し高價ニ可相成候得共後ニ者便宜を覺可申夫故各國にては盡く輸出入無税を好ミ申併各國商人奸詐を行候爲ニ者不宜候間好不申英公使抔ハ商人に泥ミ候故好さる様子に有之候得共各國政府ニて好候

儀ニ付御國政府ニ而も强く御施行公平之御處置ニ付一言も無之右樣相成候得者是迄壹ヶ月四五萬枚之入税凡七萬枚ニも相成可申候若各國公使商人ニ泥ミ不承知ニ候ハヽ御書翰を以西洋諸州之如く無税ニ改度段被仰遣候樣致し度候只今萬々一不被行候而も右樣公平之御處置柄有之候評判各國政府ゟも響キ後來之御爲可然奉存候

右別帋之餘意申上候卽刻別紙之趣を以御挨拶被下候得者此後如何樣之面倒生し候共ロセス儀引受取片付聊モ御心配相掛申間敷

一段々之厚意忝存候但貨幣改鑄之个條之末ハ篤与評議を盡し追て談判及ふへしと改度候

夫ニ而宜御坐候無税之廉者御認加御坐候樣致度候

一可相成者無税ニ改革致し度其筋之者ニ命し此節專ら取調中ニ有之候間可成丈速ニ申入候樣ニ候与爲認置度候

右ニて差支無御坐候

一佛公使館造營入費幾許程ニ候哉爲心得承り置度候
當館普請向張付其外藏々士官部屋番所騎兵詰所等惣体ニテ貳萬五千弗ニ御坐候尤家具者公使所持之品ニ付相除右之通ニ御坐候
暫時御雜話有之御退散之事

（イ二十四號）
○慶應二年正月廿四日　橫濱新聞譯（共六枚）
千八百六十六年三月十日（寅正月二十四日）二横濱開板日本新聞

數日前佛蘭西の水夫壹人日本人の爲メに殺されたり其樣子を察するに此者も身を殺す程の罪なきは明白なれとも不運にして斯る禍ニ罹りたるは其身の不調法より起ることとなり此水夫酩酊して喧嘩を好ミ甚亂妨して或る日本人を打倒したる所相手の者大勢出て其擧動も穩ならす多人數ニ而壹人の水夫ニ向て遂ニ之を殺したり右殺されたる水夫の同伴一人ありたれとも此者はあまり亂妨も爲さゞりしニ付其場を遁るゝを得たり
余輩今此事を記すの趣意は敢て禍ニ罹りたる者を誘るにもあらす亦之を

殺したる者の罪を許すにもあらず唯世人をして元來水夫等の身持の可否ニ注意せしめんと欲するなり

横濱ニある英國コンシユル館には時々公事裁判ある内一日水夫五六人コンシユルの前ニ出て各其罪の申譯を爲せり甲は喧嘩の相手を追散し長サ一丈計の棒を日本市中の大道ニ振り回はしたりと云ひ乙は其同類の者と爭闘し丙は日本人と喧嘩を爲し丁は妄ニ馬に騎して往來の人の妨を爲したりと云ふ等一として恐れ入るの樣子なく何れも公然と自から酩酊したりと云て右の亂妨は當然なることヽ思へる氣色なり其内壹人の者の云ふには船中ニ而は醉を取ること能はざるに付何處ゟ歟行て酒を飮さるを得ず故に唯上陸して酩酊するを樂とするのみと又一人の云ふにハ船より上陸するは唯酒を飮んとする爲メニ而何れの兵卒も同樣なりと云ひ張て少しも人の言を聞入れす〇外國人は其樣子を見て唯一笑するのみなれとも日本人は其情を了解せす右之事件を一時の戯と思はずして必す不平を云

ふべし卽チ余輩嘗て此方より手出しせざる者より亂妨を受け或ハ馬ニ而踐倒さるゝ理なし右の外國人は余輩を辱かしめ余輩を傷ふとも之を咎むるものなき歟其故は六七年以來斯る亂妨人を嚴しく取押て罪ニ處せば其患なき筈なるに其形勢日々宜しからす若し此後正理を達すること能はざれば余輩自から法律を守て事を爲さゝるを得すと○右の如く日本人は自から其國法ニ從て事を取扱たることありたれとも是亦遂ニ人の笑種となれり

故ニ此事は等閑ニ指置き笑ふへきことにあらず實ニ嚴正の意を以て議論すへきなり

英國水夫「ハーウル」「マルセイル」以上佛蘭西の港の名に行き或ハ佛蘭西の水夫「ドーウル」「ブライマウス」「ボールトマウス」「リーウルポールト」以上英國の港の名に行て當横濱ニ於て爲せる如き擧動あらば其落著何となるへき哉事實ニ於て英佛等互之間ニなきこととなり何れの國ニ於ても外國人より其土人ニ對して

日本人を取扱ふ如くするものなしよく自から恕して考ふへし試ニ日本人をして妄ニ馬ニ騎して外國人の居留地を徘徊し日本の兵卒をして壹丈の棒を以て居留地の大道ニ振り回はし無罪の婦人小兒を疵けば必す外國人の中ニ議論蜂起し外國ミニストルを促して其事を論せしめ若しミニストルにて之を取扱ひ落著ニ至らずんば其職掌を怠ると云ふへし然るに外國人より日本人ニ對して斯る亂妨を爲したるとは余輩の深く慚愧する所なり

元來の職掌は何事なる哉日本人は外國人の理不盡を堪忍すと雖とも元と外國人の不調法なれは假令ひ日本人にて堪忍するとも之ニ由て外國人は其罪を免れたるにあらず是皆外國人妄ニ其威力を張るの誤にて之を止ざるへからす

水夫等上陸すれは必す酩酊せざるを得さることならば之を船中ニ留て可なり若し又其酩酊するを知て上陸せしむるときは水夫の狂暴は其上官の

過失にて萬一狂暴ニ由て命を落すときは上官の手を以て之を殺すと同様なり

水夫等航海中の辛苦危難は上陸のとき聊の愉快を得るとも之を償ふへからざるは尤のことなれとも酒ニ沈醉して人の人たるをも忘るゝに至らざれば愉快と思はざるものは假令ひ水夫と雖とも許すべからず又余輩思ふに英佛の海陸軍に斯る醉人あらば軍法の立へき理なし兩國共固より沈實にして行儀正しき人物多しと雖とも其中ニ者輕狂なる者ありて酒客の風を見習ひ或ハ唯酒を以て生涯の樂となせる者は人を誘て遂には飲酒の友と爲すことあり

余輩佛蘭西の「ゼフヒールス」と云へる隊の軍令を見るに其正しきこと實ニ驚くニ堪たり此隊の士卒は横濱ニ於ては最も身持よき者共なれとも其中には尙ヲ宜しからさるものあり○此軍隊の士卒の行儀正しき所以は指揮官「レール」の力なり此人は常ニ其指揮せる士卒ニ取締を附け若し酩酊して

筑前藩狀

喧嘩等を爲せば直ニ之を召捕て軍令を正しく爲し軍令を犯す者は壹ヶ月入牢の上尚ヲ久しく外出を禁したるニ付平穏なる士卒は醉人ニ誘はるゝことなく近日の如き亂妨は絶て生することなかりし
余輩希望する所は此度佛蘭西の水夫殺害を受たるニ付一般ニ士官たる者は此事實ニ注意して斯く軍令の廢したる擧動なからん樣嚴重ニ處置すへし此の如くせば余輩と日本との交際も一面目を改め外國の士卒水夫の手本となるべし

福澤諭吉譯

イ二十七號
○慶應二年正月　探索書(共八枚)

一筑前藩是迄激烈之徒跋扈正議説之者者因循之徒と申誹多くハ被幽閉國內不穏既ニ長州ニ亞する之聞も御座候處去十月老侯を廢し世子を擁立し益激烈主張せしむる之內謀發覺君侯俄ニ御奮發激烈之巨魁月形洗藏之列十一人を斬罪河合茂山之列十三人を遠流之上牢居執政黑田播磨矢

野相摸之二人を閉居其他隱居減地等被申付候者不少依而國內一改正義說ニ歸平穩之形姿ニ御坐候得共此一擧ハ自ら藩內を衰弱せしむる之失策と他藩笑嘲之說も相聞此一藩之浮沈ハ天下之景況ニ連レ動靜可有之歟故ハ臣下之士風を鎭壓する之人才更ニ無之眞之君臣一和國內平穩之議論相建候見込無之趣ニ他藩ニ而批評仕申候

薩州藩狀

一薩州擧藩激烈說ニ一致尤不容易被存候去十月異艦兵庫港に渡來右事件ニ付　上樣俄ニ關東御歸城被仰出既ニ　官武御隔絕京坂動搖之折同藩士蒸氣船小蝶丸ニ而上京之小松帶刀市木〔來カ〕正之丞吉井幸輔輩之列西鄉吉之助与申者早追ニテ歸國之處修理大夫樣大隅守樣共領內指宿与申所之溫泉ニ御越之由ニ付右御旅宿に推參方今京攝之事情一藩之宿志を遂ル之機會与御出軍を進め候由之處即日兩公共御出馬ニ相決右令命三國中に御觸渡既ニ蒸氣船十一艘ニ而大擧之手當中同藩士尤激徒之巨魁井上彌八郎事井上大和北條右門事村山下総且者高崎伊太郎之列此命令を承

り所謂輕擧妄動之所置ニして未大擧揚兵之時ニ無之一藩之浮沈此　事
与彼是苦配　近衛公之命を借り御出馬を留ん与奔走中公武御合體異艦
退帆ニ付手筈畫餅与相成候由ニ而闔國之情奉對　幕府候而者不容易肝
謀相含ミ候由故ニ朝算幕議を不論建議反覆仕候者天下を紛亂せしめ其
虛ニ乘し宿志を遂ん之情念益增長ニ相違無之由乍併揚兵遲速之說相半
し議論一定不仕藩士不穩之樣ニ噂仕申候
附本文之事證別紙北條右門ゟ高崎伊太郎江之書翰ニ而顯然仕可申奉
存候

一前條ニ付　官武彌更御輯穆不被爲遊候而者不相叶之形勢　上樣大坂御
滯城社御萬全之御計策与一二藩之評論承り申候

肥前佐賀藩狀

一佐嘉藩之儀者閑叟樣之御策略貫通故歟國議一切相漏れ不申闔國之情難
測候得共昨十一月之頃如何之事情ニ候哉同藩之士君侯江對し不良を企
候者有之既ニ領內伊萬里与申所江密々粮米相圍ひ有爲之形勢ニ御座候

處事中途ニして發覺閑叟樣之御勇略右蓄米を被召上領內窮民共江委く御救助首謀之罪名一切御問無之速ニ鎭靜仕候趣ニ候得共夫ゟ裂藩之聞も御座候隨而右事件者執政諫早豐前家士等之所爲之樣ニ風聞仕候之事證ハ舊臘右豐前ゟ大村家江藩內之計議相漏候哉之說も候得共眞僞相半し探索屆兼申候

一筑後柳川豐前中津并豐後之七侯何れも因循國議正議說ニして都而細川家江依賴之趣別段申上候程之儀承り不申候

大小目付廣島ニテ長州人詰問槩狀

一舊臘於藝州表ニ毛利大膳之重臣共御詰問之件々左ニ申上候

昨十一月大目付永井主水正樣御目付戸川肥後守樣松野孫八郎樣毛利之家老宍戸備後助を國泰寺ニ被召出八ヶ條御糺明之處御答振重疊尤ニ申立候由同晦日中老井原主計名代木梨彥右衛門同寺ニ被召出是又前條御糺明之處御答不穩之儀も有之御詰問被爲在候得者速ニ恐入引續隊長河腰安太郎井原小七郎入江嘉傳次三人一同ニ被召出御糺明之處御答何れ

も無異事一應相聞候ニ付備後助申談書面ニ致し差出候樣被仰付候處十
二月四日書面差出候由之處稜立候箇條も有之且ハ不敬ニ相當り候之文
辭有之旁引直差出候樣被仰付候處御請申上候由右事情ニ付御三方樣之
內御壹人御上坂御直ニ被仰上候御相談も御座候由ニ候得共未御事定無
之段主水正樣御咄被成候由且又右御詰問之節藝州之臣右之者共御侍席
仕候由ニ而藝州之巷說長州此節迄ハ御寬大之御所置ニ溶し可申歟与風
聞仕候由ニ御坐候

藝州家老　野村帶刀
同用人　遠藤佐兵衞
同小姓組　植田乙次郎
同　寺尾生十郎
同　栗田耕一
同　石坂武兵衞
其外小人四人

御詰問八ヶ條幷御答左ニ申上候

第一
御問當春内亂爭鬪之節乍愼中出馬如何
御答右者當時役人共所置不當之廉有之擧國奮懣及變動大膳樣父子出張告諭不仕候而は鎭靜之見込無之候間乍愼中不得止致出張其節一應御屆ハ仕候得共猶委細之事實御達不仕儀ハ奉恐入候事

第二
御問破却之山口城修覆武器手配如何
御答山口城築立ハ大膳父子之素志ニ御座候處舊冬破却ニ相成候を國中末々之者共殘念ニ心得且此度御再征之聞ﾊ御座候處ニ而者無謀滅亡仕候も無本意事ニ存再築之致手當候段相聞候間早速差留申候事

第三
御問於馬關ニ來船之異人ﾊ應接如何
御答異人來襲之節散々及敗北外ニ應援之國も無之長州一藩之力ニ而中々相抗候見込も無之自然長州滅亡ニおよひ候て皇國之御爲も宜敷

有間敷且　朝幕も當今之處ニ而全攘夷之思召ニ而者不被爲在御模樣ニ奉察候間不得止和親仕候就而當坐薪水等者相渡候得共別段懇親等者萬々不仕候事

第四　御問壬戌丸亞人ゟ賣渡ニ付村田藏六印形付之書面長門直應接如何

御答蒸氣船賣拂等國中末々迄存不申其砌脫亡之者共段々有之候折柄蒸氣船行方不相分候得者定而彼者共之所爲ニ可有之村田藏六花押謹ゝ書も彼等拵ニ而可有之長門直應接等決而不仕候事

御問蒸氣船者當時軍國之要器ニ候處右之行方不相分を其儘御届も不仕儀は如何

御答當時取込ニ而屆兼候段重疊奉恐入候事

第五　御問大小炮異國ゟ買入如何

御答大小炮買入等不仕候當時者色々之浮說御賢察奉願候事

第六　御問元公卿ゟ致進物諸大夫森本ゝ大和長州ゟ渡海如何

前同様之御答振

第七　御問淡路監物御召書其外末家共之内御召ニ不應段如何

御答當人共者早速罷出候覺悟ニ居申候處家來共氣遣ニ餘り無理ニ引留何分身體ニ任不申奉恐入候事

第八　御問當春爭鬪相鎭大膳萩江不引取山口江入城如何

第一ヶ條之御答振与大略相同由ニ御座候

右探索仕候件々奉申上候以上

寅正月

第二〇號

〇慶應二年正月カ

稲葉閣老自筆

參府之上可申談

約束物

心覺

監物
近安
坂口
劔持
濱

一尾張殿御內話御國元御都合之事

一御同人御噂玄同殿之事

正月十二日　　　　　　　　　　　　　　松平大隅守

一御金藏渡方之事　　　　　　　　　一備中倉敷御代官所賊情之事

一佐々木六角源氏大夫之事

正月十八日　　　　　　　　　　　　　京両町奉行

一近邊御代官所へ申談一時調達金之事

同　十九日　　　　　　　　　　　　　成瀨隼人正

一尾張殿御滯坂之事

同　廿　日　　　　　　　　　　　　　瀧川播磨守

一織田市藏之事

野宮

一公武御疑惑無之樣致度事　　一御神忌之節之御納經幷下向堂上之事

一內密文通之事

松平肥後守殿

一一橋公御見込御築地廣メ之事　一御上洛ニ而長防御處置之事

一御神忌之事

大井丹後守

一同人歸府願并見込申立趣之事

飛鳥井中納言

二月廿日

一永井信濃守大坂御城番之事

イ廿一號
○慶應二年三月　石州口軍目付附添御用徒目付小人目付具申書（共四枚）

上

一別帳ニ奉申上候通今般支配所ニ在陣之儀御代官方悉ク懸念之様子ニ而村役ともニ支配所之所置物語致間敷若漏し候得ハ是迄相濟居候事件も再發いたし難儀に可及旨申諭し候儀も相聞依而探索向殆當惑仕殊ニ大森町和吉此者ハ銀山方鹿野彈藏密婦ニ出生當時大森町人別相成居小島等ニ立入用向相辨し罷在候者之由与申者を郷田村ニ屢々遣し置旅宿ニ立入候者之様子等相探り候歟ニ而村役人共後難を恐れ

口を閉候様相成甚不都合之次第も御座候得共大方之事件奉申上候御疎
漏之儀も被爲在候ハヽ猶可奉申上候
一探索之儀相響キ候哉俄ニ改革と申邊ニ而別帳ニ申上候內米穀平均相場
直段下ヶ分合金取置候儀此程相顯れ候趣を以右者惣代之者所置不宜故
之儀与申退役爲致當三月十四五日之頃左之者共新キ出來候よし

郡中取締役

波積本郷村　石田友左衛門
川本村　三上爲左衛門
糟淵村　林　章藏
大森町　熊谷三左衛門
波根西村　竹下龜助
大田南町　恒松與吉郎

右六人之者共江取締申渡候趣其儀ニ付村々之風說ニハ此度御役々御出

張ニ付全ク申譯ニ相改られ候義ニ可有御座候得共第一手元ニ惡敷者御座候故畢竟事起り剩此度之名面之內ニ熊谷三左衞門杯取締役ニ致し候而者誠ニ詮なき事ニ而素々謝金筋ハ是迄同人等仕出し候儀ニ有之其邊之辨別なく惣代とも惡敷と而已相心得退役爲致候儀者薄量之儀と申成し夫よりも小島政之助賄賂ニ不拘樣防キ候方專一之樣ニ沙汰相聞同人相勤居候而者迚も取締者出來申間敷抔と專囁き罷在候

一阿部主計頭人數石州路ゟ出張同州鄕田村ゟ先隊之分當今屯集之形勢者同村東西之方村外れゟ貳ヶ所中央壹ヶ所都合三ヶ所假番所取建士分三人足輕貳人ツヽ晝夜交代ニ而勤番罷在其外二七定日と致し金皷又日々寺院境內ニおゐて槍劔稽古等罷在候趣且隊長下宮三郎右衞門晝夜一度ツヽ村內旅宿邊相見廻り其餘組重立候者も是又晝夜兩三度ツヽ巡邏致し隊中旅宿火之元等都而心附罷在由

一濱原村ゟも分隊之分在陣罷在候ニ付當二月十八日相見廻り彼之地屯集

之様子相探り候處郷田村ニ準し假番所貳ヶ所程補理晝夜兩三度ツヽ巡邏致し日々賄之儀も手賄ニ而疊壹疊ニ付損料五六分位之當リニ而借受罷在候趣兩所共賣女等無之故歟可也取締方行屆候哉ニ相聞申候尤人夫等之內ニ者全く己之心得違より自殺いたし候者も御座候趣なれとも病氣ニ仕成し國許ゟ差送り候趣其外耳立候程之儀相聞不申候

一備後國三次ニ者主計頭始メ本隊出張御座候得者里程貳拾里余欠隔候義ニ付人少ニ而右邊迄見廻り出來兼申候

右之趣爲御心得申上置候以上

寅三月

石州口軍目付

附添御用

御徒目付

御小人目付

○第十三號 慶應二年三月　徒目付小人目付等上申書

石州郷田村ニおゐて夫長病ニ而壯年より盲目相成候者之妻ふじ与申者老母之營方を始メ年來貞實ニ看病行屆貧家之者ニハ稀成者之趣相聞候間探索仕左ニ申上候

御代官鍋田三郎右衛門支配所

石州郷田村頭百姓
花屋利十郎召仕同人店ニ罷在候

島七　四十七八

同人妻　ふじ　四十五六

男子貳人程

老母　みか　七十二三

右島七父島八与申者花屋利十郎先代之頃より奉公いたし居利十郎店内ニさし置勤居り候處父相果當島七儀貳拾歳之頃前書之妻を迎其後兩人程男子出生利十郎方へ同樣奉公罷在候處同人三拾五六人ニさ、砌ゟ病氣附兩眼とも失ひ殊ニ手足悉く不利相成當寅年迄拾二三年之間晝夜臥し候儘ニ而兩便ハ勿論食事をも其身始末出來兼身躰不自由之方ゟ退屈ニ存し一夜之內ニハ二拾ヶ度も寢返りいたし候を其度々厚世話遣し又晝之內ハ聊之間合を計り農業ニ罷出老母之營ミ方ハ勿論都而之儀前書ふじ壹人ニ而養ひ遣し利十郎儀も父頃より召仕候者今更見放し候も不便ニ存し悴ハ七八歲之頃ゟ同人方へさし置都而一同之食料等も世話いたし候趣且ふじ儀者盲目ニ相成候夫之せハ拾二三年之間晝夜之無差別貞實ニ看病罷在殊ニ七拾有余之老母厚養ひ罷在候者實ニ貧家之者ニハ稀成殊勝之者与専沙汰仕候
右之趣風聞及承申候依之申上候以上

寅三月

御徒目付 井上新八
御小人目付 増田友八郎

○第六三號ノ一
慶應二年三月 早川能登守 神奈川奉行 上申書

早川庄次郎神奈川奉行となり叙爵して能登守と稱す

寅三月甲川（早カ）能登守ゟ差出候書付

池田筑後守其外爲御使外國江被差遣候砌召連候原田吾一儀和蘭商船江乘

組當正月八日神奈川港著いたし届出候ニ付一ト通支配向ゟ爲糺候處去丑七月九日和蘭國ニ而右船江乗組洋中度々之颶風ニ逢伊豆國附大島邊ニ至り候義も有之候由之處吹流され洋中おゐて時日を移しいつれ之地江も上陸一切不致神奈川港著いたし義之旨申聞船中ニ差置候御用物等請取相濟次第歸府可致旨申立候ニ付旅宿申付遣し正月十三日歸府同月十五日外國奉行より陸軍奉行江引渡相成候事

第六三號ノ二
○慶應二年三月　池田筑後守等ニ隨行セル原田吾一航海略記

寅三月淺野美作守ゟ差出候壹冊

彼一千八百六十五年第八月五日騎馬砲軍の屯所アールンヘム府を發しスガラーヘンハーゲニ到り便船出帆の時期を待ツハンドルスマートシカッペーよりの報あり同月下旬アムストルダム府より直ニ日本横濱港ニ至るへき船便ありと云ふ依而同二十一日スガラーヘンハーゲ府を發しアムストルダム府ニ到り其時期を待てり又ハンドルスマートシカッペーよりの

便あり右便船は來る廿四日當地出帆ニウーエジープ港ニて五六日碇泊右ニウーエジープ港より乘船を乞ふ因而是を約す同廿五日川蒸氣船ニ乘り同所より發しニウーエジープ港ニ到り同廿七日本船ニ乘船ス
彼一千八百六十五年第八月廿九日火曜我元治二年丑七月九日ニ當る此日晴天東北風風向少しく順なり正午九時碇を擧け港を發す夫より英佛間の海峽に入り此處多くは逆風漸く此地を出てゝホルトガル海を越へ赤道下を過て南西を指し進ミ南アメリカより六十里の處ニ迄到り始て東南に向ひ南緯四十五度の處ニ迄到り夫より東北ニ向ひ進ミ初て一小島を見る新和蘭と喜望峰との中間ニ二小島ありシントパウル幷アムストルダムト云ふ和蘭人初て見出せる島なり故に此名あり玆迄ハ惟水雲と大魚水鳥のミを見しに英佛海を離れしより玆に至て始て土地を見し此島の南方二里の處を過きて新和蘭のノールドウェストカープと云へる北西の岬ニ向ひ其岬より大卒一里距の處を過きて正北ニ出てサンドルホウト島の南を過きチ

モル島の西ニ出て方今も尚ヲ人間を食するとか申島の間を過きてオムバイ島を出ッ即オムバイ航路是なり夫よりジロヽ島ニ向ひ數十の小島の間を過て再ひ赤道下ニ出ッ即ジロヽ航路是なり夫より北緯三度の處正東ニ向ひ東經百四十度ニ至り北西ニ向ひ琉球島の近傍ニ至り夫より東北ニ向ひ八丈島より半里距の處ニ至り此時極て暴風夫より風向北西ニ變し再ひ琉球の東ニ出て前後十五日此處ニ漂ひ就中暴風雨ニてブリンドラーと唱ふる一尺四五寸徑の横木中斷し左方のフルシカンシンク前面より二間半餘も内外の板共ニ破壞して船殆と破損せんとせりカピタン云く此船薩公の砂糖製造の蒸氣器械を積めり故に最も重大の鐵器なり船の動搖甚しくして此器械一度ひ船側ニ觸れバ忽破壞すへきは必定なりとて前後三度必死を報し候位なり夫より漸く伊豆の出崎に至り大島の間より浦賀の海口ニ至り水先案内の小船を呼ひ但此水先は英人なり正月八日午後四時半横濱港ニ達し直ニ運上所ニ至り歸著を告け旅宿の指圖を乞て丸岡屋ニ投宿す然とも荷

物末タ陸揚せすカピタン云く重大のものと一所ニ積ミたるを以て急速ニは陸揚致し難し依而右荷物江戸廻しの事運上所ニ頼ミ置き同十三日歸府す海上は前後百七十八日航路程は圖上朱線を畫す此船二百日の食料幷水を貯へたるを以て途中一ヶ所も入津せす殊ニ熱海ニて多雨の時雨水を取り再ひ水箱ニ充たるを以て横濱港へ著せし節尙ヲ九十日の水を剩すと云へり航海日記は元來毎日の寒溫の度午時の天度、風力、風向、指針の差、檢氣管の昇降潮水の輕重晴雨等也之《マヽ》等は我輩に益なし故ニ之を記せす商船には必す二種の日記あり一ハカピタン之を記し一はスチユールマン之を記す何れも船中の事を詳記す入津せハ直ニスチユールマンの日記を必すコンシユルニ送りコンシユル之を見て其船荷等の正不正を辨し之を周旋す若し此行の詳記を知んと欲せは和蘭コンシユルに就て之を問ふへし

右之船は和蘭アムストルタム府の帆前の商船

船名　デ、スワーン　此船千八百五十六年ニ造りたると云ふ

カピタン、ヅックセン　和蘭領内の小島シケルリングの産當年二十九才

第一等　スチュールマン、グローフスティン　アムストルタム府の産三十八才

第二等　スチュールマン、ベンテン　レイテン府の産二十二才

ホフメーストルメシタキ頭　一人

メシタキ　一人

水夫　十八人

船の大サ四百五十トン　一トンは我十六石位ニ當ると云ふ

積荷は薩公の誂候砂糖製造の蒸氣器械其外鐵版鐵棒と申事ハンドルスマートンカッペーより仕出候船なり向後西洋往返は必す帆前船ニ乗る間敷事なり數々沈沒せり可懼々々

原書自筆正本

イ一號

○慶應二年四月　老中稲葉美濃守誓詞

起請文前書

一大切成御役被　仰付候上は聊以御後闇儀仕間鋪候　御威光を以身之威

勢專ニ仕覺悟持申間敷候

一奉對　御爲何事ニよらす心付候事者早速言上可仕候縱　上意ニ候共御爲不可然儀者可申上事

一公事訴訟者不及申總而御仕置筋之儀親子兄弟知音之好又者中惡敷者たり共依怙贔負なく萬事正路に可相計事

一御用相談之刻同役列座を不兼心底不殘可申談尤我意を不立多分附相極可申事

一壹人立請込候御用御隱密無之筋者仲間可致相談候勿論自分がゝらさる御用に候共存寄無遠慮可申談事

附相談之節互之了簡一決不致事有之度々申返候共少も心にかけす惣而　御爲に對し中惡敷心持申間敷事

一御用筋之儀被　仰出無之以前隨分外ゟもれさる樣ニ可致候但し申聞可然趣も候ハヽ仲間相談之上可申事

一御一門を始諸大名不依誰人奉對　御爲以惡心申合一味仕間敷事
　右條々雖爲一事於致違犯者

以下熊野牛王ニ認ム

梵天帝釋四大天王摠日本國中六十餘州大小神祇殊伊豆箱根兩所權現三
島大明神八幡大菩薩天滿大自在天神部類眷屬神罰冥罰各可罷蒙者也仍
而起請文如件

　　慶應二丙寅年四月　　　　　　稻葉美濃守正邦花押

　上包
　誓詞　　　　　　　　　　　　稻葉美濃守

○第五一號
慶應二年五月廿六日　御役替

五月廿六日御役替之一件

　　　　　　　　　　　　　　御座間

　　二字朱書
　　披露　　　　　　　　　保科彈正忠

○それへ
朱書
御敷居際迄罷出

○遠山信濃其外之通勤るやうに

朱書 御請申上

○云談して念を入て勤い　　二字朱書 披露　　本多肥後守

○それへ

朱書 御敷居際迄罷出

○保科彈正忠跡の大坂定番に云付る

朱書 御請申上

○云談して念を入て勤い　　二字朱書 披露　　（松平伊勢守
大久保九郎兵衛

○それへ

○いつれも目付に云付る

朱書
御請申上

○云談して念を入て勤い

第七一號　四通ノ一

○慶應二年五月　酒井左衛門尉附屬大砲組内願書三通幷別紙

密々歎願奉申上候書付（共十一枚）

乍恐以書付密々歎願奉申上候

去文久二戌年中御上洛之刻浪士御取扱之御方々於京地被　仰渡候有志之もの共猶召募可申趣承私共一同九拾有餘人赤心報國之爲一命を奉　幕朝必死之御奉公相勤度段同三亥年中同志之内小林登之助ヲ以申上且於越中島行軍隊伍之爲練兵之御見分相請白銀貳枚宛爲御賞與被下置候段難有仕合奉存候然處其節都鄙共騷敷恐多も　幕朝を奉怨候族黨與を結或は在々散亂又は　御府内ニ徘徊致し晝夜となく覬覦之念を挾ミ殊ニは新徵組之内兇徒ニ應援之もの又は不容易儀を企候もの或は暴戾不軌之輩有之機會ニ投せん事を慮候處私共ゟ格別之思召を以内御用之儀被　仰付候ニ付於

一同も赤心之趣被聞召貫通致候儀と雖有奉存卽市中は勿論在々所々之探索且又暴戾不軌之もの數多捕押候ニ付同十一月中右爲御賞譽白銀五枚宛被下置候旨板倉周防守殿被　仰渡候趣を以頂戴仕候尤從同年十一月中酒井左衛門尉家來ニ入交り忍廻り可致旨被　仰付同家より廻りニ出勤之家來多くは御當地不案內之もの而已ニ而私共夫々導引致し殊ニ內御用被仰付爾來危急ニ臨ミ鋒及を踏專國事ニ周旋罷在右は兼而公邊御處置之趣厚御思召之御內意ニ甘心致し且一同　幕朝ぃ御奉公申上奉微軀賤名を子孫ニ遺候宿願ニ御座候故亥年子年共貳ヶ年活計を廢し妻子を棄勉勵罷在且四月中水府武田耕雲齋一味之もの多人數千住宿關門外ニ相迫候節も不取敢同宿ぃ出張御差圖相待居引續七月中麻布檜坂長州屋鋪請取之刻酒井家手ニ附先登ニ相進候儀相違無之候乍併右二ヶ年之間不給無祿ニ而瑣細之家財を典却し又賣拂取續罷在候儀故必死と困究至極仕且一同之名誼も無之萬一非常之節ニ至り死後之遺憾とも存候間其節河津駿河守殿ぃ兩三

人罷出相伺候處御老中方御評議之趣ニは一隊ニ多人數御取立之儀は新徴組黨與暴行之覆轍も有之難相成乍併功勞も被聞召候儀故追々三五人又は七八人ツヽ夫々諸向ゟ御割入ニ可相成間夫迄酒井左衞門尉ゟ附屬被　仰付同家ニ而扶助仕候趣被仰含難有存只管御家人之名籍ニ列候を準的と致猶更不撓廻り等精勤仕候處去ル元治元子年九月同家ゟ附屬被　仰付候趣牧野備前守殿被仰渡之趣を以同家來松平權十郎申渡之爲手當金拾貳兩三人扶持宛被宛行大砲組と名誼被申付候然る處近年物價莫大ニ騰踊先前之四五層ニ至り活計營方等難取續況二ヶ年も無給ニ而相支罷在悉疲弊仕候處諸色直組《マヽ》格外ニ引上候儀故當今ニ至り必死と難澁至極仕候ニ付自然勇氣も逡巡可仕哉と歎敷奉存候尤同家ゟも歎願申立置候得共元來　公邊ゟ被　召出御奉公仕度一同之念願且は厚思召之御次第柄も相辨候儀故素より同家臣下ニ列候所存毛頭無之只々御沙汰之次第居《マヽ》諸屆指相待候外他念無御座候乍然京攝御用途多且は　御進發之御次第　御留守中と申旁是迄

差扣罷在候得共當節ニ至り術計相盡難澁至極罷在先年御内意被　仰含候儀如何と同志之者共ゟ切迫仕候ニ付無餘儀内々此段奉伺候奉申上候も恐入候儀ニは御座候得共新徵組之儀は奉對　公邊左迄勤功之儀も無之剰暴行之もの共又は兇徒連引之族も有之却而都下を騷擾御厄介相掛候もの共ニ而も一旦御家人ニ御執立ニ相成候儀顯然と先蹤有之前非改悟之儀無之故酒井家ニ御委任之義無是非候得共私共盡忠報國之儀申立候は彼等と同志ニは御座候得共僞名を報國ニ託し暴行之所行相働候儀を忌嫌專奉御内命且は正誼之次第判然と相立度存念より彼等と暫時敵仇之間と相成或は捕獲又は相支鎭靜を主と仕候處却而只今ニ相成同家ニ附屬被　仰付扶持祿共相劣候儀何共殘念至極ニ奉存候何卒前顯微功之次第爲　聞召分何れ之御場所ニ而も夫々ニ御割入被成下度又は一隊御執立之上　御進發御先備之内ニ御差向被下置候共頻（マヽ）ニ而一同奉願候然る上は忠戰鼓舞し刺擊之功を盡し度存念ニ相違無御座候尤　幕朝ニ御奉公仕候樣相成候上ハ扶持

祿等ニ付多少之望聊無御座偏ニ身命を拋貳百五十年來之御恩澤ニ奉報度一同之宿願ニ御座候當節柄不顧御用途多之御中此段密々歎願奉申上候間宜御憐察被成下御含被遊候上何と歟御處置相成候樣偏ニ奉願上候以上

慶應二寅年五月

御當地浪人當時酒井左衞門尉當分附屬

大砲組

八拾餘人

○第七一號ノ一

密々歎願奉申上候書付

乍恐以書付奉申上候

先達而以歎願書密々內願奉申上候處猶疎漏之儀も御座候間追加書認奉申上候先年私共一同新徵組御支配御取扱被爲在內　御用筋等相勤候砌別段被　仰出候名誼も無御坐只々報國有志と申儀ニ基き有志組と假ニ相唱罷在其後酒井左衞門尉ぃ附屬被　仰出改而大砲組と被申付候得共素ゟ同家手切之儀ニ御座候間何と歟名誼被　仰出度且席順等差別無御座賢愚混交

仕當時末席ニ罷在候ものゝ迚も可然御用ニも相立候ものも御座候間重立候
もの共遂評議才不才ニ隨ひ公平之議論を取用ひ席順姓名書別紙奉差上候
間右順書を以被　仰出候樣仕度奉願上候就而は組方名誼之儀ニ付心附候
名目左ニ奉申上候

鎭靜組

遊兵組

新募組

右等之名誼如何可有御座哉奉伺候尤町御奉行手附又は關東御郡代手附と
被　仰付候ハヽ穩ニ相聞可然哉と奉存候何れも御處置ニ相成候上ハ平生
其身を愼ミ精勤仕候ハ勿論之儀ニ而專市在鎭靜を主務仕拔群際立御忠節
相盡候心得ニ御座候間乍恐可相成は急速御處置之御沙汰被　仰出候樣一
同奉懇願候以上

寅五月

惣代内野傳吾

同　和久井庫之允

同　中田良吉

○第七一號ノ三

上包
上

乍恐見込之趣を以内願奉申上候

關八州御取締之儀是迄夫々御役儀有之候得共浪士又は博徒之手强きものニ出逢候節は逃隱れ　御威光を失ひ却而御役威を取飾り實直之下民を苦め候ものも有之哉ニ承候　御威光拘候儀と乍恐奉存候就而は當今關東御郡代御役出來仕候私共右手附被　仰付關八州廻り方仕候得は鄉村在町は不及申屯集之惡徒又は武田耕雲齋類し候もの有之候節は神速ニ驅除仕候は勿論都而姦曲を糺し節義を導き專八州鎭靜之儀を主張仕害を除き利を興し　御國益筋之儀を心掛可申事

一町御奉行御組之儀與力同心數多御座候得共太平之舊弊ニ染習致し奢侈

ニ而已耽り都而形容虚飾を専と致し〔脱アルカ〕事故遠國諸藩之士又は攘夷抔唱候浪士等ニ出逢候節は殊之外逡巡恐怖仕候ものも有之　御威光取失ひ候儀不少且火附盗賊改組之者等ニ至り候而は瑣細之品物借受候もの迄も猥ニ縄打引合等多分呼出し迷惑致し候もの數多有之詰り罪人而已多相成却而　公邊を奉怨候樣成行何共殘念至極奉存候私共町御奉行手附被仰付候得は外藩之壯士等ニ憚儀聊無之専奉行衆保護致し廉恥之風習を起し且市中鎭靜を専と致し　御威光相立候樣仕可申候

右兩樣之内被　仰付候樣奉内願候何れニも刻苦精勤仕　幕府之　御威光相貫都而御爲筋ニ相成候樣心懸御奉公仕度一同之宿願ニ御座候間何卒御雄斷之上親敷御家人ニ列候樣致度奉願上候以上

慶應二寅年五月　上包　姓名書

○第七一號ノ四

覺

中田良吉
和久井庫之允
長田善平
内野傳吾
今井文吾
平間寺大一郎
池田主税
前田清助
小林幡郎
西村轉
志田現四郎
平井一郎
明石大角
玉井權之丞
本多丹之丞
宮田周藏
百瀨武之輔
宇佐美三郎
窪田三平
横山信太郎
田中良助
横田辰之輔
福田藤吉郎
浦西東一郎
小島大輔
遠藤莊三郎
木村貫藏
齋藤晟一郎
齋藤鑛之丞
加藤八郎
青木兵作
鳥居重兵衞
早川帆平
風見彌三郎
富田修輔
石原源三郎
横山主計
横田榮八郎
玉井喜之助

眞田渡
木村邦之助
山崎新兵衛
渡邊馬之助
野秋彌一右衛門
大場八郎兵衛
松村彌太郎
松本平馬
田中新三郎
渡邊平治
中村清之助
鵜飼榮次郎
新見磯之助

吉川五郎作
井上喜兵衛
高橋昇平
太田蔀
片山章之助
志村佐吉
小林幾太郎
小林嶸
中尾繁吾
上原二郎
小野寺節度
小野重次郎
松本百藏

田中鐵之助
齋藤志津馬
中尾久
片山勘兵衛
加藤小三郎
池田政之進
藤田肇
江藤喜十郎
脇田内記
磐井純一郎
厚見三十郎
青木榮之助
山下初太郎

見習
菅谷新平　前田猪三郎　内野鐵三郎
松井晉之丞
長病之者
松井伊織　鈴木清次郎　菅谷要人
死失跡幼年之者
貴田勝彌
〆八拾六人
以上

第七八號ノ四但シ二通在中
本文板倉自筆朱書不詳
○慶應二年五月　在京閣老贈在府閣老書カ
上包　持參御用書付
五月十日持歸ろ所司代方申越候迄預リ
一貢獻殘品之事
朱書所司代傳奏承知

一博覽會御使左兵衞之事
朱書
可然

一ミニストル痴雲ハ六ヶ敷淺野美作榮五郎之事
朱書
不宜

一薩之事
最早相濟也御咄しなけれハ其儘

一宰府之事

一水戸殿御愼解之事
朱書
不宜

一備前家之事

横線朱書
一御奏問之節橋公會桑御同參歟御模樣次第之事

一國產有之諸侯何と歟工夫ニ而獻貢可致候事
朱書
傳奏所司代承知

中納言殿被仰含之个條

本文稲葉自筆朱書不詳

一京都見廻り之頭出雲守代り之事
但此義會津見込ハ相違ニ有之同人ニハ御英斷相願候由名前ハ甲斐主
膳之邊
朱書
追而跡役可被　仰付當人ハ壹人勤

一京町奉行暫御轉し無之樣被成度御心附之事
朱書
此儀敬服仕兼候

讃岐主膳申建之个條

一新撰組御處置方之事
但人數ハ百三十三人金子ハ一萬五千餘り且毎月千金取越渡シ或ハ身
分定り之事

一橋公御暮し方之事
朱書
橋公方之第二ヶ條与照應之个條

一所司代家來來〻置場所之事
朱書
表向書面差出候上評議

一御築地廣メ之跡御普請催促之事
但委細ハ繪圖ニ認有之
朱書
御勘定奉行へ談し

一遠國勤之者へ被下者御張紙ねたむニ相成候ニ付苦情之事
朱書
伯耆殿之御論通

イ十九號
○慶應二年五月　小性組中島藏人刺血上書　原本謄寫（共六枚）

議國是

伏仰　君上殿下天至誠孝　神祖之大政未タ行ハレサルヲ痛ミ國氣未タ振ハサルヲ念ヒ日夜焦勞誠心懇切惟時ニ後ルヲ恐レ三數年間三タヒ發大駕中興之業ヲ起サント欲ス此　誠心誰不感喜哉既去年九月外患與內憂日ニ至リ衆論同シカラサルヲ以テ辭大位大王邠ヲ去ノ意ヲナサント念フ誠意

果如此耶臣此日御營ニ宿衛シ泣血流涕而其不可ヲ諫ント思ヒ　拜謁セン
ヿヲ願フ然官輕ク身微賤ナルヲ以テ拜スル能ハス惟鬱悶而一死之外他事
無シト思フ然ルニ　皇帝叡明　詔ヲ下シ　殿下之忠誠ヲ聖察シ懇切丁寧
必職ヲ辭スル勿レト　殿下其大恩ニ感伏シ日新修德之封事ヲ上　天朝是
異日內修外攘之意也ト　廟議ノ請ヲ以テ　勅而虜ト和スルヲ許ス是則
公武ノ本意ニアラス一時ノ謀慮ニシテ秦王張儀ノ計ヲ義渠ニ用ユルカ如
シ今和議ヲ云者　皇國必與之理ヲ不知而惟膝ヲ屈シ屬國タルヲ虛喝シ我
ヲ臣妾ニセント欲シ我カ赤子ヲ左衽ニセント欲ス嗚呼是不天下之罪人實
ニ　神祖之罪人也今幸而上自宰執侯伯下逮百執事之小臣小大一心無未體
內修外攘之　誠意矣此宗社之福而　神祖仁澤之厚故也今專和議ヲ以テ是ト
爲ス者必謂和議既成則兵可不用是大ニ國ヲ誤ルノ說也臣竊謂和議ト兵ヲ
用ルト二者不可偏廢若和議成之後虜情狡獪變詐百出命ニ逆フヲ以テ來ラ
ハ則兵可不用乎伏望願　神祖之大業　誠意ヲ邊事ニ止メ守備ヲ嚴ニシ法

則ヲ設ケ水戰ヲ敎ヘ賦税ヲ少シ士兵ヲ興シ督尹ヲ置キ邊海ヲ綏ンシ急事アラハ本路ノ兵調發ヲ待タス爰ニ發シ事無ケレハ田ヲ耕シ文ヲ講シ武ヲ練リ士氣ヲ爰ニ興サハ士有兵兵有土必可備于緩急之用也是　先帝大宰府ニ　勑スル且防且耕之　聖訓可法也今既虜ト和スルト雖淸國ノ覆轍ヲ明察シ嚴ニ條目ヲ設ケ法則ヲ明ニシ商賈ノ貿易ヲ禁シ侯伯士大夫ト心ヲ同而新ニ官易ノ法ヲ建テ量納而爲出一者生民飢渴ノ憂ヲ免レ二者士大夫武備ヲ整ヒ三者官易ヲ爲ト雖國用足ラサル無シ一商賈ノ貿易ヲ禁スレハ此三利皆獲ル也今商賈ノ貿易ヲ禁セサレハ奸商益貪欲ノ利ヲ逞クシ吾　政柄商賈ノ手ニ墜テ物價日ニ沸騰シ生民塗炭ニ陷リ士大夫窮乏シ武備ニ及フ不能也　公家之奉歲用不足カ故ニ民ノ膏血ヲ竭サスンハ不能也商賈ノ貿易ヲ禁セサレハ此數弊日ニ至ントス虜情難計異時豺狼無厭之求メ吾ニ加エサルヲ知ンヤ伏願　殿下與輔弼之大臣熟議而和議ト與用兵二者採擇焉今速ニ國計ヲ不爲禍且不測也夫　幕府者代　朝廷而天下ノ政柄ヲ管總シ

天下之侯伯士大夫ヲ率而朝于京師　天皇嘉納而義雖君臣ト觀如父子矣是爲臣之道ヲ盡ス大典也自中興武將以來幕府治而天下不治者不有也幕府不治而天下治者不有也故幕府正而侯伯士大夫ヲ正シ侯伯士大夫正而萬民ヲ正シ萬民ヲ正而四方ヲ正ス是則治國平天下之序也聖人不畏多難畏無難昔禹不貴尺璧而惜寸陰今日天步難艱惜分陰之時也願熟議勿怠矣夫人材ハ上之人作成スルニアリ若シ是ヲ摧抑スレハ一言天下ノ事ニ及フ無シ有道之士其事ニ不任安ソ自ラ辱メヲ取ンヤ方今國家多難之秋勉而言路ヲ開キ諫官ヲ設ケ耳目ノ官ヲ明ニシ人材ヲ公選シ阿佞ヲ退ケ内修外攘之　誠意ヲ布告シ侯伯士大夫ニ命シ守禦攻討ノ術ヲ盡シ振古所無國辱ヲ雪カンヿヲ體シ外醜虜ト官易ヲ爲ト雖虜ノ情僞已可知和議不足恃也其實兵ヲ不用ハ夷狄貪婪〔マヽ〕之欲ヲ防クニ不足也今天下之人　殿下國辱ヲ雪カン事ヲ知レハ今日攘夷ニ決シ明日三眼之國威海外ニ輝キ中興之大業指日而可待也今姑欲以紓目前之患而膝ヲ屈シ醜虜之請ニ隨ハ此膝一タヒ屈スレハ不可復伸

國勢削弱不可復振　祖宗三百年之蒼生左衽トナリ天下之士大夫胡服ヲ著シ　祖宗之境土醜虜ノ境土トナルニ及ハヽ　殿下對　宗廟在天之神靈何以答ンヤ小臣輕輩至愚ト雖以忠自許愛　君憂國之赤心難止夙夜痛哭流涕誓天地而　神祖與仁澤　殿下恩惠ノ厚ニ報セント欲ス今日之策得ハハ《マヽ》宗社安シ失ハ宗社危シ安危之機間不容髮矣臣愚以螻蟻之身敢言大計今日言之而倘不叶　聖意必死斧鉞不言之異日禍敗必死亂兵其亂ニ死スルト國ニ死ルニ不如也伏仰　殿下仁德之姿動群聽憂國之誠形四方矣願臣之微忠ヲ洞察シ兵和二者採擇スレハ非是臣之幸ニ天下之幸也故微臣愛一死而不諫之乎臣敢所盡忠者將報世祿之大恩之愚直也謹刺血泣涕而冒于　大威戰越待　台命而就死罪矣恐惶謹言頓首百拜

慶應二丙寅年五月

御小性組酒井安房守組　中島藏人孝修（花押）

上包
上書

御小性組
酒井安房守組
中島藏人

第三一號
○慶應二年六月廿四日　美濃殿御持參之事

河内守自筆

一筆致拜啓候酷暑之砌御座候處各樣愈御安康被成御勤務奉拜賀候然者周防殿所替被　仰付候ニ付村柄宜敷所ニ而被下是迄よりハ一萬石餘も收納增候樣可取計旨被仰越候ニ付其趣ニ而御勘定奉行ゟ相達し候處今日申出候ニ者一萬石餘收納增ニ相成候村柄ニ而被下と申事ニ候得共貳萬石餘ニも相成候趣ニ御坐候高壹萬石餘增ニ相成候村柄ニ而被下候と申事ニ相成候得者全く壹萬石餘ニ相成候趣ニ御坐候小生共心得ニ者全く一萬石之事と奉伺候得共若又何そ　思召も被爲　在候事哉否御左右早々被仰下度奉願候其上ニ而取調可申付心得ニ御坐候以上

六月廿四日　縫殿頭花押

河内守花押

伊賀守樣

美濃守樣

淀稻葉家文書第二

自慶應二年七月
至同三年二月

○イ四十一號
慶應二年七月下旬頃　增上寺內願書

御宗門之儀者　御先祖樣方御歸依不淺　御家門御連枝方ニ至迄可爲淨土宗門旨　御嚴制被爲成置就中御當山は　神君樣御入國最初御菩提所与御定被成下置候以來結構御取立　御威光を以一宗之光榮難有奉荷恩候然處寶曆度　惇信院樣御入棺以後百有餘年來　俊明院樣　文恭院樣孝恭院樣最樹院樣相續而上野ニ　御入棺被爲在其外　三代樣御始溫恭院樣御方迄御五方樣同樣上野ニ　御入棺被爲在候處　溫恭院樣御代厚以　思召　愼德院樣御入棺被　仰出御宗門之僧徒深重難有奉感佩平常　御武運御長久御繁榮之御壽日夜奉懇禱御常々御健ニ被爲渡一同難有奉存候處先般以來御異例之趣奉伺於　安國殿　護國殿速ニ　御快復被爲在候樣一山大衆擧

而　御祝《マヽ》禱申上居候處方今　御容躰御危篤之趣内密奉伺深重恐縮絶言語
悲歎至極ニ奉存候隨而容易ニ可申上義ニは無御座候得共　御万歲之後は
尊骸御當山ゟ御入棺被　仰出候樣愚老始前方丈諸檀林一宗之僧徒一同奉
懇願候就而は不容易御時勢深相辨　御靈屋向御建繼御修復等無之且　御
廟御地所之儀も御入費ニ不相響御場所可有御座与奉存候尤精々御省略方
取計候樣役者共ゟ可申付候間往昔　神君樣御定被成下置候　御菩提所之
御趣意相貫候樣宜御評議可被成下候右御未發之義申上候段は恐縮之至ニ
奉存候得共　御菩提所之一大事住持職ニ取實以腹臓ニ堪兼不得止事奉縋
御賢慮候此段幾重ニも深秘之次第御差含御仁惠之御沙汰奉願候事

（上包）書付

イ七十三號
○慶應二年八月十五日　將軍家危篤ニ付實誠《マヽ》院身分昇格其他大奥の意見
書

原本女流筆蹟

瀧山ゟ相渡候書付

公方様此度不容易　御容躰ニ被為有候ニ付而ハ實誠《マヽ》院身柄之義此節之御場合ニ而格合之儀被　仰出候様此程　天璋院様　和宮様ゟ被　仰立候へ共猶又早々ニ被　仰出候様　御意被為有候

河内守

周防守

老女衆

瀧　山

錦小路　ヘ引合之内

一和宮様御住居親《マヽ》規出來相成候事

但御座所丈ハ　御所風ニ御普請相成候ハヽ可然哉御普請御評決之上

猶老女衆ヘ為引合候積り之事

一實誠《マヽ》院殿御取扱振御格直り之事

但御別紙之通り是ハ急速御發以前ニ被　仰出候ハヽ可然候哉

一御同人御住居之義ハ御格直り之上當分紀州家江御逗留之義御願之趣申
出候事
一一橋殿御簾中樣御乘込外ニ御殿無之ニ付實誠院殿御住居御建足之上御
引移相成候御差支有之間敷候哉之段右兩人老女衆申出候事
一和宮樣淸水屋形御住居之義ハ行屆不申事
一一橋殿御相續之義御願之事共前以被　仰上無之突然と御治定相成候義
ニ付兩人ゟ品々申立候事
一龜之助殿云々之事
一還御之義御陸之方哉与之事
一增上寺ヘ被爲　入候樣被遊度との事
一蘭家醫師ハ以來御制禁ニ被遊度　和宮樣ゟ被　仰出候趣申出候事
但　天璋院樣蘭家之御藥召上り候間　御同人樣御差支不相成候樣被
遊度由尤只今急速ニと申譯ニハ無之間其心得ニ而罷在候樣被　仰出

候趣之事

（卷表）寅八月望江戸ゟ
赤松左京持參之書付

第九九號ノ二
○慶應二年八月廿一日

八月廿一日

御　名

御尊骸御軍艦ニ而江戸表ニ被爲入候節御供被　仰付之

右於御用部屋伊賀守申達老中列坐

イ七十一號
○慶應二年八月　佛公使寄小笠原閣老書

帝國佛蘭西全權公使小笠原壹岐守閣下ニ呈ス

小倉において御面會之節私ハ速ニ江戸ニ當（マヽ）著し江府御同列方ニ談合早速小倉の方ニ軍兵差廻シ幷我國より金子御借受之件々を速ニ相定候樣閣下ニ約速（マヽ）せり

幸ニ右之二件之談判相濟既ニ昨日御勘定奉行佛國コンペニーと談合金子

御借受之義決定せり且日本帝國ハ格別富饒ニ候故人民尊く且才智ある者多く御座候處太平打續戰志おとろへ申候

第一武器幷軍艦不宜昨今之所ニ而は實の軍備相整候とは難申若政力を立んとせは右之條々充分御整可被成候尤陸軍不立內ハ政事も自ラ相立不申候就而は私義何ヶ年迄も心を盡し右之ヶ條是非とも相整度志ニ御座候若日本政府私と同意にして御國力と私之力とを合せハ海陸軍以後三ヶ年之內ニ組立テ可申左候上は諸藩ハ愼て政府江歸服候義ニ相定申候

此度天下不幸に合　大君薨去之義實ニ愁ニ不絕候得とも是非とも　大君位を次は一刻も早く立テ候外無之と存候且右同人は形勢六ヶ敷折柄故昨今之事情能々辨居候者ニ無之而はけして相成申間敷相考申候法良西國帝ハ　大君薨去ヲ承知致候節は可愁候得共猶此度位を次く者と不相變相親申候且塚原但馬守之段々懇意ニ致候同人は格別才智幷忠臣《マヽ》ある者と存候

謹言

一千八百六十六年九月十三日　帝國法良西全權公使レヲンロセス

小笠原壹岐守樣

イ二號

○慶應二年八九十月ノ中ナルヘシ　御軍制取調之儀大綱申上候書付

海軍奉行

陸軍奉行

大目付

御勘定奉行

御目付

御勘定吟味役

此度被　仰渡候御趣意奉得其意一同商議仕大平鑛次郎小野友五郎より戰地之形勢をも承候處近來西洋之火技盛に相開候ニ付多分砲戰而已ニ而短兵接戰之場合者稀ニ候趣既ニ去ル戊年中御軍制御改正掛之者共ゟ申上候通り之次第且者九州表よりも塚原但馬守被差遣兵隊早々御廻し

之義等被仰越夫々御募之上銃隊ニ仕立御廻し之積御坐候得共殆二列師綿多位之儀ニ而迚も十分之御勝算者如何可有之哉抑御軍制之儀者未御一定無之半上落下之事相成候ニ付御旗本惣躰之高殆二百九十萬石餘も御座候處全方今御用立候分者四五千之兵ニ不過殊ニ慶安度御軍役之半減相嗟〔マヽ〕候樣被　仰出候得共是以人數制而已ニ而兵制一定不仕より分數も亦宜を得さる樣相成夫是參考衆議之上見込左ニ申上候

此ケ條ハ江戸ニ而被仰渡

一御旗本御軍役之儀ハ都而銃卒之員數を以相定候事

一萬石以下三千石迄高千石ニ付銃卒六人宛と定端高右割合にて相極め補備長官も其人數に應し配賦致し夫々組合相立銃軍に仕立第一大隊第二大隊と番號ヲ以區分仕主人々ニ者指令官ニ致シ其內業前人物宜者を大隊指揮役ニ被　仰付卽平常組合中之取締を爲致在來之寄合肝煎之勤をも爲致肝煎者御廢ニ而可然

此惣高百萬石餘ニ御坐候間惣人數六千八十大隊ニ分チ指揮役十人と

仕一隊ツヽハ何方ㇾ御差向相成候而も宜積り

前同斷

一貳千石以上貳千九百石餘迄之者百人余有之候ニ付在來大砲組者御家人を以編成之處實地ニ望（マヽ）大砲之使用ニ人足を多人數相用ひ應用不辨之趣ニ付當時戰地に望（マヽ）居候者ハ無據候得共前文貳千石以上之者不殘大砲組と相定右より差出候兵賦を以て大砲兵に仕立候得者十座餘之大砲隊者出來可申其餘守衛兵を始牽馬等ニ至迄悉皆入費者差出候積尤戰爭之節彈藥等者公儀より被下平常大砲幷附屬器械修復等者都而銘々より差出候事ニ致候積り

前同斷

一貳千石以下百石迄之惣人數を平等に兩分して海陸兩軍に分チ兩奉行ニ支配爲致千石ニ付銃隊六人之割合を以て組合相立銃隊ニ仕立候義者三千石以上之通尤三百石以下百石迄者正人者不差出軍役金として高百石ニ付金三兩ツヽ差出させ候事

但一烈（マヽ）師綿多以上之兵を動候節之外ハ軍役金不差出積り

一右軍役之義ハ都而本高ニ而相勤御足高ニ而者相勤不申事

前同斷

一百石以下軍役者御免之事

右之通御定相成候上者是迄之海陸軍奉行ニ而ハ身分も輕く三千石以上之者を支配仕候ニ不都合ニ付海陸軍奉行者若年寄ニ而壹人ツヽ兼勤ニ致し三千石以上之者支配致し在來海陸軍奉行ハ並と仕席之儀ハ是迄之通にて三千石以下之者不殘支配爲致候事

都而御旗本之分前文之如く組合相立御軍役相勤候上者假令何御役相勤候共御軍役ハ元組合之方ニ而人數差出相勤候事ニ仕度尤遠國地役者別段之義ニ付勤中元組合之方相除可然候事

一交代寄合者前書之部分中ニ不加別ニ一隊ニ編成之事

此ケ條者直ニ坂地ニ而被仰出候積

一三兵隊之内是迄之騎兵組者御先騎兵組歩兵者御先歩兵組と唱替仕御持小筒組者小筒組ゟ計ニ仕候而可然

此ケ條者小

一在來御先手組御持組者御廢ニ而頭ハ一同ニ御役御免組同心ハ不殘小筒

筒組一大隊江戸ゟ上坂之上御供御免ニ而歸府被仰付候上ニ而御設行之事

組ニ被　仰付候事

但諸家名代等是迄御先手ニ而相勤來候處向後ハ都而親類又者由緒ニ而相勤候事

一兩御番之義是迄與詰之者又者講武所敎授方世話心得之中　御目見以上ニ而業前宜者人撰之上御小性組貳百人貳組劒隊ニ仕立御書院番貳組是も人數同樣槍隊ニ仕立頭ハ是迄之席ニ仕組頭ハ一組貳人ツヽ席是迄之通被　仰付講武所師範役兼帶爲仕平常宿衞者勿論御成之節御供御先番も仕日々當番ハ組頭壹人組者五拾人ツヽ相詰頭者日々見廻り候事

但在來兩御番者御廢

此ケ條者新御番御供御免ニテ歸府被仰付其上ニ而御設行之事

新御番者前同樣槍劒宜者百人壹組ニ仕頭壹人組頭四人日々當番者組頭壹人組之者貳拾五人宛相勤候事

此ケ條ハ都

一在來大御番者御廢ニ而大坂在番者三千石以上之者一大隊在番被　仰付往々ハ攝河泉播ニ而農兵取立御守衞相立候事

而相調候上ニ而被　仰出候事

一右之通相成候ハヽ御定番者御廢組之者御城代に附屬

此ケ條江戸ニ而取行候事

一講武所槍劔師範役者都而兩御番組頭新御番組頭ニ而兼帶敎授方者同御番衆にて兼勤爲致候事

此ケ條ハ直ニ坂地ニ而御取行之積リ

一御徒之義ハ在來之分幷御目見以下ニ而槍劔宜仕候者人撰之上貳百人四組に致し頭も同樣槍劔達者之もの相撰候而被　仰付平常當番御供御先番等相勤候事

但御道番居渡屋敷入等之儀是迄御徒方ニ而相勤候處向後者新小筒組ニ而相勤候事

此ケ條ハ江戸ニ而取行候積

一御書院大御番御持御先手與力ハ一同百俵高御譜代ニ被　仰付小普請ニ入同心者一同小筒組に御入人之事

但小普請ニ入候與力之內人物宜者相撰小筒組被　仰付候事

前同断

一陸軍奉行並支配之內三百石以下之者槍劔有志之徒四百人餘兩御番新御番之欠員補候爲十分ニ槍劔修業爲致御用立候樣取立候事

前同断

一御徒之義も同様百俵以下之者百五拾人餘も前同様ニ仕候事

前同断

一是迄不勤之者小普請金御取立之處是ハ御免被　仰付海陸軍奉行支配之内ニ而惰弱ニ而御用ニ不達者又者病身等ニ而御奉公相勤兼候者より者相應之役金取立候事

江戸

一儒者并學問所教授方世話心得相勤者ハ林大學頭支配ニ致し候事

江戸ニ而取行候事

第一
一講武所ハ向後陸軍奉行ニ而管轄仕陸軍所と唱替致し稽古之義ハ是迄之通爲仕候事

此ケ條ハ若年寄衆御用御取次迄被仰出候事

第一
一向後御小性御小納戸等被　仰付候節者海陸兩軍奉行ゟ被仰渡人撰之上名前申上其筋ニ而吟味之上被　仰付候事
無息部屋仕より被　召出候節も同様ニ而決而吟味無之被　仰付候儀ハ御禁止之事

一寄合持御門々勤番方之義者追而取調可申上候事

右者大綱取調申上候愈御採用相成候ハヽ細目之義も尚取調追々可申上

奉存候以上

交代寄合　　拾萬六千七百石　　此人數六百四拾人餘

萬石以下三千石迄　　百萬石餘　　此人數六千人

三千石以下貳千石迄　　三拾四萬七千石　　此人數貳千八拾人

貳千石以下五百石迄　　百萬九千六百石　　此人數六千五拾七人

　内海軍之分三千三拾人引

殘而九千貳拾六人　　陸軍之分

右之外　　五百石以下三百石以上之者より差出候軍役凡千人与積り

總合凡壹萬人右者十二烈（マヽ）師綿多半ニ分

　但四百人壹大隊之積ニ而貳拾五大隊

イ四十七號

○慶應二寅年九月二日　　自分持參之御直書之寫

自分ハ稲葉閣老ナリ

　規　定

一仁を以而可爲政事之目的事

附諸民を可愛憐事
一人才妙撰之事
一可嚴賞罰事
附刑法を可正事
一去虛務實事
一省冗費事
一海陸二軍を可盛大事
一外國之交際不可失信義事
附可嚴正商法事
一貨幣者永世可純粹事
右八ヶ條之趣堅相守萬事可執行者也
慶應二年丙寅九月二日御判
年　寄　共江

○第一號上
慶應二年九月二日

◎原書次ニ板倉閣老自筆第八十五號二通ノ一及二ノ書記載アレト同文ニ付省略ス

壹岐殿へ可相廻書付

一評判通と被　思召候而者恐入候事
一能々御探索可被遊事
一御妙撰之始
一寺社奉行位なれハ可也
一夫等御承知之上是非と有之候ハヽ先參政
一左衞門義　御斷然之事
一時勢柄古例にのミ御拘泥被遊兼候事
板倉自筆作列
但兄弟同前之義也
一直ニ加判之列被　仰付候事
一本多正信之御譬
寅九月二日夜

第四五號ノ一
○慶應二年九月十二日カ

水戸殿御愼解之義追而被仰下候趣之處今以何共御沙汰無御坐候如何御坐候哉御模樣相伺置度候否被仰下候樣致度候已上

九月十二日　周防守
美濃守

御兩人樣

尙々中山備中守も歸府致し居候得共兼而被仰下候趣も有之候間御愼解被仰下候迄見合申候事ニ御坐候已上

イ二十九號
○慶應二年九月十三日　大樹公手簡水戸公宛

九月廿四日岩田織部堀錠之助持參之書付

八月廿八日附御狀致領掌候秋氣彌増候處愈御健勝欣喜此事ニ存候扱は備中登坂之砌屢被仰越候件々逐一致承知候同人ゟも具承之爲國家御苦心之段萬々御察申入候神速取計可申之處國事多端之折柄加大喪御發し等ニ而

彼是遲緩ニ相成機會を失候儀も可有之哉自然被仰越候詮無之樣相成候而者御同意不本意至極与痛心致し居候扨備中ゟ相達候條々今程御取行相成候義与存居候折柄先便御書中之趣ニ而ハ前ニ被仰越候儀与ハ表裏致し居候右は如何成譯柄ニ候哉何分難相分定而不得已御情實も可有之候得共右樣度々御變し被成候樣ニてハ迚も基本ハ相立申間敷存候此上とも一國之動靜は貴君之御胸中ニ寄り如何樣共相成可申候總而至當之條理を以而一徹ニ御貫き被成候得ハ從而形勢も相變候儀と存候尤先便被仰越候儀ハ定而種々之御內情も可有之存候ニ付此度目付差下し候間當今之形勢具ニ被仰聞且愚衷も申含置候得者得と御聞取ニいたし度候草々不備

九月十三日　　德川中納言

水戸中納言殿

猶以本文之儀全く愚存而已ニも無之一昨年來之紛亂於　御所向も實ニ御配慮不一ト方度々御噂も御坐候程之儀殊ニ推軒一條も彼是　御所向

へ關係有之甚痛心罷在候次第此上御奮發鎭定無之候ハヽ如何樣被成行
哉も難計存候ニ付何れニも急速ニ御處置相立候樣致度尙時令折角御厭
可被成候已上

水戶中納言家政向是迄錯亂不都合之次第も有之候ニ付爲差扣置候處右者
全く家老共之不束より差起候事ニ而中納言儀深く恐入相愼居候趣相聞候
ニ付今度家老共夫々處置仕以後國內平定仕候樣屹度申渡候就而者中納言
儀最早三ヶ年之愼ニ罷在候間此節赦免申達候積御坐候兼而　御沙汰も御
坐候儀故此段一應御內慮相伺候事

水戶中納言事家政向是迄錯亂不都合之次第も有之候ニ付差扣被申付置候
處右者全く家老共之不束より差起候事ニ而中納言ニも深く恐入愼罷在候
趣ニ付今度家老共夫々所置以後國內平定候樣屹度被申渡候就而者最早三
ヶ年之愼ニも相成候間此節被差免度被存候右者兼而　御沙汰之筋も有之

候ニ付一應　御内慮之程相伺候樣両人ゟ可被相達旨在坂年寄衆ゟ被申越宜令沙汰旨被及御内談被示聞之趣令承知候右者被差免之儀追而可被　仰出迄見合候樣　御沙汰候仍此段及御答候事

九月二日　　飛鳥井中納言

松平越中守殿

板倉閣老自筆

一戸川伊豆守水戸殿御用向江戸表ニ而心得候御達之事

一織部正錠之助へも御達之頃合は御地ニ而可然時御達之事

九月十三日

同上

一當六月頃御直書被進候事

右之内ニ家老之御黜陟御認ニ相成居

一備中守は從　公邊召候處水戸殿幸と思召六月之御直書之儀尙委敷被仰

含候事

一備中守在京中御催促有之御請書漏泄より事起相反候御直書來ル

以上四通合封

板倉自筆

○第五四號二通ノ一
慶應二年九月　板倉閣老ヨリ在府閣老へ協議箇條書二通

寅九月十六日大內記在京著　差出候京都ゟ之書付二通

寅九月九日伊賀殿御直渡し

寄合兵卒五大隊何方へ歟御差廻し相成候哉

追而御沙汰次第可被廻候

御軍艦便次第大坂表へ御差廻可相成御持小筒組二大隊速に御廻し之方御都合宜候哉

追而御沙汰次第可被廻候

御供之面々兵卒幷金納可差出被　仰出候ニ付而は出殿其外單身獨騎ニ而不苦と申御定ニ相成候樣仕度候事

單身獨騎ニ而不苦候
富士山御船止戰中は江戸表へ被差置候而宜候哉
可爲書面之通候
富士山御船當分江戸表へ被差置候上は先々之通外國人御雇傳習相始候樣
仕度候事
可爲書面之通候
開成所へ敎師御雇之事
御雇にㇸ不苦候尤多人數は不宜候
博覽會御使早々御取極之事
立花出雲守被遣候事
三千石以下之向兵卒不差出金納ニ而も不苦と申御書付出候而も御不都合
無之候哉
御書付出不苦候

○第五四號ノ二

寅九月十日伊賀殿ゟ江戸御同列〻被仰遣ヶ條書尤御口上御添之事

一ロセツヘ兵庫之儀談判之事

一御船之儀江戸表御見込通にゐ宜敷候事

○第九三號ニ通ノ一
慶應二年九月十九日　中川御番答申書

御答書

中川御番
青山主水
宮城敬之助
松下加兵衞
津田内記

御答書

一中川御關所往昔有來候御場所之義は深川萬年橋邊ニ有之候由聞傳へ申

候其後何年之頃ニ御座候哉年號相分り不申候得共當時勤番爲仕候御場所之義は名主三左衛門ト申者住居之由ニ御座候得共右御關所御出來ニ相成候ニ付而ハ三左衛門居宅引拂被　仰付候由先前ゟ聞傳居申候尤三左衛門義當時御關所脇西之方ニ住宅罷在候且御關所御出來之上是又年號月日等相分り不申候得共關東御郡代伊奈半左衛門に被　仰付同人一手ニ而相守居候由ニ御座候其後貞享五年辰正月ゟ關左門被　仰付同年同月横山內記西尾八兵衛近藤織部戸田孫十郎被　仰付其以後追々勤番仕來り申候然ル處此度御尋も御座候ニ付御規定幷先前之仕來り且御時節柄追々之御觸面も御座候ニ付而は當時之仕來り共左ニ御答申候

一御關所御出來之上御定ニ相成御建置有之候御制札左之通り

定　　中川關所

一江戸ゟ出船者夜中一切不可通之入舟者不苦事

一往還之輩番所前ニ而笠頭巾ぬくへし乗物は戸ヲひらき可通之事

一女上下共假余慥成證文有之ト いへとも一切不可通之事

一鐵砲三挺迄相改可通之夫ゟ數多之時は得差圖可任其意此外武具可爲同前事

一人忍ひ入へき程之器物は遂穿鑿無異儀ニおゐてハ可通之夫ゟ少サキ器物は不可及相改萬一不審之子細あらハ其船を留置急度可申達事

附四人又は手負たるもの幷死人等慥成證文無之ニおゐてハ不可通之事

右可相守此旨者也仍而下知如件

貞享三年十月廿一日　　奉　行

一諸家鐵炮通方之義は先前ゟ貫目員數ニ御規定も有之御老中方御連名之御裏印御證文其願主人ヘ御下ケ相成候ニ付其節は右願之者ゟ同勤共之內へ御證文差出候ニ付請取置候而鐵炮通舟之節右御證文之員數と引合通船爲致申候右通舟濟御用番之御老中方ヘ御屆申上且御連名之御證文

は御月番之若年寄方〻返上仕候仕來ニ御座候處去ル文久三亥三月中御時節柄限り御達之趣も御座候間以後諸家鐵炮通舟之節之御證文御下ヶ無之重立候家來之印書差出候ハヽ無滯通船可爲致旨井上河內守殿被仰渡候其後慶應二寅年四月廿七日松平周防守殿被仰渡候由御目付合原左衞門尉ゟ相達候は向後中川御番所鐵砲通方之儀御目付中ゟ斷無之分は一切相通申間鋪旨尤供連之內ヘ爲持候分は荷造ニ而も是迄之通り相心得可申旨達御座候其後同年七月中井上河內守殿〻伺濟之由ニ而御目付合原左衞門尉ゟ達シ御座候ニ付非常其外爲御用罷越候向ニ限り兼而差出有之候御目付中印鑑〻引合人數挺數ニ不拘爲見印鑑ニ而晝夜共往返無差支通船爲致申候

一都而通船改方之義は出入之都度々々持參之印鑑引合取置候而通船爲致申候尤御代官支配所之者幷關東岩鼻附木村甲斐守支配所之者は兼而御達も御座候ニ付爲見印鑑ニ而通船爲致申候

但手附手代家來之者は印鑑取置申候

一水戸殿家來幷出入共送り荷物之儀は登り下り共家老印鑑ニ目付方之印鑑相添致持參候ハ丶引合候而通船爲致申候

一兼而御達之義も御座候ニ付而は關東御取締出役吉田信平治御關所ニ罷越候ニ付申合候者萬一非常之節ニ限り同所爲御警衞近村之者百人不取敢爲差出爲後詰貳百人之人數爲差出候打合之儀も有之候尤急場之節は小船拾艘爲差出候と是又申合候儀ニ御座候

一女通船之義は御制札之通り一切通舟不爲致候義ニ御座候處文久三亥年三月中非常之場合も御座候ニ付平岡丹波守殿ゟ被仰渡候趣を以御時節柄限り女出入をも通船爲致候處其後同年十二月十一日酒井飛驒守殿被仰渡候は御關所女通行之義先前仕來り之通一切通船不相成旨被仰渡候

一米入津改方之義は御用米武家米賣米とも何國何郡何村誰方ゟ江戸何町誰方ニ積送候由幷俵數石數相改日々入津米俵數石數〆上ケ巨細帳面ニ

認月々三度宛北町奉行江改帳差出申候尤御用米之分は御代官誰支配所何國何郡何村ゟ江戸何御藏江著之趣武家米も同斷出先行先等巨細ニ認同樣差出申候且出米之義は御用米幷武家之分江戸著改之上米症不宜敷積戻し相成候節は慥成證文差出候ニ付篤と相改相違も無之候ハヽ出船爲致候右之外出米は都而御目付中ゟ達無之分は一切相通し不申候

一酒入津之分は御用酒賣酒共酒造人ゟ之送證文差出候ニ付樽數駄數幷酒造人何國何郡誰方ゟ江戸何町誰方江積送り候由巨細帳面江書記右證文江押切割印いたし月々北町奉行所江帳面ニ仕立差出申候

一家根船之儀は晴雨共戸障子簾外させ相改通船爲致候

一萬延二酉年二月六日堀出雲守殿御用ニ付藪益次郎致登　城候處御同人覺書を以水戸殿御領內ニ相集候浪人共不法亂妨相募難被捨置候ニ付嚴重ニ召捕候旨水戸殿ゟ被仰立候間其通り被取計候樣御達相成候ニ付而は御領分外江漏出可申哉も難計中川御關所前通船之義嚴重ニ相心得船

中人別は勿論荷物等相改怪敷者は捕押置早々可申上旨若手餘り候ハヽ
切捨打殺候とも不苦御取締向行屆候樣取計可申旨右ニ付萬一非常之節
不法仕候ハヽ取押之ため御役船壹艘被　仰付候樣奉願候處同月十八日
中川御關所非常手當當分之內役舟壹艘願之通被　仰付候旨諏訪因幡守
殿御書取を以被　仰渡候其後文久二戌年閏八月十四日堀出雲守殿ゟ家
來之者呼出ニ付差出候處役船御差止ニ相成候趣被　仰渡候ニ付川船方
横田源七ゟ役船引渡申候其後元治元子年河內守殿御渡被成候御書付杉
浦兵庫頭ゟ相達候ニは野州邊屯集之浮浪輩所々散亂御府內ゟも可立入
趣相聞候趣ニ而夫々增人數等差出水陸共通行之者共嚴重相改怪敷躰之
者は急度差押若及不法候ハヽ討取可申依之川筋見廻之ため小船貳艘宛
御渡御取締筋行屆候樣被仰渡候處慶應二寅年四月中中川御番所御取締
番船差出ニ不及旨周防守殿御書取を以川船方ゟ被仰渡候旨申越候間同
月廿六日番船貳艘川船ゟ引渡申候

一諸家之手船幷百姓所持之船通船之節は御領は其所之御代官幷領主地頭之印鑑ニ引合之上相通候樣去ル亥年十二月中被仰渡候ニ付都而通船之節御關所見張番所下江爲附御代官領主地頭之印鑑荷物送り證文幷人別書足輕之者請取小頭之者江差出候ニ付番頭改所江致持參候間印鑑引合之上相違無之候ハヽ船中爲改小頭之もの罷出荷物人別共引合相改候處相違無之旨番頭之もの江申屆候間通船爲致候樣申達候上ニ而出入共相通申候尤御關所ニ引合印鑑無之方は差戻一切相通不申候

一諸家之荷物積込候船著船之節は見張番所下江爲附小頭之者乘込相改證文之通り相違無之候ハヽ相通し申候尤武器積込有之候節は番頭之者立會送證文引合員數相違も無之候ハヽ相通申候

一百姓町人共賣荷物之儀は同樣番所前江爲附小頭之者立合相改申候尤長持其外都而人忍ひ可入程之器物は船中江乘込候而小頭之者篤と相改申候

一薪酒醤油其外俵物雜荷之分多分積入候船之儀ハ逸々取退候譯ニは難相成候間前後明場所板子幷船頭水主住居セイジと唱候場所家根不殘爲明水溜桶之蓋等爲取見分之上怪敷義も無之候ハヽ乘込相改不申候

一於御關所御規定ト相唱候新古銅生蠟鍬銕鍋鐵硝石合藥鉛之類積入候船は乘込小頭之者立會壹個ニ付正味何貫目ト申義相改通舟爲仕候儀ニ御座候

但合藥硝石之義文久四子年四月中御目付中ゟ及問合候は合藥硝石非常爲用意諸家在所ゟ江戸屋敷ゟ取寄候節江戸ゟ在所へ差遣候節貫目員數ニ不拘相通し不苦哉及問合候處書面之通り可相心得旨且關八州外國之硝石御自製場被　仰出候ニ付製造之品江戸硝石會所ゟ差送候節貫目員數ニ不拘製造御用相勤候者又は問屋共ゟ送證文爲差出改之上相違も無之候ハヽ爲致通船不苦候哉及問合候處書面之通可相心得旨答有之候ニ付當時右之振合ニ而二ヶ條とも通船爲致

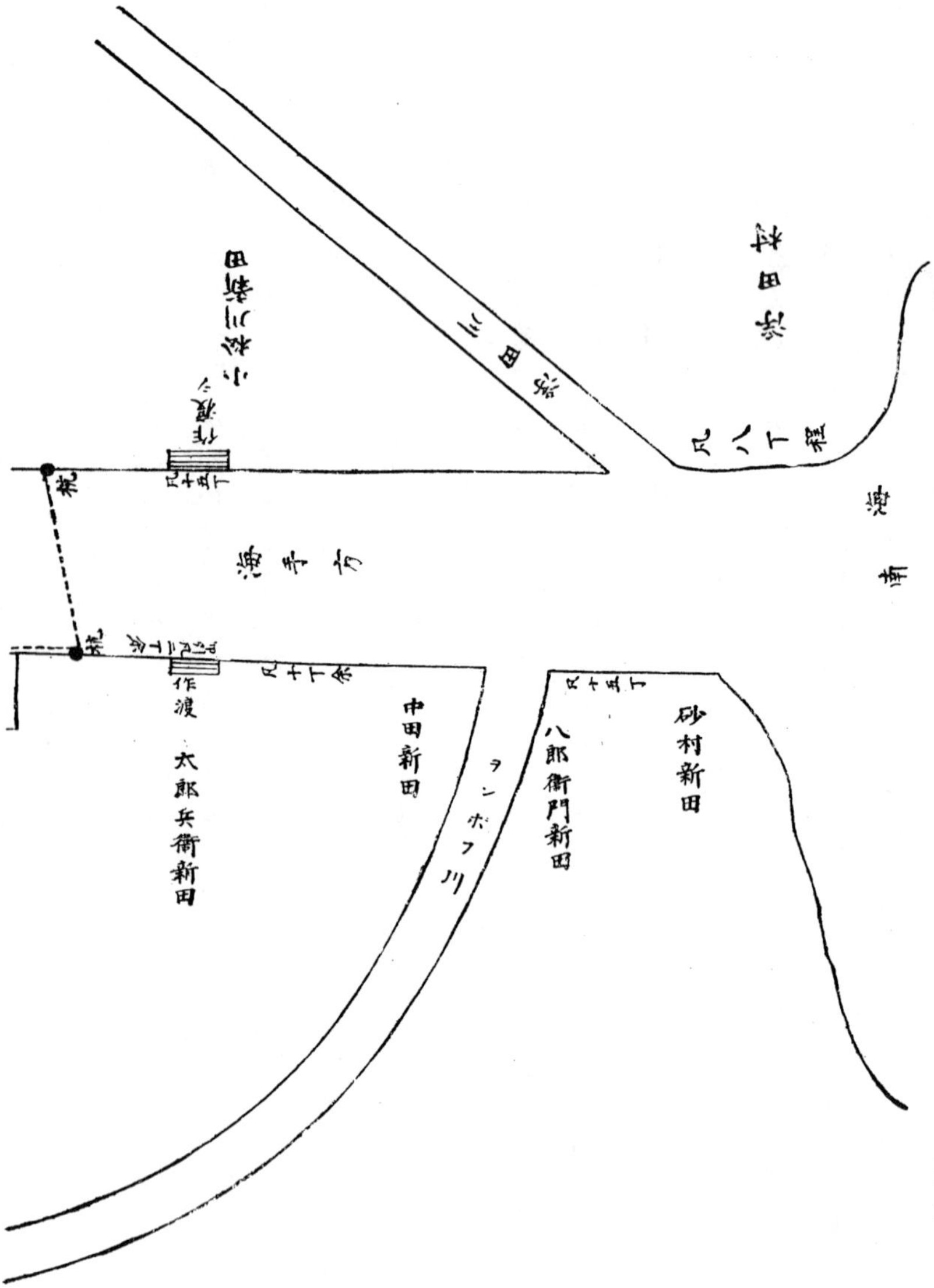
浮田村
小松川新田
作渡
作渡
中田新田
太郎兵衛新田
ヲンボフ川
八郎衛門新田
砂村新田

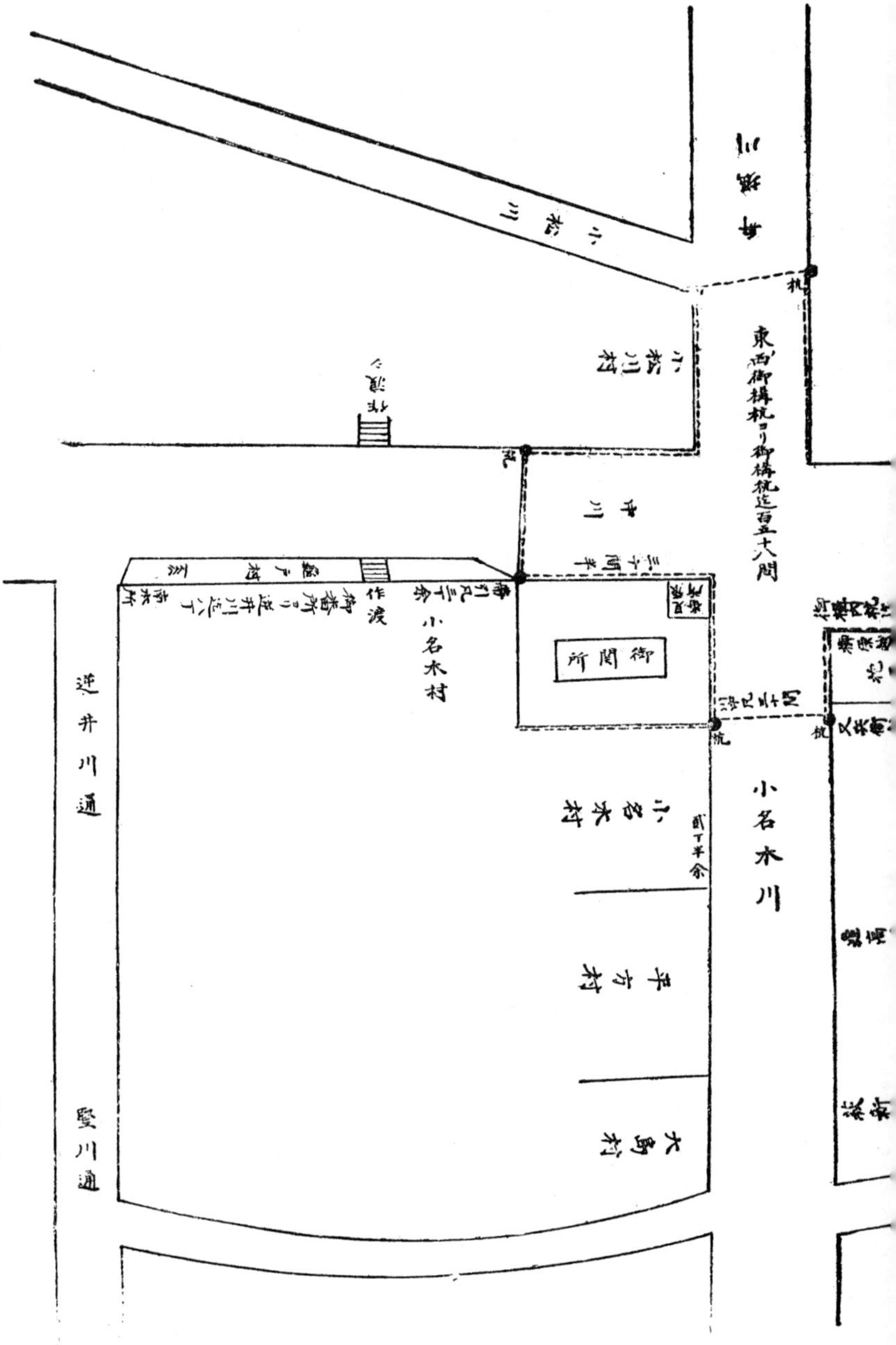
小松川
小松川村
中川
御関所
東西御構杭ヨリ御構杭迄百五十八間
小名木村
小名木川
平方村
大島村
逆井川通
竪川通
作渡

候

右之外仕來候箇條も御座候得共數多ニも相成候ニ付御尋次第及御答可

申候

中川御番

青山主水

宮城敬之助

松下加六《兵カ》衛

津田內記

九月十九日

イ三十八號

〇慶應二年九月　堀右京亮安藤對馬守の爲に陳情內願

安藤理三郎隱居對馬守儀御咎被　仰付候以來謹愼罷在候儀最早五ヶ年も相立外同時御咎之向者何レも昨年中御免ニ相成對馬守壹人相殘り今以愼居り諸獻上物も難相成次第私遠類之儀實々歎ヶ敷御座候此度重キ　御新葬御法會も被爲在候ニ付而者　御在世中對馬守儀追々結構被召仕格別奉

豪御厚恩候儀ニも御座候間何卒獻備拜禮等も奉願度心底ニ御座候得共只今之姿ニ而者其儀ニも相成兼候ニ付唯々朝暮悲歎罷在候仕合何分ニも御憐察被成下出格之以御執成此度　御法會も御座候御事故此上之御慈悲ヲ以何卒　御宥免之御沙汰被　仰出候樣相成候ハヽ於私も冥加至極難有仕合奉存候偏ニ　御仁慈之程奉歎願候以上

九月　　　　堀　右京亮　印

御小納戸　須田談路守

同　野田下總守

宇田川平七

菅沼三五郎

上包
內願書

第五〇號ノ三通ノ一
〇慶應二年九月カ

大坂附札　三書類

吹上奉行

御用人

騎兵局ヘ

同　依田山城守

新番頭　福村淡路守

第五〇號ノ三

〇慶應二年九月十七日カ　御書面之通にて宜敷御座候旨被　仰出候事

實成院様御住居二丸と申事伺相濟候ニ付其通取計申候然る處此度　實成院様御住居之處ヘ　本壽院様御住居相成　本壽院様是迄之御住居ヘ　實成院様御住居相成候様　天璋院様思召候段瀧山を以被　仰出候ニ付只御入り替り丈之事故御都合次第被遊候て宜敷候段村松伊勢守を以御答申上置候御心得迄申上置候別紙は村松伊勢より差出候間差上申候已上

九月十七日

周防守
美濃守
河内守

伊賀守様
壹岐守様

（同上別紙ナリ）

○第五〇號ノ二

此度　實成院樣二丸御住居ニ付而ハ二丸御表御圍込ニ相成　本壽院樣御住居遊　本壽院樣御跡ヘ　實成院樣御住居遊候樣　天璋院樣御世話被爲有候ニ付右之通り御住居ニ相成候間御答申候

○第二八號
慶應二年十月廿日　神奈川奉行上申書

河内守殿横濱町出火之儀申上候書付　　神奈川奉行

今廿日辰中刻太田町之内埋立地末廣町より出火折節南風烈敷同町幷港崎町土手通り不殘燒失夫より太田町之内四丁目より八丁目迄燒失夫より坂下町幷辨天通り五丁目南仲通り五丁目本町四丁目五丁目同北仲通り四丁目五丁目海邊通りとも燒失仕候

一横濱町會所幷坂下町上通り同心上番御長屋不殘横濱御役所前調役並定役御役宅通詞住居共不殘右之内外國人ヘ御貸渡し相成候御役宅とも不殘佛國コンシユル所英學所夫ゟ横濱御役所御構内土藏共不殘元駒形町エンテレホツト石藏役所共

不殘海岸西波戸場御船小屋不殘同三町目見張所共燒失仕候

一外國人居留地之方海岸壹番ゟ同續五六區燒失之頃西北風ニ吹變り大通之方者取附ゟ左右幷太田町古埋立地下り口迄燒失仕戌上刻鎮火相成申候

一東西運上所別條無御座別而西運上所之儀者火中之處支配向格別骨折相殘候儀も有之候ニ付差向候御用筋幷外國人引會筋等者同所おゐて横濱御役所之通り取計候積御座候

右之通御座候依之粗繪圖面江類燒場所朱引いたし相添此段申上候以上

十月廿日　水野若狹守

イ九十九號
〇慶應二年十一月十四日カ　在京閣老書簡在京大目付等交代ノ一件

原書板倉閣老自筆

一伊豆歸府被　仰付候間瀧川播磨早々上京可被　仰付事

一松平大隅儀も歸府期限ニ候間同人代り木下大内記可被　仰付候處兼而之持病有之候間先　上京は被　仰付間敷就而は壹人別ニ被　仰付度候

處外ニ可然人物之御考も不被爲在候今度御勘定奉行並も兩人迄被　仰付候事故當地にᚒ小栗下總守大目付可被　仰付旨被　仰出候御勘定奉行並ニᚒ宜敷候間壹人早々上京可被　仰付候事

十一月十四日

越中守

伊賀守

御同列中樣

上包
御同列中樣 御用向

越中守
伊賀守

イ三十號
○慶應二年十一月十五日　廣敷用人の服裝改革を非難せる和宮天璋院樣　御意ニ通

附紙（寅十一月十五日伊豆ゟ差渡ス

御廣敷御用人身形替り候儀御達し有之候趣天璋院樣御聽ニ入以之外ニ被思召御表之所ハ何れ成共御廣敷向之者ニハ身形等替り候儀無之樣被遊度天璋院樣御意被爲有候

○イ三十一號

御廣敷御用人身形替り候儀御達し有之候趣和宮樣御聽ニ入以之外の御事ニ被思召右樣異躰之儀無之樣遊度右之段先達而被仰立も被爲有候處何と申御事も不被爲聞御廣敷ゟ御達し有之候段如何之御儀ニ候哉御表之處は何れ成とも御廣敷之者ニハ一切身形替り候儀無之樣ニ遊し度右之段嚴敷申出候樣　和宮樣御意被爲有候

○イ九十二號慶應二年十二月

　寅十二月十二日達美濃守上京一件

原書松平縫殿頭自筆

以別楮致啓上候然者美濃殿上京之一條ニ付御同人申立之義云々御申越逐一承了いたし候御同人心配之廉々委細ニ　上ゟ申上相伺候處伊賀守歸京迄之處在京ニ而被相勤候得者宜旨被　仰出候間御同人心配不被致候樣御申達可被成且海路は御迷惑故陸程登京被成度旨右も相伺候處御願通陸路ニ而宜旨被　仰出候間是亦安心被致候樣御申達可被成候寒天凍枯之候長

途何とも御苦勞ニ存候得共右樣　御含も被爲在候事故呉々無御心配上京
被成候樣致度此段申進候以上
十二月六日　兩　人㊞
御　三　人樣
河内守樣　伊賀守
周防守樣　縫殿頭
壹岐守樣
上包
井上河内守樣　板倉伊賀守
松平周防守樣　松平縫殿頭
小笠原壹岐守樣　御用

○第六二號
慶應二年十二月廿日カ　內藤志摩守內願書

書取　內藤志摩守
私儀兼而心願仕候海陸奉行並御都合相も可有御座候得共何卒御差繰を以
此上願之通被仰付候樣偏ニ御見出之程伏願仕候此段口上以書取申上候以
上

十二月廿日　　　　　內藤志摩守

○第二四號　慶應二年十二月十二日　閣老廻席繪圖（挿繪ノ都合上前項ト入替エタリ）

慶應二寅年十二月十二日

御老中方御廻り之節席繪圖

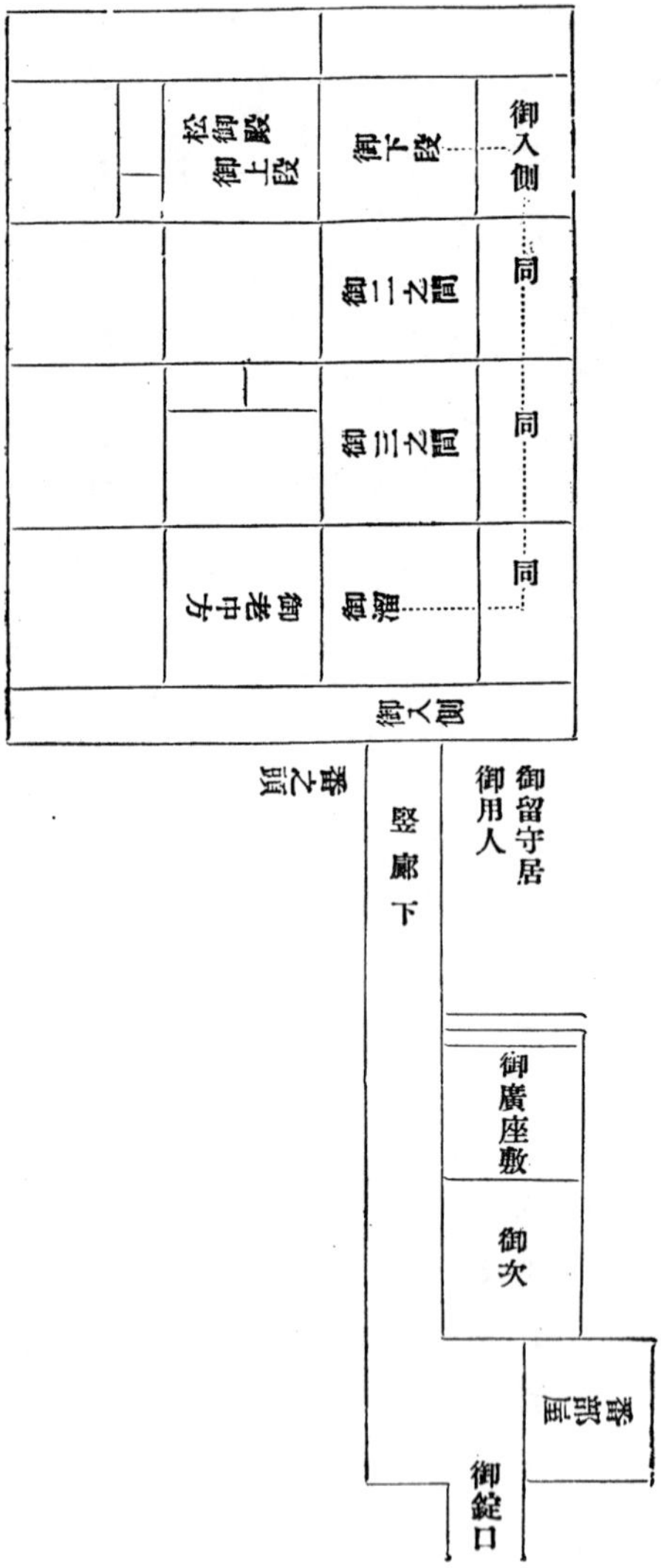

○慶應二年十二月廿二日カ　将軍家御直書寫イ八十四號

兵庫開港之義ニ付而ハ佛公使格別心配懇切ニ申聞候趣右者此程申含候事狀も有之無餘義次第ニ候間右ハはこひ付次第早々申立之通り在江戸年寄共迄可申遣候間委細之事情可申聞尙□□二字不明之義ハ宜敷可申者也

十二月廿二日

孟春初四平山圖書持參之祕物寫卷表

○慶應二年十二月末　探偵書イ十三號

一大橋御茶屋ヘ倉藩政府掛り原主殿と申仁宿陣ニ相成其外諸家同所行司邊ヘ宿陣ニ相成居候處十二月四日長人より同所ヘ申參候者今井津祇園社へ參詣致度ニ付通路爲致吳候樣申參候ニ付直ニ諸々宿陣所取片付致居候內長人多人數御茶屋ヘ入込候ニ付不取敢倉藩之人數同所大庄屋其外諸々ヘ散亂致し候處長人其儘宿陣致候ニ付御茶屋ヘ殘置候野戰筒二挺返シ吳候樣原主殿殿ニ而掛合ニ及候處降參致シ候ハヽ指返可申左も

無之候へ者休兵ニ付御藩ニ者不用之兵器ニ在之候間當分預り候由申候ニ付原殿ニ而切迫之押合致し候得共其方ニ者取合不申ニ付引取候樣法外之儀申成致方無之其儘ニ相成居候處近來者右大砲之玉込致し御茶屋門ヲ向ヶ備有之由

一同所門內ヘ長屋有之候處長人ニ而萬端取崩致候趣ニ者候得共未タ家根壁ハ殘居候趣

一十二月廿五日長人矢口市郎南小四郎ニ而同所年寄役木屋與七と申もの案內ニ而中津郡廻村致し候內新キ水車ニ而米搗居候處軍米哉と問候處渡世之爲ニ搗候与答候へ者然者宜敷左も無之候得者直ニ燒拂候由申候趣

一同夜倉藩之人數翌日立退候儀ニ付本陣混雜致居候處長人疑心ニ思ヒ多人數ニ而右本陣ヲ取卷居候內倉藩炊出役之者誤而小銃相發自分肩ヲ打拔候處其砲聲ニ兩勢相驚彼是混雜致候得共前斷之次第ニ付其儘相納申

候由
一同月廿五日倉藩不殘同所ゟ天生田村花熊村江轉陣之由
一同廿七日長人本陣荒津村ヘ同村庄屋治右衛門御呼出ニ相成當御領分天朝ゟ御差圖有之候迄御預ニ相成候間向後百姓共ヘ一揆抔企一村江拾人と寄集候得ハ忽打手ヲ指向壹人も不殘打捕候ニ付其旨村々小前壹人も不洩候樣沙汰可致畢竟是迄小倉ヘ手弱之取扱致候ニ付百姓共心得違有之候由急度可申付旨沙汰ニ相成候趣
一同所江是迄長人屯集之ヶ所左之通り
報國隊六十人計　淨蓮寺　右同　斷　休圓寺
大砲八九人　善光寺　奇兵隊六十人余　御茶屋
右人數之內同月廿九日百二三十人も何となく引取候ニ付同斷風聞ニ而者下之關江國主方々軍艦數艘參候趣ニ付夫を氣遣イ引揚ヶ候ニ相違有之間敷左候得者當所も追々鎭靜ニ相成可申と少シ氣方居合可申處又々

正月元日三百人餘り入込其儘同所殘兵と一同ニ相成今川原ニ而致調練
夫々前段宿陣ゟ屯集致居候趣
一右調練之節野戰筒貳挺跡者不殘ヶヘル携瓢流防海月大隊乘馬ニ而指揮
致候由
一同所庄屋許ゟ長人折々夫方之儀ニ付參り候而咄シニ者當所居合候上者
中津境ゟ臺場築立ニ相成候間人夫多分入可申其節者遠方なから出精致
呉候樣之咄し抔有之候由
一十二月晦日右宅ゟ長人參り談有之候ハ是迄草見村より炊出し致當所ゟ
日々相送り候處遠方不勝手ニ付當所油屋多四郎方にて炊出し致度尤明
後二日ゟ入込候間左樣心得呉候樣咄し有之よし
一右ニ付兵粮萬端遠方持運不益候ニ付相應之直段ニ而買揚候間相成丈ヶ
世話致呉候樣賴有之由尤右宅酒造致候處酒者壹挺ニ付三兩貳分ニ而取
極候由

一同月晦日海月外ニ壹人馬乘ニ而同所庄屋許ニ參リ一兩日之内椎田驛ニ罷越人民安堵致候樣申付候間先方迷惑ニ不相成日限申出候樣申遣シ呉候之趣沙汰ニ付直ニ先方ニ申遣候處明後二日御入願出候由其節者椎田驛近村大庄屋始村役人一同出迎ニ罷出候由

一長人陣門出入之儀至而嚴重ニ有之廻リ方之者ゟ外壹人も門外不相成同所之者ニ而も一切入れ不申由

一天生田村花熊村宿陣致居候倉藩之人數此上亂妨致し候得者不及是非戰爭致候由ニ而同所ニ專ら臺場ヲ構へ居候由

一一昨日長人推田驛ニ入込候沙汰ニ相成居候ニ付大庄屋始近村小庄屋同所御茶屋ニ而待受候處何れ之都合哉參リ不申翌三日七ツ時分海月小四郎兩人馬乘ニ而家來三人召連參リ御茶屋ニ宿陣ニ相成明四日四ツ時揃ニ而築城郡大庄屋小庄屋罷出候樣沙汰ニ相成候由趣意者倉藩ゟ御預リ相成候ニ付人民安堵致候樣之申渡共ニ者有之間敷哉之沙汰仕候

一天生田村花熊村へ倉藩宿陣ニ相成居候處明五日田川村ゟ引揚候趣ニ而夫方手當等致し居候由

一島村勢ニ而申合致候ニ者此上長人田川郡へ參り亂妨等致し候得者是非ニ不及決戰致し候約定ニ而壹度退候ものハ片髮二度目者剌髮三度目ニ者同士討ニ致し候由ニ而當月二日連判狀ニ血判致し候由

イ十四號
○慶應二年十二月　北蝦夷地に奉行を置の建白

蝦夷地御開拓之義者先年上知以來奉行始役々在住被　仰付良民移住產業取開方格別之御世話莫大之御下ヶ金等有之東西蝦夷地者勿論北蝦夷地奧地ニ至迄開拓之地所新規取開候漁場等も又莫大之儀ニ而中々金銀之力計ニ而者不及勢御開拓之御主意則貫通人力之他强凍寒をも不厭絕海をも不恐國家ゟ忠精之誠心推及ほし居候義ニ御坐候然ル處同島之至難ハ魯國与之國界ニ御坐候右者先年於長崎魯國使節フーチヤチンゟ筒井肥前守川路左衞門尉等天度五十度を以境界与相約し候處其後去ル未年魯國帝族シヘ

リヤ之師主ムラフヨ―罷越遠藤但馬守酒井右京亮等種々談論を盡し終ニ
同島之義ハ兩國之人民雜居警衛向之義ハ同國より致候譯を申張決極纏り
不申歸帆及候間酉年中松平石見守殿竹内下野守各國御使之節於魯國右國
境之義談論有之天度ニ而ハ難決場合も可有之候間双方ゟ委任全權之者指
遣し於唐太島分境を定め候積相約し歸朝之後其段建白有之候處御上洛其
外御用多故終ニ御因循御過去ニ相成候内魯國人追々渡來移住砲臺をも目
論見武器兵卒等迄多く推渡既ニ掠奪境を侵之勢を顯し前約凡天度五十度
之邊ゟ三四十里も入込猶追々蚕食之程も難計候間同島詰合役々ゟ追々申
立小出大和守昨年中頻ニ建白仕出府上京之上右境界爲御用魯西亞國に被
指遣候就而ハ同人歸朝以前ゟ同島之御所置早々不被遊候而ハ所謂無人之
地ニ等候間境界之論ハ定り候とも魯人之入込候義者相止申間敷右ハ是迄
之形勢を以も御勘考有御坐度外國者都而利を先ニ致し名を跡ニ仕候故一
通境界ハ論し候迄ニ而人民を移し業を先ニ致し候御國ニ而ハ義を先ニ被

成候間名を先ニ唱業を跡ニ御施し被成候故境界之論而已ニ御手數相懸人民移住警衞等之義御行届無之候間境界之名ハ相立候とも境界之場所不定其内魯國人ハ追々ニ入込來り候義ニ御坐候右等ハ箱館奉行之過失ニも無御坐御差圖之御因循ニも無之舊弊之習風如法則相成來唱名先ニ立實行跡ニ相成候も時勢之致ス處ニ有之候當今諸事御變革都而海外聞名之國之御交り相成候上ハ彼等ニ先立御所置無御坐候而ハ不相成義与奉存候然ニ箱館ゟ蝦夷地北境奥蝦夷地ニ至まて都而指揮應復箱館奉行之任ニ御任相成居候唐太之義者絶海凍寒之地春ハ八十八夜之頃ゟ秋ハ二百十日之末夫ゟ後ハ容易ニ渡海も致し兼候義ハ兼々御聞及ニも可有之其上箱館ゟ四百里余之行程宿驛之便利尤不宜亦箱館ゟ江戸表江も二百三十里余行程是又宿驛之便利中々不宜宿次早追等之往復不相叶義ニ御坐候間萬一奥蝦夷地ニ而何等之義御坐候とも箱館幷江戸江之往返者凡百日余ニ及候其上時節嚴冬早春ハ箱館まて之通路も相絶し何事ニ而も二ヶ年を差跨候義間々有之

誠ニ不便利ハ申迄も無之詰合役々之事情歎ケ敷事ニ御坐候尤魯人迚も寒天之節ハ罷越兼候趣ニハ御坐候得共御國人前文之通二百十日末ニ至候事件ハ翌三四月ニ無之候而ハ一封之御届も難差出地ニ御坐候間折角蝦夷地惣躰開拓之　御主意を以巨萬之御費有之衆人奮發勉强仕候而も勢不被行殊ニ魯國抔与被爲對候御所置機會を失ひ候而者差向候御不躰裁者申迄も無之末代御取戻難相成御失策ニも及又開拓之義も時機を失ひ年々之手戻り御坐候間かゝる遠境邊土之地一ニハ開拓御成功之便利二ツニハ魯國接對之指揮を相兼北蝦夷地江奉行別段ニ被　仰付非常之御委任御坐候方萬々可然土地相開御國人多く移住仕候得ハ魯人無法ニ押除蚕食も不相叶左候得ハ御應對向御面倒も自然御坐有間敷土地之開方ニハ同所ニ奉行在住仕衆人移住罷在候得ハ人勢盛ニ相成氣力も相増隨而氣候も宜相成候ハ必定ニ御坐候役々之義者指向別段被　仰付候ニも及申間敷是迄箱館奉行支配向之内同島在住罷在候者其儘北蝦夷地奉行之支配向ニ被　仰付候迄ニ

而可然併組頭ハ壹兩人別段ニ被　仰付候方ニも可有之是迄北地之義箱館奉行ニ而不行屆与申義ニハ無御坐全遠境絶海往復自由を不得且箱館表之義ハ同所幷近在六ヶ場所東西蝦夷地之御用向多端ニ手余り其上外國在留御開港之地右等之御用平常相嵩異情之引合非常之事件日夜ニ不限相生し實ハ奥地迄之義者等閑ニハ無之候得共手延ニ相成候儀間々有之且又前々之御主意　御黒印之表も有之北蝦夷奥地ニ通候船々与雖往返共松前箱館ニ而改請不申候而ハ不相成義ニ有之候間北蝦夷地ニ奉行被　仰付同島之産物積取船者於同所相改其上西蝦夷之内便利之地ニおゐて捌方差許候ハヽ土地を開き人民を移之急策ニ御坐候海上之儀ハ一日之風ニ數百里を駛候ものを譬ハ上方ゟ下り船西南之風ニ而箱館松前ニ入港又東風を待て右兩港之内を出帆又西南之風ニ乘し蝦夷地ニ下り候間天操風樣心自在ニ無之候故無益ニ數日を送り候費多甚不便利を極候右等船乘共之事情深く御承知も不被爲在候得共絶海之地を開候ニハ船乘共之便利を計通船之自由

を得候事肝要ニ御座候大切之土地機會を失し候義殘念至極ニ御坐候間早々北蝦夷地江奉行可被　仰付右奉行之儀ハ御人撰も可有御坐候得共格合其外都而箱館奉行之通ニ被成下尤前申上候通之土地故可相成者三千石以上持高之者ニ而手人足輕等も相應ニ御坐候者江被　仰付度右御採用之程も御坐候ハヽ凡御規則御所置振奉行見込御尋可被成者勿論ニ候得共差向候義兼而見込之義も御坐候間御尋次第尙可奉申上候以上

寅十二月

○第一號下　慶應二年十二月　長澤內記等建白書

長澤內記
中條兵庫

去廿三日拜見被　仰付候今般　御奏聞狀幷別紙御書取之旨一々奉拜承候右ニ付　御奏聞狀之旨奉感激候面々人數召連早々上坂可仕旨被　仰渡候ニ付而者諸侯幷御旗本之面々追々上坂可仕事与奉存候然ル處私共儀者諸

候之席末ニ列居候得共素ヨリ少祿者申迄も無之文官禮部之事ニ有之召連候人數も少々ニ而一廉別ニ　御用立可申御場合も無之与痛心深憂仕候然者御當地諸侯御旗本之面々上坂之跡者別而御無勢御手薄之事与奉恐察差向當時之御場合何時事變出來可仕哉難計候處去廿三日　御城内之御火災之如キ　大奥向之御混雜奉恐入候此御場合旁當時私共一同爲差御奉公筋も無之事故　大奥向兼而御附人ニ被　仰付置候樣仕度左候者臨機御下知相受内外之御守衞同心協力仕如何樣ニも粉骨周旋可仕奉存候御當地之形勢　大奥向之御始末を奉考不一方御配慮之御時節故私共之微衷も奉盡度此段建言仕候間何卒急速被　仰付候樣奉願候以上

十二月

イ百二號
○慶應二年　塚原但馬持參之書付

朝比奈甲斐守平山謙次郎兩人ロセツヽ引合之上申立候趣

附紙　時勢不得已儀ニ候得共大事件之儀厚御思慮も可被遊候旨被　仰

附紙悉係板

閣老自筆

出候間追而委細可申進候各樣にも篤と御內評被成御見込御十分ニ早々可被仰越候事

一ロセッ上坂致　拜謁之事

但長崎行之積りニ而罷出候由

附紙　御許容可被遊被　仰出候乍去過日松平鎌藏ヲ以內々申進候通各國公使公然与坂城へ被召呼度御含も被爲在候得共朝廷之處如何哉御忌明之上は御盡力可被遊御見込ニ御坐候間先ッ夫迄之處は少々御答御見合可被成候何れニも是非御盡力之積ニ一同申合居候事

一外國引合全權之者被　仰付置候事

但右樣無之而者各國ミニストル大坂へ廻り可申趣

附紙　尤之事ニ被思召候追而御沙汰可被爲在候事

一外國奉行御人撰ニ而引請之者被　仰付候樣云々之事

附紙　尤之事ニ被思召候人物之處御評議にゐ御伺可被成候事

一ロセツ義　御新葬後芝ゟ拜禮罷出度旨申立候事

但各國も願可申如何哉之事

附紙　無御據儀御許容可被遊候乍去何れ　御靈屋ゟ正　遷坐相濟候後ニ無之ゐは不相成事と被思召候事

一各國ゟ觸候書面之事

但神君樣より之義認候書類先達ゐ大坂行相成居候事

一英國之パアクス　日光ゟ拜禮願出候事

附紙　無餘儀事なから兩山とも違遠方之儀途中之處懸念も不少多分之護衞も無之ゐは不相成旁以御許容には相成參拜頃合は來春にも相成候樣被遊度其邊は厚御盡力可被成候御許容ニ相成候ゐ頃合丈延候儀は何と歟辭柄も可有之事と被存候事

右之通り

第七九號ノ三
○慶應二年　一橋家老過人願別紙二通付

一橋家老加人之義早々願候書

當御時勢　御簾中樣ニも一橋ニ被爲入其外取締等ニ付而者家老一人ハ屋形ニ殘し置登城之供ニも家老一人附き添候事ニ而何分家老兩人ニ而者病氣等之節　御簾中樣御留守居さし支候節家老ニ而心得居候義も相成兼候間當分之內ニ而も宜敷候間今一人家老加人相願度候既ニ自分相續後迄ハ家老三人有之候處平常之節ハ三人ニも不及候間二人ニ相成候事ニ候

家老三人

大井丹後守
松浦加賀守
芝田能登守

右三人ニ御坐候此節之所何分手薄懸念ニ付早々御評議可被下候右人別ハ

勤並

根岸肥前守

此人御さし支ニ候ヘハ尙御人撰之上一應御相談被下其上ニ而被　仰付候

樣致度御相談無之頭數計ニ被　仰付候而者無詮之事ニ候間何分早行御勘

辨可被下候

廿七日

○第七九號ノ一

先例書拔

天保十三寅年三月廿四日

新番頭格　家老並に　御勘定吟味役　村田幾三郎（阿波守ト改）

右之通被　仰付高千俵外ニ五百俵公儀より被下一橋ゟ五百俵之宛行遣同

年十月諸大夫被　仰付候

元治元子年五月十五日

新番頭格　家老並に　一橋側用人　平岡圓四郎（日向守ト改）

右之通被　仰付　公儀ゟ被下高一橋ゟ宛行共前同斷同年六月二日諸大夫

被　仰付候

○第七九號ノ二　極內談

寄合　一　根岸備前守
外國奉行　二　平岡和泉守
御目付　三　岡部石見守

右等之内ニ而過人被　仰付候樣

第六七號
○慶應二年　無名氏上書

上

今般御省略之折柄京都見廻組與頭同勤方共ニ以上八人高ニ御座候處實は與頭同勤方ハ無之候とも差支無御座候無詮餘計之御入費ニ御座候右與頭幷勤方と申ものハ猝に大祿ニ相成誠ニ樂なる身分ニ御座候第一持前之巡邏幷御所御番所當番毎ニ無據用向有之趣を以て相斷り其每度出勤不仕肝煎ノミ差出置出勤仕候とも多分遲々仕候由御用第一之巡邏幷御所當番之外ニ御用無之筈と組中之者悶〔マヽ〕之人氣不折合樣ニ相聞申候右與頭勤方共ニ八人本役御役料共ニ六百俵勤方四百俵ツヽ〆五千俵誠ニ

無實之御入費ニ御座候右八人御廢止ニ相成右組之内律義之者御人撰を以改而肝煎八人被仰付是迄之與頭勤方ノ勤向右八人ニ而少も差支有之間敷奉存候尤御番所人高等平日ゟ減少呑込居候間諸入用ニ付相應之御役得物も有之由ニ付外ニ増高御手當ニも及申間敷候

一見廻組之者家族引纒之義甚以て失策ニ御座候引纒建白申上候者ハ與頭之内實家之父兄御役家ニ相勤御役家之御威光を以て强而私之勝手ヲ以て家族引纒申立候義ニ御座候輕々之身分見廻之者御番地へ家族引纒置候而ハ急迫之御用ニ付直ニ出張仕候とも候ニ取締無之御奉公筋も二足ニ相成一途ニ勉勤仕兼候情實も有之諸藩江戸在藩三ヶ年四ヶ年ハ不珍候勿論今般御進發中ニ御座候然處與頭共ニ引纒申渡候ニ付今般引纒登京仕候もの共御扶持米無之家族共無慈悲之御取扱之樣悲歎仕候尤見廻之者ノ内本役ハ旅扶持五人分見廻並ハ旅扶持三人分ニ御坐候四五人ノ家族ニ而壹人扶持壹兩ノ積ニ而ハ半扶持ニも當り不申候依而ハ扶持方

米ニ而御渡ニ相成候樣尤面扶持ニ而可然樣奉存候左も無之ニ於てハ取
續相成申間敷候
右二ヶ條見廻御役へ篤と考辨之義御内密ニ被　　仰付可然樣奉存候
當今之習風與頭ニて守護職公用方へ熟談ニて事ヲ取扱候義故見廻役衆
ハ書付之取次ノミニて何事も不任心底趣甚不快之樣子ニ御座候依之見
廻役ハ無之候とも相濟候佐々木只三郎ヘ萬端御委任ニ而可然と常々不
快之處先般御當家樣ゟ見廻組之義ニ付御用筋御目付河村ゟ堀殿ヲ差置
佐々木只三郎ヲ呼ヒ申談候由依之堀殿益不快之由ニ御座候
京都市中ニ於て歎訴之次第ハ市中爲取締御見廻組御巡邏御座候處今般
逐剝人殺夜盜押込等日夜有之候得共見廻組ニ而巨魁之惡徒召捕候義も
不相聞夜中ハ返て御組屋敷御門〆切之由尤市中ニ而夜盜押込等其每度
申立候而ハ入用ノミかゝり候故容易ニハ不申上且又質屋共ハ質物利足
ノミならす元金迄急入用にて借上られ衣類ハ吳服屋共ゟ大方皆貸掛ニ

相成妓樓倡《マヽ》家酒肆茶店皆貸かけニ相成候何れも後難ヲ恐れ吐口不仕候たま〳〵御情らしき深切之取扱等有之候得ハ後日ニハ一倍之難義貸掛等出來候由其上妓樓倡《マヽ》家ゟ征賦同樣ニ江戸ノ俗ニて玉ノ運上と申ものヲ買婦藝者共ゟ取上候樣風說有之候處是ハ全惡評ニ御座候其實ハ京都中妓樓倡《マヽ》家酒肆茶店ゟ其日々々之賣婦藝者躍り子之玉數酒肴ノ代金來客ノ遣拂之金高其客之姓名住所迄一日々々一冊ノ帳面ニ仕立日々書上候由併日々ノ玉數遣拂之金高其姓名等書上候とも全實事ヲ書上候ものニも無之實事を書上候而ハ其人々恐れて不參時ハ其家ノ家業ニ不相成誠ニ征賦ニ準候無詮書上ニ御座候此惡弊ヲ甘味仕候族ハ不殘御引替ニ不相成候而ハ此癖疾止不申候此甘味ヲ吸込候向御役家ニも不少樣風聞御座候

右之通市中之遊所酒肆茶店等へ無用之手ヲ入申候故京都市尹方與力同心折合不申樣相聞候諸侯之藩士ハ律義ニ御座候間近國之諸侯之內見廻

増役被　仰付是迄之見廻組之内律義ニて御用立候者三十八ツヽも附属被　仰付其餘ハ不殘御廢止ニ相成勿論四年前酒井左衛門尉殿へ御新徴組御委任ニ相成候姿を以て賞罰黜陟之權柄嚴重ニ右支配見廻役へ御委任ニ相成巡邏ハ見廻役手人ニ而小組ニ分割仕忍ひ廻ニ無之候而ハ取締ニ相成不申候

御所御番堂上方警衞向ハ是又格別ニ見廻役支配ニ被成置候とも又ハ大御番名目ニ也とも被　仰付見廻組巡邏之向ハ一途ニ見廻非常御警衞ニ而可然樣奉存候追々諸侯ノ藩士多人數ニ相成見廻嚴重ニ無之候而ハ取締ニ相成不申候

附札　私身分之義如何樣ニ仕候ハヽ一席進御目見可被仰付候哉私義ハ一代切ニて二代迄家督不奉願上候宜樣何分ニも御勘考被成下置度

大小御目付衆へなりとも私罷出候樣奉願上候以上

○第五六號
慶應二年　役替ニ付伺書

何れも先見合候様可致乍去事實右様不相成候ハ而ハ御不都合之次第

も候ハヽ今一應可相伺事

伺

一御奏者番ゟ　　石川若狹守

一講武所奉行ゟ　小笠原志摩守

一甲府町奉行ゟ　長井筑前守

右之通可被　仰付哉

附紙　先般伺濟ニ付石川若狹守土井備中守二人被　仰付候處其後も

武場追々衰候姿ニ而何分當御時節柄別而不都合ニ付二人共轉役被

仰付候方可然就而は小笠原志摩守義ハ却而御都合ニも相成可申評議

仕候ニ付本文之通相伺候尤土井備中守方ハ尚取調相伺候様可仕候事

第四五號ノ一

○慶應二年カ　　稲葉閣老自筆

自分持參之書類　大納言様文事御惣督中納言様武事御總督ニ而可然奉存候　「壹岐守」

一大納言樣ゟ申上方之事　肥前承知御尋

一東北諸家へ自分共ゟ頼之事　至極可然奉存候早き方

一水戸殿家老明日呼出置候事　今日相達可申候

一秋月右京明朝私宅へ呼出し置候事　敬承

一左衞門尉ゟ御催促　御國內當分御免之事

（御免）水府掛り御免願候事

織部錠之助へ委細申含遣候間右ニ而御承知可被成候

第二九號
○慶應三年正月五日　一橋玄同卿內申書

內　呈　　　一橋

一上樣御廉中樣一橋家ニ被爲在候內者自分簾中市ヶ谷ニ逗留可致旨　公邊より被　仰達候樣致度候事

右ハ尾州家之模樣も有之相對つくニ而萬事慥ニ定り不申候處より御達し願候事

一此度相續之御禮として別段家來上京申付候ニ付而者內獻品之義ニ付橫濱ゟ爲買物用人之內遣し度候間諸事不都合無之樣其筋ゟ御一聲御懸置被下度事

一前文ニ付十五六日當リニ御軍艦御幸便御座候ら《マヽ》ハ、右ゟ乘組之義相願度候事

〇以下御含迄ニ申置候ヶ條

一今般京師ゟ御使として用人差遣し候義停止中ニ而も當月十五六日頃之出立ニ候ヘハ道中ニ日數も掛り候事ニ付別段停止中ニ而も出立之義見合セ候ニハ及間敷と存候得共爲念御聞ニ入置候

一上樣御簾中樣當屋形ニ被爲成候得共召使候婦人丈ハ引取差置度存候事

但し　御簾中樣御住居向者別段ニ相成居り且是迄一橋附之老女初勤居り別座敷も有之候事ニ付決而　御簾中樣モ御邪魔ニハ相成不申候得共爲念御聞ニ入置申候

正月五日

○イ四十號 慶應三年正月廿一日　本多紀伊守内願書

書付　本多紀伊守

私儀不調法者ニ御座候處家督後段々結構被仰付去ル元治元子年七月中駿府御城代被　仰付御場所柄當節之時勢彼是以難有仕合奉存候依之嚴重相心得勤役罷在候然處先代共何れも　御膝元之御役ニ被　召仕候間私儀不參届儀ニ付申上候は深く恐入奉存候得共何卒右同様御役相勤兩山　御靈屋御稱忌日ニは自拜も仕度夫而已朝暮心願仕罷在並私代々之廟所下屋敷ニ御座候間折々參詣仕度就ては於江戶表相應之御役相勤從來之奉報　御厚恩度奉存候私儀子年九月中當地へ引越候以來當卯年迄最早四ヶ年在勤仕候何卒在府御役之内御奏者番寺社奉行其外何れ之向ニても私相應之御役相勤度兼々心願ニ御座候當御役私へ被　仰付候儀ハ在所表より最寄ニ付深き　思召も被爲在候御事与別而難有奉存候乍去餘り近國之儀ニ御座

候て便利過而却て差支候儀も有之其上壹人役之儀故仕宜ニ寄彼是心配之場合も不少右故永々之在勤ニ而者萬一如何樣之差障出來候も難測其節は實以奉恐入候儀御座候何卒右等之邊厚御含ミ出格之御仁惠を以て急速御取調被成下候樣此段幾重ニも奉懇願候以上

正月廿一日　　本多紀伊守

（上包）心願書　　本多紀伊守

原書自筆

イ二十六號
○慶應三年正月　松平右京亮稲葉閣老へ上書（歩兵操練ノ件）

鄙臣菲々之才薄々之德を以而任を陸軍之督に命せられ誠ニ奉力（虫喰）候是全ク大君ヵ鴻眼に被爲停候ト申條其根元者淀卿雅大兄ヵ許容ニ依候義ニ而此恩澤萬世不朽必忘却不仕候右ニ付素ゟ櫛風沐雨を不厭昧爽ゟ頽暮迄日々黽勉仕り當節漸然小隊之令號を傳ヱ外士官と倶ニ循環隊吏仕候得共不敏鹵莽之鄙臣實ニ以而外人と比肩抵悟（牾カ）仕り候義不及候得共四肢麻折を究め此末共夙夕黽勉仕候心得ニ御坐候亦當節鄙臣雖不敏奉行之名を冒居

候得者其任至而重キ者申迄も無之幾重ニも奉務可仕候然ルニ京地ニ者大君馳坂之變あり左ニ者薩長之敵あり右ニ者土州之陰謀あらん歟天下麻亂之萠兆も判然相顯れ候次第彌以而富疆（マヽ）之策を議して合從犄角之勢を守内に不可不張之秋ニ候依而鄙臣等幾重ニも鷄鳴孳々然黽勉して歩操之業ト雖モ唯今鄙臣等研ク處之歩兵擔銃之業ニ而勞力治於人之場合ニ御坐候隨而陸續日夕研究仕候モ唯大隊小隊撒兵之運動を諳誦仕候計りニ而矢張死物ニ相成眞之出陣堂々旗と申譯如何哉亦新兵等も熟練爲致手足彊壯蜜覲百中を訓導爲致候者夫々之吏有之候而各其所ニ任居候間其人に委て可なり實ニ一方之隊將与任し隊を八方ニ運旋し敵を靡爛爲致候處最大之眼目ニ而候得者此上者佛國軍旅之學を師ニ就而不學ハ相成間敷奉存候併軍學而已ニ汚染し而旋隊操之事を不知者守株之鷺に齊しく有之候哉右等段々熟考仕候に軍學操隊交相研度譬者歩士體術等勉彊致候時士官ニ者軍學等黽勉致ス歟乃至者一日運隊一日研學と申譯歟旁其學を不運者不可有之

候是則富彊之起源ニ御坐候若右樣相成候義ニ候得者一應彼佛師にも訪ひ
亦議論を不可不聞候實ニ鄙臣等最前申上候通り兵士同樣比肩致候義を決
而恐候義ニ者無之唯々繰兵而已ニ沈入しᅀ眼目ナル將法を學ハス者甚不
都合之次第と奉存候間前條之次第何分幾重ニも御洞察奉願候鄙臣之眼著
此處ニ御坐候間不默止奉密白候頓首々々

正　月　　　　　　　　　　　　　　　　松平右京亮

稲葉美濃守君閣下

上包表
奉閣下　　　　　同裏
封　　　　　　小臣輝照頓首々々

イ十一號
〇慶應三年正月　小倉長州和議應接書四通

正月十六日馬關新地林算九郎宅ニおゐて野村右仲國貞直人貫算三郎
に生駒主税保高直衛三浦治右衞門松室彌次兵衞應接

彼云
舊臘廿一日先鋒之者に御應接之一件委細承り候處誠ニ御困迫之次第ニ而
御開國之御決議相成候段被仰聞實ニ存外之儀驚入申候扨於武士道は弱を

凌き候儀は耻入候次第畢竟人質御申受は一統疑惑之處ゟ申出候得共當今之御情態追々承り彌氷解仕候付決ゐ人質与申儀ニは及ひ不申候尤此儀は山口表ゟ罷越寡君父子ゟ申聞候間右之御咄申述候抔舊臘御談判筋ハ陣中臣子之情實を以失敬而已申述候得共斯疑惑氷解之上は既往は都ゐ御取消被下度實ニ疎暴之段御挨拶仕候且又此度甚乍御苦勞小郡迄御越被下度重役之者罷出御挨拶且以後御信義決極之御咄可申述候間御承知可被下候抔乍序申述候企救郡之分ハ當分御預之儀ニ候得共余郡は御支配被成候儀當然ニ付近江守様ニも御領地へ御引越可然且御從類始御引取御在住可被成出先之者罷居候ゐも御遠慮無之尤出先之者ゟは此方よりも早速可申遣候

正月廿二日小郡茶亭ニおゐて小田村素太郎廣澤兵助ゟ生駒主稅保高

直衞三浦治右衞門松室彌次兵衞應接

我云今般於馬關野村君始御一列ゟ君侯御寛祐之御高義得伺雀躍之至存候

彼云此度遠路御苦勞相願候は昨今御懇親致し候付此末尙御親睦之種ニも相成

候間弊藩國情開胸御咄申上候間貴君樣方ゟも無御隔意被仰聞被下度扨去ル癸丑甲寅之間　天幕ゟ寡君微志致呈啓候處其末中間壅閉いたし寸志貫徹不致却而罪科之形ニ相成已ニ藝地ニおゐて大監察ゟ重役共ゟ寡君寃罪之次第申上逐一御堅容被下御書付も頂戴仕候得共其後何之御沙汰も無之追々御平穩之御所置ニ相運ひ可申と存罷在候處思ひ之外大兵被差向四民一統憤懣に不堪不得止事防禦今日之事躰ニ相成候右は尊藩ゟも御征伐之義被仰立有之候段をも傳聞ニ而頑愚之者共疑惑憤懣不少御藩ニ對し今日之形勢御氣之毒千萬併追々御情態承り氷解仕候付寡君父子舊復之御親睦いたし度仍而當所迄御苦勞相願候御相對仕候扨去ル頃近江守樣且御重役中ゟ之御書面をも御遣し之處右御書面中見込違ひと有之候之義は何等之所を以之義ニ御座候哉尤平士一統へ猥ニ布告いたし候ニ而は決而無之候得共奇兵隊長之者ゟ申聞置候得は鎮撫之一端ニも相成可申候間御尋申候義ニ御座候

我云此義は尊藩去寅五月廿九日期限之御請無之ニ付出兵致し候之樣閣老より指揮有之候ニ付君命不得止事處を以田野浦表江出兵之處先すれは則人を制する之義を以弊藩江御進擊ニ付無餘義戰爭ニ及ひ候之末如何之義哉難計閣老暗ニ御引拂ニ相成御住所相尋候得共拜謁をも不遂且諸藩も不意ニ陣拂ニ而終ニ孤立と相成公戰之末私戰之形ニ相運候間乍心外郭中自燒田川郡江屯集罷在候畢竟は右之次第ニ付全く見込違之儀ニ御座候

彼云此末　天幕御再命ニ而御出兵之義頻りニ御迫り御座候は尊藩ニ而は御當惑之義与存候

我云德川家は從來之恩澤も有之義ニ付君臣之義素ゟ相守書面ニも相認候通條理不相立義は幾重ニも致諫諍出兵不致心得ニ御座候其上疲弊之末容易ニ出兵等相成兼候段は御賢察可被下候

彼云尊藩全部峠狸山ゟ內企救郡之義は　天幕之御所置振根極見通之相付候迄乍失敬暫く御預り申度只今平士引上候義廉無之ニ付此段御承知被下度候

我云 御咄之趣一々御尤ニ付企救郡丈は暫御預ヶ申候間宜御取計可被下候

彼云 今日御熟話之次第山口表ヘ罷越委細申達御返答可申述候間明日丈御滯留可被下候且又不遠內爲御禮尊藩ヘ罷越可申候間其節近江守樣幷御重役中ヘ拜謁相願尙又此上之御懇親仕度奉存候

正月廿三日小田村素太郎廣澤兵助ヘ生駒主稅保高直衞三浦治右衞門

松室彌次兵衞應接

彼云 昨日御談判之次第御國情等寡君父子重役共ヘも委曲申聞候處御困迫次第萬々御氣之毒扨御談判相整候段は寡君始重役共一統本懷之至彌以幾久敷御親睦致度依而先生方自然御轉役之節御傳達之相違無之ため別紙拙者共心覺書面差出置候間諸先生方ヘも聊無御隔意御覺書御渡被下度賴存候

我云 君侯厚思召之段難有兩先生御賢慮之趣逐一御尤千萬致承知候山口表ヘは宜御執成被仰上置可被下候

別

御書面之内各藩之出兵領地ニ屯集無之樣ニとの儀御座候得共　天幕之命を以進入有之候得者則官兵之儀ニ付强而相斷對　天幕致予《マヽ》楯候譯ニ者難相成是等野子獨案ニ者御座候得共重役迚も別ニ存込も有之間鋪歸國之上及評決候而者此節之儀遲延ニ相成却而御疑惑之種と可相成此段乍麁忽及御答候

彼云
御勘考之次第御尤千萬强而官兵御斷ニ者相成間敷進入之處御知らせ人馬兵粮等御取計無之候ハヽ此度御信義相結候詮も相立忝奉存候勿論寡君始重役一統可申達候以上

右應接卽席生駒主稅小田村素太郎ニ席外ニ而及談判候事

我
覺

一今般御懇親御取結之上者幕府ヲ始メ諸藩より軍馬啓行候樣之狀情相聞候ハヽ早速可申述候

一此後自然　天幕之命を以諸家之出兵領內ニ進入之節强而難相斷次第も

有之候ハヽ、其節御相談可申述候
一企救郡一圓者御國情　天幕ヘ致貫徹候期迄御預可申置候
一從類之向他邦ヘ遣し置候儀者畢竟困迫之處より不得止事取計候得共今日之御高義承り候上者家宅取建出來次第自國ヘ爲引取安堵爲致度勿論砲臺等營築之儀者其節御相談可中述候

丁卯正月

生駒主稅
保高直衞
三浦治右衞門
松室彌次兵衞

彼

覺

一御懇親御取結之上者萬一此後昨夏之行掛を以　幕府より又々軍勢被差向候とも急度被及御諫諍ニ御出兵有之間敷との御事致承知候
但御領內者勿論御領外とゆも出兵之儀被相達候邊御聞及之節者早々

御通達被成下度候事

一不條理之出兵不被致と御一決之上者此後自然諸家ゟ之出兵有之候とも
容易ニ御領內ニ御引受被下間敷樣有之度候事

一主人父子寃罪相霽候折まてハ昨夏防戰行成を以企救郡一圓者御預り置
可申候事

一都郡之內稗田村ニ而家宅御取建御家族御引戾有之度との御事致承知候
但家宅御取建有之候とも炮臺等御築造之儀は御用捨被成下度候事

右

丁卯正月

廣澤兵助

小田村素太郎

第一〇一號ノ四

○慶應三年正月

進物取次上番

飯田清七郎

右昨年中ゟ明居候ニ付同人跡江被仰渡被下置候樣ニ者御出來相成兼候哉

尤御留守居衆之内ゟ御沙汰御聲掛被下置候得者直ニ被仰渡ニも可相成と
奉存候可然樣御取成奉願候每度々彼是奉願恐入候事ニ御座候以上

卯正月

○第一〇二號ノ二
○慶應三年初カ　高鍋藩士某內狀別紙付

爾來御萬福奉賀候扨一昨日坂田ゟ又復縷々申越依之昨日用人黑水鷲郎ト
申者道中六日早追にて上京仕候今一應板倉へ手ヲ入候手段ナリ乍去於當
地淀侯ゟ申譯無之候間來朔日頃重役罷出愈出勤仕候段御答申置候併し登
營ハ病氣申立見合候樣內決也尙此時淀侯ゟ是非登營々々ト御促シ御坐候
ハヽ多分成就可仕候右御一鞭奉願候併し坂田此儘仕候ては後來種々妨害
を成候間先日申上候嚴罰是非願申候同人も來月初旬事ニ依り東下仕候樣
申越候可相成ハ東下以前嚴罰降し度候先日御入用ニ相成候樣被仰下候內
願書下案探出候間御廻し申上候右申上度不一

二十八日

○第一〇三號ノ三

後難を恐れ候間十分御處喝願申候

私義御用之義有之度々御奉書到來之處資質虛弱其上短才ニ而萬一御役義等被　仰付候而ハ當時不容易形勢見込も難相立處ゟ家中之者共ゟ一同心配仕不顧恐種々御歎願申上候得共御聞入無御坐彼是御說得之趣も一々拜承仕此上申上候而者　台命違背ニ相成恐入候間御役之程も相心得不申相勤候義十分無覺束奉存候得共奉命可及候丈盡力可仕与決心仕候重役共ゟも同樣申出候乍併當春ゟ追々重役共ゟ申上候次第も有之內向無餘義事ニ而爰許限りニ而出勤仕候事者何分相成兼候間重役ゟ在所往復御猶豫御願申上候得共御聞屆無之上ハ一身之覺悟仕候樣無御坐候得共右樣相成候而ハ長門守ゟ對候而も不安心痛無限御坐候一應在所ゟ申遣候上者愈奉命仕候義決心罷在候事故御不都合ニ者可有御座候得共私之心底御推察被下御聞屆被成下度只管奉內願候以上

十二月十七日　　御　名

○イ三號
慶應三年二月廿日　（共廿二枚）

卯二月廿日於大坂　御城佛公使ロセスゟ御書下ヶ御認入之上　御手自

御渡相成候書付

佛公使ロセス申立六局之條書抜

卯二月六日　御對話之内

一各國共宰相ニのみ依頼して立たは十分ニ無之天下の人民ニ依頼するを

全政といたし申候御國ニ而も諸侯を組合參府政事を議せしむる樣被遊

可然

一先年諸侯を其國へ御歸し散り〳〵ニ相成申候

一權現樣之御遺法を御復し被遊諸侯之内三分一ツヽ政事評論之爲始終交

代有之候樣被遊可然候

一政府之御力を以外國之御交際を被遊海陸軍を十分御取立御取締相立候

得者諸侯ハ別段兵馬を養候ニ及不申候海陸軍之御費用ハ莫大ニ御坐候間諸侯より差出させ候而相當ニ御坐候

一政府之御目的は諸大藩之權力を削るを肝要と致候如何となれハ藩屛强力なれハ必四分五烈《マヽ》國敗亡ニ至り　政府强力あれハ一ニ歸せさるを得す海陸軍ハ政府にて十分全國を守る丈御養立相成候得は諸侯ハ自己ニ海陸軍を置候ニ不及自から治め易ニ相成申候第一政府之海陸二軍を御整備被遊候儀專要ニ御坐候政府御威力有之候得者全國力を勞し思を苦めすして平治仕候故其威力を整候法を可申上候

一先頃熱海湯治滯在中近江圖書來候節兼々御直書を賜り且御新政之御始御改革も被爲在候半と奉遠察歐羅巴洲之制度を大略認め申上候其頃ゟ種々勘辨を盡し色々考合候次第爰ニ認置候間細目者閣き大綱丈申上候

(此儀眞ニ被爲行候思召候や

是迄六局之總論序文与相見申候間御渡之書面ニハ除き候方歟

六局總裁之事

二月六日　御對話之内

一第一六局會議總裁壹人有之候局々之閣老會議之節總裁するもの無之候而は銘々之見込申張り議論纏り不申故裁判役に差置候職ニ御坐候大君御臨被成候節は他之六局閣老同樣ニ議論いたし若御臨ミ無之節ハ總裁首長ニ相成評議を決し毎日會議ニ及はす一週日ニ幾度一月ニ幾度と申候樣取極候故至而閑暇ニ御坐候故局々之閣老其局之全權と相成引受上ゟ言上且擔當仕候譬へハ一懸りを多人數にて持候得者過失有之候而も罪之歸し候處も無之候

會議之節者國家之大事を議し退而は其局々の事務を取扱申候

總裁　壹人　海軍　壹人　陸軍　壹人　外國事務　壹人　外國傳習

學校　會計　壹人　貿易物産建築　全國部内　壹人　曲直裁斷　壹

人　國學　已上　七人

六人なれハ三人ッヽ分れ論決せす總裁是を判斷すれハ四人となり其方ニ決申候右者美法ニ候得共少々ッヽ御施行被遊候而ハ益無之一同ニ御執行相成候樣仕度候今より二ヶ月を經て此事を御發被遊候樣仕度私上坂言上仕候と申ニ相成候而者輕く相成申候思召より出候事ニ無之而は人心ニ貫徹不仕候各國公使拜謁相濟候後ニ御執行相成候樣仕度候

二月七日　御對話之内

一每局閣老壹人宛參政壹人ッヽ被差置候儀ニ付參政方之方ハ諸侯之内ニ人材多く被爲在候ハヽ無此上候得共萬々一其材無之ニ强て諸侯ニのみ限國事を誤候よりハ御旗本之內ニ而家柄にて賢材之御方御引上ニ而御任用被爲在候方と奉存候是ハ歐羅巴國政を振起し候帝王皆門地を擇はす賢才を擇申候事故申上候

御書入

申聞候趣尤ニ相聞候間夫々人選之義年寄共へ相命候

會計局之事附貿易　物産　建築

一國家萬般之事貨財を以本と致し申候六局を御取立之前ニ會計局之閣老ニ全國一ヶ年之御收納御尋被爲在局々之仕拂幾程と申事を嚴重ニ相立申候

陸軍之幾レジメント之兵卒幾許之大小砲を排置候も其局ニ委任仕候其勘定合ハ一々會計局にて不仕一ヶ年之惣會計を正すを職とす餘者推而知るへし故ニ各其局ニ力を盡して他局之事ニ口出しを不致候譬へハ大砲を外國奉行ニ買はしめ軍艦を海軍局外之職之ものへ買はしむるか如きハ甚御不都合且御不爲ニ御坐候

右之通局々を分知候上は其閣老始精選熟考して一度其人ニ任すれハ決して他に轉せさるを要とす度々轉遷すれハ順序亂れて是亦御不爲ニ御坐候如此相成候上ハ　大君令を下して都て余か如く勉强可致之屹度被仰渡怠慢なれハ嚴罰を下し勉勵すれハ信賞を行ふ如斯なれハ必奮勵し

て其職を奉し申候
二月七日　御對話之内
昨年　御直書を頂き不申已前御國にて歐羅巴風御開可相成時機ニ至り候ニ付歐羅巴之品々自然御買入相成候處可相成丈歐州之相場よりも安直之品々御買入相成候様仕度佛都府之大賈共商社を結ひ居候故御國ニ於ても此事を御取結相成候様仕度クレーと申商社之番頭役を呼寄種々御爲筋之處周旋爲仕候然るに塚原但馬を上海ヘ商法之事ニ付被遣候由承申候左候而は商社之方にて氣配を損し深入不致候様可成行御不爲と奉存候
商法之事ハ御國に而も賤きものといたし私も深く心得不申賤しめ居候得共其他國商社は陰ニ利益を貪るを主といたし佛之商法は價を安くいたし公然と分合を取極受用致候間價を二ツにし或ハ欺き候様之儀無御坐候クートレ之人物ハ私より申上候而は虚譽ニ當り候間不申上候御家來之

内能心得候もの有之候間御聞取可被成下候

二月八日伊賀守縫殿頭　應接之内

一國政之大本財源を立るニ在り故ニ會計局を最要となす先ツ一ヶ年之御收納高を篤と取調言上いたし置候樣致度候其御收納之入高を量りて肝要之御出方之割付を定申候立國之初め海陸軍を十分ニ開候者是迄之御暮方より餘計之御入用出來候事ゆへ必其費用ハ足り申間敷いつれの國にても如此時ハ不得已他に借て其用に給し申候故ニ上野介建議してコンペニー之事ニ及申候右之法愈立候得者御入用何程ても御借上何ヶ年にゐも利拂ニゐ相濟申候政府ニ若餘財あれハ元金御返し返金畢ゐ猶御入用殘金有之節ハ幾千萬兩ニゐも御借〔マヽ〕付被仰付候得者コンペニーニゐ御預り御入用之節迄利納いたし居候便利之法御坐候佛之コンペニー取結英之同社へ申合右御借受之事十分取扱可申とクーレ等骨折罷在候右等之折柄塚原但馬定〔上カ〕海へ相越商法之事を計候由故其筋之もの共疑惑を

生し氣配ニ拘り不宜候御國壹ヶ年之御收納之內米ハ不殘御拂御家來之俸祿ハ金ニ而御渡し可被成候但當時現在之相場ニ而御拂直ニ其相場ニ而御渡方相成候而ハ官庫ニ殘もの無之候間何ヶ年平均と申中分之相場相立御渡方相成可然　政府ニ而米御入用之節ハ其時ニ御買上ニ相成若高價ニ相成候節官に而賤しき時御拂貴き時御買入ハ不都合と申論も可有之左候節ハ交趾支那より御買入相成候得者安直ニ御買上相成申候

一假令ハ八百萬石壹石十兩と見積八千萬兩右を御家來之俸祿ニ充壹石五兩之平均相場にて御渡し　政府も御國御皇張之爲御困難之中なれハ御家來も聊不平を唱ひ候事ハ無御坐候左候得者前文八千萬兩之內四千萬兩ニて御家來之給俸ハ相濟申候增減ハ可有之候得共大概右之御仕法ニ而簡易ニ御調も付可申候其餘財ハ海陸軍其外要用之御入費ニ御差向ニ相成申候政府ニ而米を御賣拂相成候得者下々之細民米ニ差支候事決而無之政府ニ而ハ金ニ而御貯置被成要務之御經費ニ充申候歐羅巴正〔マヽ〕大之

政府ニ而米ニ而貯置候國ハ無之候會計局之閣老惣高を取調　大君へ言上御家來之給俸海陸軍人方敎育建築等へ分配海陸軍大費用相懸申候ものニ御坐候右局々之入用相定六局會計相決候上　大君へ言上許可を得て定額を定申候

一御譜代之諸侯ハ　大君と死生艱難を共にし候もの故御軍役御免夫丈之役金を納させ海陸軍の入用ニ充可然海陸軍ハ政府ニて養ひ全國を守護被成候事ゆへ諸侯ハ多人數之家來を養ふニ及はす双刀之ものを官の兵卒ニ差出其俸を廢し候故皆主人々々之持高丈ハ全其府庫ニ收り申候尤左右使令門番其外要用之もの殘し置老人病身之ものハ夫々產を與へて田里ニ居らしめ申候假令ハ十萬石のものハ家來之俸祿之厄介なく十萬石之收納手ニ入申候其內ニて軍役丈を官へ納め殘りハ使令ニ供する迄にて家來を扶助。して相濟申候畢竟軍役有之候故多人數之役ニ立さる兵を養ひ困窮ニ及國力も弱く政府も强く難相成候愚なる事ニ而今之諸侯交代等之節多人數召連莫大之費を懸候者誠ニ無益ニ御坐候此者共皆壯兵ハ官へ差出其外ハ農商ニ歸し夫々生産を得せしめ尤舊來所領之土地ハ罪あるにあらされハ官へ御引上なく其儘被下置可然

一御譜代諸侯ハ子の父之憂ニ走か如き譯ニ御坐候得は政府を強く致し御國力を強く立候爲ニハ聊異存可有之筈ハ無御坐候乍併徐々に不被遊候而は成不申候

一國主ハ追々御處置有之可然候

一御國ニ三萬之精兵拾五六艘之軍艦出來候得ハ御國内を押へ付候ニは十分ニ御坐候

一政府之御家來も前文之法を以不才之者ハ淘汰被遊皆夫々農商ニ歸し生産を與へ無用之兵を御養不被成候樣被遊尤知行所ハ無故御取揚等ニ不被成大なる過あれハ不及止削り候樣致度候會計局之閣老之專務ハ一年之收納運上高諸說《マ》高稅等も無遺漏取調取立候事肝要御坐候

一商人を四等ニ分貳分之税を爲納候百分之二尤等級ハ幾等ニ分候而も宜候政府ニ者護國安民之爲如斯御改革を被成候御旨意懇篤至誠を以商民迄能々御諭被成候得者心服して上納致候者ニ御坐候

一寺院等も御朱印地除地門前地とも其上り高を調二分之地税を爲納る天下之人民皆公平ニ相成申候

一水戸老公鐘を鑄潰し大小砲ニ被成僧徒を兵卒ニ御仕立被成候ハ尤至極ニ而彼人ハ嚴敷鎖國人なれとも事理ニハ明らかマヽ　如此人を能々世界萬國之形勢事情ニ明ニ相成候樣致候得者眞之開國之用をなし候

一税之立方ハ生活ニ要用なる者ハ輕く奢侈ニ屬する者ハ重く致候ハ萬國之公法ニ候

一貿易盛大ニ相成候得者會計も盛ニ相成御入費差支無之樣相成候間コンペニー御取結尤肝要ニ御坐候右之儀ニ付而はクーレも建白致しワソサールも繼て建言仕居候右者佛ニ限り取結候譯ニハ無之各國連入致度者

ハ身元を正し組合銘々廉價なる者を取集め高價なる處へ相廻候事故世界との大貿易ニ相成大商社ニ相成候事ニ御坐候

一當時は不得已歐羅巴之品物御買入相成候得共追而は製作之器械御取寄御國内ニ而諸事間ニ合候樣不相成候而ハ眞の御益無之候金銀銅鐵其外產物ハ御國にハ澤山有之候得共開方舊來之陋習ニ泥ミ候故出方少く御差支相成居候間鑛山師ヨリ諸職人を御呼寄十分御開被成候樣致度各國共開き候初ハ皆他國其產物ニ長し候御國より職人呼寄其國人ニ敎へ開候事ニ御坐候羅紗を製する職人綿羊を牧し候巧なる者等必用ニ候

一獸皮も御國には澤山有之候得共製方をなさす候故西洋皮を高價ニ御買入相成居候右者戰具戎器にハ必用之品故是亦職人御呼寄製し方御開可被成候

一諸國運漕之便宜を開牛馬道路を闢き候者富强之根本ニ御坐候佛ニ而一ヶ年百兩懸候て其便を開き候得は翌年ハ必貳百兩之利益有之候都而政

府ニ而引受取扱申候會計局ニ而其入用を惣計し御譜代諸侯へ割付夫々
達し書を渡し爲差出申候若建築いたし候而も嶮阻湫隘其入用を懸候程
之益無之節ハ其割付之內を半御割戾し政府ニ而半を差出申候
一閣老壹人參政壹人閣老　大君へ建白し罷出候留守ハ參政引受御用向差
支無之候樣取計候儀は諸局ともニ同樣ニ御坐候
一貿易建築之奉行四人ツヽ無之而は差支申候奉行ハ諸局共ニ參政之次ニ
相成奉行並ハ今の奉行之ことくニ而宜候會計之奉行四人並は宜ニ從て
被差置可然
御書入
申聞候趣尤ニ承候夫々處置致し候樣年寄共へ相命候但舊制變通之儀ハ
建議之旨趣を標準といたし被申聞候通徐々歲月を積成功相成候樣是亦
下命及ひ候
陸軍局之事

二月七日　御對話之內

一昨日も申上候一日も不可欠ものハ御威力ニ御坐候即陸軍より外威力之立候法ハ無御坐候其儀ニ付申上候

是迄御家來之內歐羅巴和蘭等之學を致候者も有之陸軍ハ手足運動丈出來候得者是ニ而事足れりと存居候樣子ニ候へ共決而實戰ニ用立不申佛拂《マヽ》に而ハ十五年も學問を積此上にて軍法運動を熟し陸軍士官と相成士卒といへとも數年筋骨を十分ニ練不申候而ハ迚も實用ニ立不申候細目ハ閣老方へ可申上候得共其思召ニて嚴命を御下可被下候

御國人は外國人之五十年六十年を經て出來候者僅之年月ニ會得致し至而怜利ニ御坐候得共直ニ足レリと致候弊有之候實地之修業ハ急には成就ニ至り不申其思召ニ而速成ハ實用ニ不足と申事を御會得可被下候

一兎を牛車にて獵すると申譬有之政府ハ牛車のことく兎ハ迅速飛走仕候得共早く疲れ牛車へ駕し逸し居候而怠らす追欠候者被獵得候

陸軍之規則精密ニ取調可奉伺候間可否とも御差圖被成下候樣奉願候其上にて縫殿頭殿と篤と御相談申上御意ニ叶候樣十分ニ處置可仕候

二月六日　御對話之内

六局之事ハ毎局鎖《マヽ》細ニ細目御坐候間板倉樣へ被仰渡外國奉行差添御遣候樣仕度一局壹册ツヽニ編成し差上候樣可仕候其上ニ而御熟讀被遊夫々御差支無之旨御自筆ニ而御認下被下候樣奉願候陸軍教師横濱へ御呼寄相成候得共同所ハ商賈街買之地ニ而生徒教育之場所教師可被差置地ニ無之候間江戸内相應之地へ御引移相成候樣仕度奉存候

二月八日伊賀守縫殿頭　應接之内

一陸軍之閣老之專務ハ陸軍教師と相談規則を取極ルを最要とす巨細之事ハ其職之教師と御相談不被成候而者不相叶是は教師ニ讓申候乍去私年來練磨之上心附候廉者助言を致可申候

一兵卒ハ一日五ト《マヽ》粗パンを喫し粗衣を著し働も第一ニ烈敷ものニ而憫憐

して可遣候者ニ御坐候

一初め窪田傳習之調練ニ而足れりと致し候當時教師渡來致横濱之如き地ニ而足レリと致し候而者御爲ニ不相成是非江戸へ御移し可被成教師居候處ハ更ニ擇ミ不申候間有來之御建ものニ而宜候

一陸軍之惣規則を立陸軍學校を御取建ニ成候而追々盛ニ相成候而は　大君ゟ被命候敎師へ相談之上夫々之大先生を御呼寄可被成候

一一日も早く陸軍整備不相成候而は難相叶候間今之敎師士官等ニ而者手足不申乍去下等士官多き方御入用不相懸御用便ハ足り都合宜候間増人

一等士官三四人下等士官十五人被仰付候而可然候

一閣老壹人參政壹人奉行四人同並ハ宜ニ從ひ會計奉行兵糧衣類金銀出納運漕等之事を掌り兵事には關係不致候得共身分ハ奉行同等ニ御坐候

一諸局共御城中ニ建候事ニ御坐候

一歩兵一レジメント但三バタイロンを一レジメントなす散兵一バタイロ

ン騎兵一レジメント大砲隊ハ曠野之大砲隊者御國には不用ニ御坐候山之大砲隊輕砲隊之二ツ御國地勢には肝要ニ御坐候是ハ佛國丈御備可然候コロ子ル　レジメントを指揮す一レジメントにコロ子ル壹人　一バタイロンにコロ子ル三人　コロ子ル同等之官にてマジヤウル壹人ツヽ會計之事を掌る　一バタイロン　ハ〔八カ〕コンパニーなり　コンパニー毎ニカビタイン壹人ロイテナント壹人　同斷二等四人二等之ロイテナント賞罰之權を行ふ一ケ年修業之上第一コロ子ルを引上ケ候と官を進め其次を順ニ引立繰上る

大砲隊之士官フリユ子製造場之事を爲掌追て佛より士官を呼武田斐三郎平非勇造を相手ニ致し盛ニ鑄砲を開申候

陸軍の人員幷大小砲何々を爲持可然哉皆敎師御相談局外ものニ關せしめす敎師シヤノワン陸軍の諸器械之價等分明ニ相心得居候間不正之人に被欺候樣之事決而無之候

一是迄御船々幷諸器械大小砲御買入之爲外國人ニ欺き盜まれ候御入費丈有之候得は海陸軍十分ニ御取建相成可申鯉魚門船抔ニ至り候而はプラインに公然と被欺申候

一敎師へ御談相成候ニ肝要之事御坐候敎師シャノワン御國を愛する情深く可相成丈御手數を不懸樣いたし度と何事も扣へ目ニ遠慮致し居候間十分無遠慮踏込可申候舊習ニ拘らす斷然御執行被成候間無腹臟可申立旨御談可被成候

一戎服は只今御取極ニ相成ニ不及從來種々之形有之候間不殘取寄日本之風俗ニ叶候服を評議し　大君へ御伺之上御取極可然候

一士卒は士官へ對し士官ハ上官へ對し夫々禮義作法御坐候間敎師へ御相談規則御立可然先ッ佛之規則を不殘十分御聞取被成候上ニ而御國風ニ稱はさる處斟酌を加へ御加删可被成候通辨ハ生徒之內留學ニ佛へ可被遣ものヽ内を留之右傳習之御用ニ御遣被成國家之急務ニ御充被成可然

奉存候尤其もの共之階級を御引上被遣他ニ輕侮せられさる樣可被成遣候

一私方ニ而は諸事實意を以御周旋申上候得共英ハ一時之名を好留學生海陸傳習共外見のミニ致候間十分御爲には相成間敷候

　陸軍之大綱右之通ニ御坐候

御書入

申聞候條々尤ニ相聞候間夫々評議を盡し措置可及旨年寄共へ相命候

　海軍外國全國曲直とも同斷

　海軍局之事

二月六日　御對話之内

兵部大輔儀ハ海軍總裁之命被蒙候由兼々は佛人デークベルを海軍教師ニ申上候處英ゟ海軍傳習御頼相成候由今更俄ニ私方へ御托し替ニ相成候而は英公使赫然と怒可申深く御國之御爲を計候へ者御交際上も御大事ニ御坐候間殘念なから英へ御推（マヽ）し被遊候樣奉存候英と長賊と同樣御

威力相立候迄ハ御親しミ置可被成候
英海軍ハ横濱港內船中ニ而傳習可然候製鐵所者私方にて引受取扱可申
候航海測量學ハ佛學生徒ニ爲相學置可然奉存候
二月八日伊賀守縫殿頭　應接之內
一海軍は不幸にして私ニ屬不申候併海軍不可欠ニ製鐵所は引受取扱申候
製鐵所ハウヱルニー陸軍ハシャノワンを首長ニ被成御委任可被成候
一極秘ニ申上候佛本國の軍艦へ御國怜利之生徒を載置修業せしめ置かれ
候ハヽ英之傳習年限相滿候頃ハ是を敎師と被成繼年季ニ而英ヽ御賴ニ
不及自ら海軍陸軍壹揆ニ貫き御都合可相成候
ウヱルニー之事ハ　大君より嚴敷被仰付候樣仕度彼ハ一躰之業も成就
し性質も正直なるものニ御坐候海軍之御買入品も陸軍之通ウヱルニー
を全權ニ被成候樣仕度佛之コンベニール三艘之御注文有之政府へ二艘
和蘭へ壹艘都合六艘ハ慥なる御軍艦出來申候

一亞國へ商船之外軍艦等を注文致候國々は無御坐候亞之政府へ御賴ニ候ハヽ良巧之御船出來可申候へ共商人等へ引合御買入被成候得者必欺かれ申候此後ハ何れ之國より御買入相成候ともウエルニーへ御任被成候へハ同人より商社之慥なるものを巨細ニ取調買上方取計申候間無益之御損失は無御坐候佛ニ而製鐵船を製造仕候英ハ海國故船數ハ多く佛ハ陸地多故陸軍を盛ニ致候得共造船局も英よりハ盛ニ御坐候故ニ船は英ニ而佛ゟ買入又佛ニ而英より買入候事互ニ有之製船之巧ハ同等ニ御坐候

外國事務　外國傳習學校

一外國事務閣老壹人參政壹人外國學校を任する參政壹人奉行四人同並四人尤人員等ハ可然御勘考被下度巨細之儀は殘被置候外國奉行へ談可申候

一外國緊要之事務ハ　大君より嚴重ニ命せられ條約を暗記し道理を研窮し理之至當ニあらされハ斷然拒之至當ならハ疑議せす承允いたし候樣

兼而被命置度候
一外國へ被差遣候ニ者コミサーリス全權公使ニ不被任候而ハ外國事務宰相直引合不仕候故在勤中は名代人ニ被成御國閣老方と直引合出來候樣可被成置候左も無之候而ハ外國ニ而不敬之取扱いたし御用便不相成候
一外國局中ニ而外國之學術傳習を掌候もの無之而者不相成候
一一件之事あれハ壹人ニ委任し成功迄を可被成候數人ニ而取扱候故互ニ事を讓り合懶惰之ものハ遊居候樣相成申候
御國之風を熟考仕候ニ秘すへき事も祕せす其事ニ預らさるもの等其外を漏泄致候ハ一人に任せさるの過ニ御坐候漏泄等之節罰し方無之候
一其職を任し候始め精選し一度任すれは他へ轉せさる樣可被成轉する每ニ新タニ是迄之事を又々傳習不致候內ハ間ニ合不申候甚以御不爲ニ御坐候
一是迄閣老方へ御引合ニ出候節外之閣老御心得之旨被仰或ハ外國奉行心

得居候段御答有之其後右閣老幷外國奉行を尋候へハ疾ニ轉役退職抔と申候樣之事每々有之更ニ捗取不申候其役所之事ハ記錄を嚴密ニ致し局々之書記有之轉役當日より其記錄を見て諸事差支無之樣致置候儀肝要ニ御坐候

一假令外國局於て壹人ニ而決し兼候事ハ六局合議之上取極候事も有之候結局右之通リニ候

都而議論を詰候得者難きを見れとも容易なるものニ御坐候

全國部內幷曲直裁斷之事

一全國部內取扱曲直裁斷閣老參政奉行其外役々共都而前文同意之儀故御國之御制度御參考之上夫々前四局之意ニ倣ひ御所置可被遊候

六局之大要右ニ而相濟申候

此奥書可否　大君之御自筆ニ而一局每ニ御認可被成下候若左も無之候得者又々新規ニ相成いつ迄も捗取不申御國之御爲大事を誤申候

淀稲葉家文書第三

自慶應三年三月
至同年十月

イ二十八號
○慶應三年三月　因州侯上書　兵庫開港一件

先達而條約　勅許之節兵庫開港者被止候得共右者兼而期限も有之今更御變更者不容易筋ニ而　皇國之御威信難被爲立依之開港之儀可被　仰立思召ニ就而者見込之趣言上候樣御封書之趣奉得其意候上京之儀者兼而奉命罷在候得者登京之上御尋問之廉々鄙見言上可仕筈且此度御下問之廉ニ而上京御用相濟候譯ニ者無之何レニも早々上京候樣重而蒙　御催促病中と者乍申實ニ恐惶之至押而も登京可仕筈ニ候得共于今在蓐罷在不得止鄙情以封中言上仕候素ゟ正邪曲直被　知食分候者勿論之儀遠國僻邑ニ罷在候慶德今更譯而可申上儀者無御座既ニ條約　勅許之上者兵庫開港之有無者暫ク閣キ素ゟ正大之御威信者相立不申而者不相成候得共唯一港之開鎖

ニ依而　皇國之御威信ニ拘り候儀者如何樣之御時宜哉乍恐窺兼候元來
幕下兼而御承知被爲　在候通　先帝攝海守備ニ付而者每々被惱　宸襟旣
ニ慶德先年在京中も近畿に異舶入津之儀者不被爲　好段者親敷奉伺候儀
も有之其上條約　勅許之節正ニ兵庫開港被止候段は殊更ニ被　仰出も有
之且　幕下御相續以來大坂港へ來舶之儀ニ就而は重而入港者堅く被止候
哉ニも傳聞仕居候處　先帝崩御　山陵未乾殊ニ　幼帝御心喪中　御遺勅
ニ被爲違重而開港被　仰立候儀者御威信之邊ニ於而御掛念も被爲　在無
御據被仰立之儀ニも可有之候得共乍恐被爲對　先帝御節義不被爲立共ニ
者有御座間敷哉　幕下御初政之砌億兆之蒼生渴望罷在候折柄萬一御不當
之御處置ニ相當候而者甚以奉恐入候ニ付乍不及愚存鄙見之大略言上仕候
誠恐誠惶頓首

三月　慶德

（上包）上　松平因幡守

イ六十七號ノ一
○慶應三年三月　御奏聞書三通

兵庫開港條約履行之儀ニ付見込之趣此程建言仕候處右者被爲對　先朝候而も難被及御沙汰筋ニ付尚早々諸藩見込をも可被　聞召候間篤と再考可仕旨　御沙汰之趣奉畏候慶｜儀年來　闕下ニ罷在　先朝以來御趣意之程も深相辨居候付　皇國之御爲ニ相成候筋者乍不及擢心肝盡力仕候者勿論之儀ニ而就中外國交際ニ至候而者每々申上候通宇內一般之形勢も有之初發於下田港假條約取結候以來僅十ヶ年餘ニ御座候處其間之變遷實ニ不一端儀ニ御座候得者　皇國おゐて猶三百年來之古格ニ泥ミ居候而者永久安全難相成殊ニ國之威力者一日も不可欠儀ニ御座候間彼之所長を取何卒富强充全之威力相養海外迄も御國威相輝候樣仕度痛心勉强罷在候次第ニ御座候然ル處條約之儀最初假調印爲取替其後本條約相結兩港兩都相開候期限も疾相過候得共度々　御沙汰之趣も有之且一體之人心不折合ニも御座候間再三談判を遂け彼國都府へ使節差遣し五ヶ年之延期約定仕當十二月

初旬開港期限ニ有之愈開港相成候ハヽ雙方用意之都合も御座候付期限六ヶ月前ニ者内外布告致候筈ニ相成居此上者最早延期之談判不行屆强而其儀ニ及候得者手切談判之外無之左候へ者忽　皇國之騷亂人民之塗炭如何計被爲惱　叡慮候御次第ニ立至申候間各國ゟ彼是申出候節者此程建言仕候趣意を以已ニ取結候條約更ニ異變之心得無之段申達候儀ニ有之右之次第御座候間一昨年十月兵庫者被止候御沙汰御座候節前文之事情等篤と申上幾重ニも御斷可申上筈之處平穩之　御趣意を以條約　勅許ニ相成候折柄猶押返し兵庫之儀御斷申上候も恐悚之至ニ付一應御請申上置種々勘辨を盡し無據一時眼前之取計等致候付而者彼是不都合之儀も有之其段者重疊奉恐入候兎角可申上樣も無之候得共前件當今之形勢不得止之情實深御照察之上　皇國安全蒼生子育之義被爲思召格別之御宏度を以既往之不取計者御宥恕被成下過日建言仕候趣篤と御熟慮厚御評議被爲在候樣仕度奉存候猶再應熟考仕候得共別段之見込無御坐實ニ　皇國安危之分れ候處無

此上御大事と奉存候間尚今一應被運　聖慮候樣仕度偏ニ奉祈願候此段重而　奏聞仕候以上

○イ六十七ノ二

兵庫開港條約履行之儀ニ付此程見込之趣建言仕候處右ハ兼々之　朝意被爲在候儀ニ而俄ニ御變更も難被遊御次第可有之然ル處當今宇内之形勢尚又條約確守之儀ハ委細此程申上候通り之都合ニ有之從來條約取結候節之期限者既ニ相過候得共何分人心不折合之廉を以而再應逐談判各國都府にも專使差越彼是申談候上五ヶ年之延期約定ニ及ひ當十二月初旬右期限ニ有之愈開港相成候ハヽ雙方用意之都合も御座候ニ付期限六ヶ月前ニ內外布告いたし候筈ニ而最早猶豫も無之只今ニ至り未タ決定無之樣ニ而は前件度々之條約全ク違背ニ相當り此程申上候通り　皇國御威信難相立不容易次第ニ可立至ハ必然之儀ニ付　御國之御安危ニは難替奉存其段無伏臟建言仕候儀ニ御座候會而不經　朝裁條約取結殊ニ一昨年之御沙汰も乍相

心得今更右樣之事申上候段奉對　朝廷重々恐入候儀兎角可申出樣無之候得共前件之情實何れニも不得已次第ニ御座候間何卒前後內外之形勢得と御照察之上蒼生子育之　思召を以而此上　皇國御安全御威武御更張之大本相立候樣幾重ニも厚御評議被爲盡此程建言之條々速ニ御許容之程奉願候尤是迄　朝廷御趣意之程相貫候見据御座候ハヽ如何樣ニも盡力不仕候筈ハ無之且右體不得已次第候ハヽ疾可申上筋ニ候得共御承知被爲在候通り長防事件後國事多端就中昨秋別而混雜仕り被爲於　朝廷候而も恐入候御時節ニ付此節迄一日千秋相待居候ニ而　國家之御爲再應愚考勘辨相盡し今更外ニ至當之所置無之候ニ付右見込之趣具ニ申上候儀ニ御座候間此儀　御聞届相成候上は何卒從來品々不行届之次第　朝廷思召不相應儀ハ如何樣ニも　御沙汰被下候樣仕度奉存候此段重而　奏聞仕候已上

三月

○イ六十七ノ三

兵庫開港條約履行之儀ニ付見込之趣此程建言仕候處一昨年之　御沙汰も有之被對　先朝候而も云々不容易重大之事件ニ付篤と可有再考旨　御沙汰之趣奉得其意候慶ー儀年久敷　闕下ニ罷在　先朝以來　御趣意之程も深く相辨へ居候ニ付　皇國御爲ニ相成候筋は乍不及摧心肝盡力仕候ハ勿論之事ニ御座候所外國交際上ニ至候而は毎々申上候通り宇內一般之形勢も有之初發於下田港假條約取結候以來僅十ヶ年餘ニ御座候處其內之變遷實ニ不一端從而火器軍艦其他堡塞築造等製作之相變候も凡幾度を不知其變候度每ニ精巧便利を極め陸海兩路之往返別而自由ニ相成候ニ付東洋諸國ゝ渡來之儀も年まし相過し淸國ニ於而は先年阿片爭亂後遂ニ數十ヶ條之條約結替只今ニ至り候而ハ北京ゝ各國公使館取設け平常外國人差置候よし朝鮮一國是迄鎖國罷在候も聊之儀より兵端相開昨秋中佛蘭西國と戰爭有之其後暎咭唎亞墨利加等申合大擧侵入可致との風說相聞唇齒之國柄不容易筋ニ付不取敢遂談判追而取扱ふりも可有之候間軍艦差向候儀ハ先

ッ相控候樣申談し不日役人差越朝鮮政府へ得と申入候心得ニ御座候得共右國人之模樣ニ寄候而は如何之事ニ可成行も難計北蝦夷地境堺之儀も十餘年前より魯西亞國と取合ニ及ひ此節右都府へ使節差越談判中ニ御座候所魯西亞國ニ於而ハ近年頻ニ東洋蠶食いたし黑龍江以南數十里往古　皇國へ朝貢いたし候肅愼靺鞨等之諸國も過半其所領と相成り北蝦夷北境東察加邊本國都府より萬里餘之陸路此節鐵道相設け無程出來可相成よしも相聞候西洋諸國之變遷ハ姑くさし置キ　皇國四隣之景況都而右之通りニ罷成居候儀ニ御座候得ハ　皇國ニ於而三百年來之太平ニ泥み只管目前之安逸を偸み居候樣之情態ニ而は所詮永久立國も如何と深く懸念ニ不堪次第殊ニ國家一日も不可欠は國之威力ニ有之此上幾重ニも遠略を務め開國宏遠之規模相立不申候而ハ不相叶儀と夫々苦心仕候處兩三年前ゟおい〳〵充實之形をなし諸藩ニ於而も格別奮發火器其外製造方等餘程相開け從而固陋之風習も相除け候ニ付何卒數年を不出富强充全之威力相養海外迄も

御國威相耀候樣ニと夜白勉强罷在候次第ニ御座候然ルニ條約之儀最初假調印爲取替其後本條約相結兵庫開港等之期限も疾相過候得共度々之　御沙汰も有之且一體ニ人心不折合ニも御座候間右之廉を以而再應談判各國都府に使節差越此節迄之延期約定相整居候事ニ而此上强而彼是申掛候ハゞ最早手切之談判ニ及候外無之左すれバ從來之苦心も一旦水泡ニ罷成候ハさしみえ前條四隣之形勢も十年前とハ大ニ致相違居候折柄折角平穩之御趣意を以而條約　敕許ニ相成候儀も夫が爲メ瓦解ニ及ひ詰り富强も充實も出來兼束手待斃候樣可罷成是等之情態素ゟ　聖明ニ被爲於候而ハ一言之下御氷解可被遊儀ニ付積年之朝意聊御動搖不被爲在御儀とハ乍中逐年追日變革之時世更ニ　御照鑒不被爲在との筋合ニも有御座間敷候へバ先朝兼々之　叡念且一昨年之　御沙汰も有之然ル上其御趣意遵守不仕候樣被　思食候而は其段幾重ニも恐悚至極ニ奉存候得共相續後未タ日間も無之其内恐入候御時世ニ罷成り前段之愚存一言不達　聖德ハ誠ニ以而遺

憾之至只々痛哭涕泣仕候より外無御座乍去不肖愚昧方今之御時節ニ當り
重任負荷罷在候上は治世安民之儀ニ於而利害得失見定候ハヾ聊因循可仕
筋無之候ニ付各國より毎々申立候節ハ條約異變之心得無之段は兼而申答
置候事ニ御座候夫等之儀も得と御聞取幾應も御勘考被爲在其上如何とも
被　思召候ハヾ遍く　御國内之衆議も御聞上ヶ相成候樣仕度此儀再應熟
考利害研究之上過日建言仕候儀ニ付度々之　御沙汰彼是申上候段深く恐
入候次第實以而兎角之口外可相成筋ニ無之朝暮戰慄罷在候得共　皇國御
安危之分れ候處無此上御大事と奉存候ニ付尚今一應厚く被運　聖慮候樣
仕度偏ニ祈願之至ニ奉存候此段重而　奏聞仕候以上

三　月

第七八號ノ九
○慶應三月三四月頃　戸田大和守呈傳奏書

昨十八日大和ゟ飛鳥井殿ヘ差出置候事

此節浪花表ヘ外國人罷在候哉ニ相聞右者元來御國之御規則も不辨者ニ付

御撫物通行之節不敬いたし候共其儘被捨置御搆ひ無之候事
右之趣　御撫物被　仰付候神社幷寺院之向ゟ爲心得可相達置事
〇イ百一號慶應三年四月十五日　外國人敦賀行ニ付朝廷御沙汰(共二枚)
此程滯坂之英吉利人最早用濟ニ付可致出帆之處公使始六七人敦賀表ゟ用向有之罷越度旨申立右は無余儀情實も有之且阿蘭陀人伏見筋通行之先蹤も有之候間其段差許今十五日坂地發足之都合ニ有之尤途中警衛之儀は嚴重被申付候此段爲心得兩人ゟ可申入旨年寄衆被申聞候由被　示聞之趣及披露候處必々京地ゟ不立入樣　御沙汰候此段可被相達候事
四月十五日
〇
外國人春日社等ゟ立入候儀無之樣可取計旨承知仕候右樣之儀一切無之候得共英吉利國使節同所ゟ罷越度申候ニ付堅申斷及承伏候得共大佛は有名之梵宇ニ付士官兩人程差越度旨申出右は無余儀相聞候ニ付承屆候尤春日

興福寺一乘院大乘院ゟは一切爲立入不申候間此段御心得有之候樣年寄共申聞候

第四二號
○慶應三年四月十五日　所司代上朝廷書

四月十五日傳　奏ゟ所司代へ差出案

此程滯坂之英吉利人最早用濟ニ付可致出帆之處公使始メ六七人敦賀表へ用向有之罷越度旨申立右者無餘儀情實も有之且阿蘭陀人伏見筋通行之先蹤も御座候間其段差許今十五日坂地發足之都合ニ有之尤途中警衛之儀ハ嚴重被申付候此段爲御心得御兩卿ゟ御達可申旨云々

第七八號ノ五
○慶應三年四月十五日　所司代呈傳奏書

此程滯坂之英吉利人最早用濟可致歸帆之處公使始メ六人程用向有之敦賀表へ罷越度旨申立右ハ段々不都合之次第申達候得共堅く差留候ハヾ却而入京等申出候程難計且阿蘭陀人伏見表通行之先蹤も有之候間前件之儀差許明日坂地發足之筈ニ有之候尤途中警衛之儀ハ嚴重申付候此段云々

○イ二十五號
○慶應三年四月　勅使供・方取締方之儀ニ付建言

大久保主膳正
遠山隱岐守

當三月八日和州畝火山　神武天皇山陵江　勅使參向之節是迄宿々等不作法之儀も有之哉ニ付決而右樣之儀無之樣致度段傳　奏衆江申達置候旨且不作法又者宿々難澁ニ及ひ候樣之儀も有之候ハヽ　勅使家來重モ立候ものハ及懸合右ニ而も不相用候節者無據召捕可申哉之趣　御所表江伺相濟候趣を以私共組之者爲取締右通行之宿々江出役之儀戶田大和守ゟ懸合越候ニ付兩組之者差出候處堂上方官方共格別取締宜聊之越度有之候而も纏ヶ間敷儀も無之一同神妙ニ通行有之是迄之樣子承合候處右宿々者五海道筋与違　勅使其外御用通行之向者稀成事ニ御座候處近來每年畝火山　御陵江　勅使幷官方參向春秋兩度春日祭之節　勅使之外攝家堂上方參向も有之一體官家供方之內日雇を被召連候儀も多分有

之候由右被雇參候者共右海道筋ニ不限外海道筋宿々ニ而も手段を設聊之越度を附込纏掛ヶ問屋役人共を及打擲終ニ者詫金取之種々亂妨相働候を仕來与相心得罷在候哉ニも相聞然ル處和州海道者毎年三度　敕使其外通行之節々長池玉水木津右三宿問屋役人共より詫金或中間手廻り之向ゟ爲酒料金子差遣右之內長池宿者當分助鄕有之候得共玉水木津兩宿者當時助鄕願中ニ而其鄕中村々ニ而人足繼立方取計罷在尤平常通行無數候間右三宿共宿人足抔者不差置　勅使ニ不限人足數多入用之節者近村より雇入いつれも鄕人足ニ付譬者壹人持之荷物ニ而も貳人貳人持之分者四人又者三人ニ而繼立候間先觸人足与者大凡一倍程も相增右人足賃者宿々內損ニ相成近來御用通行多其上物價騰貴宿驛疲弊いたし候趣御座候間此後萬一如何之所業有之候而者宿驛御取締ニも拘殊更諸民御憐恤之御主意ニも相反候間旁以向後右海道筋ニ不限外海道筋与も兼而探索申付置如何之儀も相聞候ハヽ召捕又者仕宜次第呼出吟味仕申上

候樣可仕与奉存候間右之趣於向々も兼而嚴重被示置候樣傳　奏衆ゟ御達被置右御達濟之趣爲心得私共ゟも被仰渡御座候樣仕度左候ハヽ道中筋之儀なから支配國中行屆候程者探索之上如何之所業及ひ候もの者召捕又者呼出相尋候上懸合吟味取懸り候積且道中筋都而所置方之儀者勘辨も可有之候間別紙之通道中奉行幷御勘定奉行ゟも懸合置可申与奉存候依之右懸ヶ合寫相添此段申上候以上

卯四月

大久保主膳正

遠山隱岐守

別紙

道中奉行

御勘定奉行

宛

京都町奉行

勅使其外堂上方諸社等ゟ參向之節被召連候日雇等之內道中筋ニおゐて如何之所業も有之哉ニ相聞候付取締方別紙之通松平越中守殿ゟ申上候處則

傳　奏衆ヘ御達被置候旨御同人被仰聞候付道中筋之儀なから支配國中行
屆候程者探索之上如何之所業及ひ候もの者召捕又者呼出相尋候上御懸合
申吟味取懸り候積且道中筋都而於御局猶御勘辨御所置方も可有之哉ニ付
別紙寫差進右之段松平越中守殿ヘ申上候上此段及御懸合候以上

四　月

大久保主膳正
遠山隱岐守

上包
上

第六十號三通ノ一
○慶應三年四月　朝廷役替三通

四月十八九日　御所向御役替之書拔　御手元ヘ差上置ニ而宜

十八日殿下ヘ御參集

御斷　尹　宮
御斷　近衞殿
　　　一條殿
　　　九條殿

御断　徳大寺殿

御断　柳原殿

葉室殿

○第六〇號ノ二

國事掛り　近衛殿

御免兩三日　一條殿

相立歸役　九條殿

右御請相濟近衛殿ニは何ニ歟御趣意被仰立候哉も難計事

議奏御免兩三日立歸役　柳原殿

傳奏御請　日野殿

議奏被仰下候處勘辨之上御請　中山殿

阿野殿

不參　徳大寺殿

一廣　橋殿

○第六〇號ノ三

滋野井中將
正親町少將
滋野井侍從
鷲尾侍從

右差扣被　仰下候就而は只今ゟ守衛之人數早々付置候樣被致候事

右傳　奏衆ゟ所司代へ御達見廻り組六人ツヽ御差出之事

御詞表御差出之處
議奏御預り之事

攝　政殿

○第五九號

○慶應三年四月　水戶掛戶田與左衛門上書

卯四月十日付同月廿二日達京地宅狀中ニ封込御右筆ゟ郵次飛脚ニ而

來

上

戶田與左衛門

急便奉申上候益御勇健奉恐悦候然は此程水戸表ゟ重立候もの共拾餘人出府中山備中守方ぃ罷出在所内情等得と見分之上夫々取計有之候樣願出右ニ付同人御暇之義奉願候得共當今形勢ニ而只今罷越候而者不都合意味も御座候ニ付其段中納言殿ぃも申上且家老共ぃも及談判候得共何分不行届無餘義別書之手續ニ至候得共御掛り御歸府迄ハ備中守御暇之御沙汰無御座候樣仕度委細ハ御歸府之上可奉申上候其余相替候義無御座何卒御開門之義速ニ御沙汰相成候樣奉願候以上

四月十日

○第九九號ノ三
慶應三年四月カ

外國人北海岸見分之節差添被遣候外國方御目付方共御褒之事

開成所之儀者　京都ゟ御沙汰有之候迄ハ是迄之通り陸軍附屬ニ相成居候樣御國内外國御掛ゟ御談之事

○第七八號ノ二
慶應三年五月三日カ　板倉伊賀守屋敷替内願書

江戸表目白臺御屋敷之儀者御長屋數も少く御家來御差置方ニも御差支其上　御城ゟ者程遠ニ而　御郭近邊出火等有之節急速相分り兼諸事御不都合之儀御座候間御自由ヶ間敷儀ニ者御座候得共右御屋敷被成御差上追而替り御屋敷御拜領被成候樣相成間敷哉此段各樣迄御内慮奉伺候樣被仰付候以上

五月三日

板倉伊賀守樣御家來
辻　尚三

○第四五號ノ九
慶應三年五月七日カ　後宮女中願書カ

添書

添て願まいらせ候此程中ゟ隱居頂戴物度々願まいらせ候へハ御聽濟遊ハし戴忝りまいらせ候へ共又〳〵申兼候事なから願まいらせ候頂戴物卯年辰年之内頂戴もの相濟候との事なからもはや當年も半とし相過來年と申候ても間も無事にて來年に相成又々頂戴物願出し候もあまり同し事計申上候樣に而御手數ニ計相成候事故御時節柄何共申兼候へ共是迄出精ニ勤候者共

設何とそ一生之内頂戴物御座候やうに願たく是迄萬里小路事　御四代樣出精ニ勤候うへ御先代樣ニハ御幼年ゟ厚く御世話申上別して出精ニ勤候事なからよき無御爲筋を存上御人げんしの節下宿致候事故猶更ふひん之事にて御座候まゝ何とそ是迄之通り頂戴物一生之内被下候やうに願度三保の初末々之者も同斷出精に勤候者共故頂戴物是迄之通りに願度御扶持はかりにてハ中々くらしかた出來不申一統難義致しまゐらせ候事故是また御扶持御合力一生之内被下候やうに願度何とそ此段御くミ取深く御勘考遊ハしひとへに〳〵頂戴物御座候やうニ是非共〳〵願まゐらせ候實に御時節柄御用多御心配之中もかへりミす色々之事願御氣のとくさまニ存候へ共御扶持計ニてハ誠ニこまり入あまり御ひとき事と私ハ存しまゐらせ候私存命之内ハ此まゝに中々打捨置候と申にハ相成不申候まゝ度々御うるさき事なから私身にかへても是非共願まゐらせ候何とそ御たすけ遊ハし候と思召頂戴物一生之内御座候やう呉々も願まゐらせ候

いつれも御代々樣出精ニ勤候者共ニ而下宿之節も頭立候者下宿致候へは頂戴物出來候と申事故皆々頭立候者下宿致し候まゝ今更氣のとくふひん之事にて誠に心配致まいらせ候何とそ〳〵御聽濟遊ハし頂戴物願私も是迄かれ是と心配致世話もいたし候かひ無事ニ而殘念〳〵ニ存まいらせ候御時節から御むつかしき事ハよく〳〵承知致居候へとも此義ハ是非共〳〵叶ひ候樣願まいらせ候夫〳〵役人共へも此段早々御沙汰遊ハし頂戴もの是迄之通ニ而一生之內被下候樣くれ〳〵も願まいらせ候委く申入願度事海山御座候へ共遠路こゝろニまかせ不申何もよく〳〵御くミ取あそばし早々　　御書戴度くれ〳〵も頂戴物御承知遊ハし御返書御待申入まいらせ候

一序なから鳥渡御心得迄ニ願置まいらせ候御時節から御變格等色々仰出され候へ共大奥向御廣敷向ハ何とそ是迄之通り萬端の先格を御すへ置遊ハし戴度冬とし老中へあひ候節もよく〳〵申頼置まいらせ候まゝ定めし御聽

に入候事序故に鳥渡願置まゐらせ私は御先格をくつし候事ことの外〳〵〳〵〳〵大きらひニ而御座候まゝ其思召ニ而大奥向には手を附不申御先格之通りニすへ置候やう夫〳〵役人にきひしく御沙汰願まゐらせ何もあら〳〵なからよく〳〵御くミ取私を御たすけ遊し候と思召頂戴物御聴濟遊ハし候樣願ひ〳〵〳〵〳〵まゐらせめて度かしく

五月七日認

稻葉閣老自筆

第四五號ノ三

○慶應三年五月九日

慶應三丁卯五月九日　御直ニ寬濟之書付

若年寄

諸侯之事を取扱

石川若狹守

平岡丹波守

御國內之事を取扱

京極主膳正

（川勝美作守

御役御免折々登城於羽目之間
御機嫌伺候樣可被　仰出哉　遠山信濃守

病氣ニ付御役御免　保科彈正忠

原書自筆

イ六十號
○慶應三年五月十九日カ

薄暑之節彌御安清珍重不過之存候然者鈴木石見守取計方之義ニ付て者追々　御沙汰も被爲　在候ニ付此度咎メ申付候處萬一人氣相立候程も難計心配致候間其邊者兼而御含置ニ致度猶掛り之義ニ付戸田與左衞門へも咄置候義ニ者候得共心配之余り此段御内々申進置候以上

五月十九日　水戸

河内守殿　御始ニ

二白時氣折角御用心被成候樣致度存候事

上包
井上河内守殿　御始ニ　水戸

イ九十一號
○慶應三年五月二十日

（御附紙悉係親蹟）

慶應丁卯皐月二十日　御直書附札ニ而御下ヶ之書面

一評定所御矩（マヽ）則御改革取調相伺度事

一死罪を初刑法御變更御座候様致度事

一惣裁壹人之内者月番之名儀御廢しニ相成候様致度事

一遠國奉行ゟ宿次差出候節之請書省略方勘考為致度事

御附紙　壹ヶ條貳ヶ條三ヶ條四ヶ條六ヶ條本文之通り五ヶ條之義ハ當
今發言尤不可然候事

一諸大名參勤交代之事

一御奏者番勤向御取締り取計度事
但水野肥前守之事

一大坂御城代之事
御附紙　彦根之義篤と勘考可致候

一老若泊り番之事

御附紙　泊り無之而宜敷事　其他之ヶ條篤と勘考之上大事取可申聞候

一坂下御門登　營之事

一會議日取之事

一尹宮帥宮御縁談之事

御附紙　篤と取調可申事

一開成所奉行之事

一秋月右京之事

一糟谷筑後之事

イ百號
○慶應三年五月廿三四日　兵庫開港長防處置の件朝命書付（共四枚）

五月廿三四日長防兵庫　御所ゟ被　仰出之書付

兵庫開港之儀ニ付別紙之通　御所より被　仰出候間此段爲心得相達候事

○

一兵庫被停候事
一條約結改之事
右取消之事

兵庫開港之事元來不容易殊ニ　先帝被爲止置候得共大樹無餘儀時勢言上
且諸藩建白之趣も有之當節上京之四藩も同樣申上候間誠ニ不被爲得止御
差許ニ相成候就而は諸事屹度取締相立可申事

長防御處置之儀ニ付別紙之通　御所より被　仰出候尤御處置之品は猶改
而可被　仰出候得共先此段相達候

五　月

別　紙

長防之儀昨年上京之諸藩當年上京之諸藩等各寛大之處置可有　御沙汰言

上於大樹も寛大之處置言上有之　朝廷同樣被　思食候間早々寛大之處置可取計事

〇慶應三年五月　探偵書
イ五十八號

昨日目黒在浪士躰之もの籠居候哉御尋ニ付承候儀左ニ申上候

武州目黑在祐天寺山續
淨土宗　長泉寺山內

右者去月中右山續ニ四間ニ三間程廻り薪ニ而圍ひ疊三四疊も敷煮焚いたし五六人も浪士躰之もの籠り居候樣子然處四月廿六日頃迄罷在立去候哉ニ相聞內二人者鐵砲所持いたし薩藩ニ可有之哉差向屯不致右場所者碑門ヽ谷村境之由

右之通ニ而御向方類役及承探中ニ候得共御支配場ニ者無之一先此段申上候以上

卯五月　　隱密廻

書廻

臨時廻

上包
上　三廻

イ十八號
○慶應三年六月廿四日　佛國公使へ質議の要領カ

六月廿四日初度質問廉々大意

主膳殿　播州

圖書殿　自分

備後殿　川近

通辯　三太郎

主膳ハ若年寄京極主膳正
圖書ハ若年寄並平山圖書頭
備後ハ同川勝備後守
播州ハ大目付瀧川播磨守カ
川近ハ外國奉行川勝近江守

遠國鎮臺

御國内事務惣裁進退之事

〔下ケ札〕
遠國奉行附屬
御決議之事

刑法　收納　外國交際

右いつれも御國内惣裁へ建白し其上筋々之惣裁ニ配達する事

其筋總裁之裁判不宜時は其建白丈ヶ之事ハ何事ニ寄らす全國事務ゟ議論する事あるべし各局之定額を立毎歳暮ニ至り局々之入用を算計して申立ル尤非常之入用ある時者豫め用意する分ハ五局之總裁會議し彼を減し是を増して其費用ニ充る事を談合す此會議ニハ若年寄奉行位迄也但毎歳之首ニ之を議すといへとも若し突然師を出す如きハ兼而局々ニ備金ありて他之論を待たす

五局高低無之樣人選其外不編《マヽ》樣ニいたすハ肝要なり此ゆへに職務に輕重なき樣ニ可致事

全國之常用ハ常ニ出納を計りて局々ニ定額を定ムルといへとも海陸之軍費ハ旗下ゟ歩合を以て官へ納め是を以其入用ニ充る事

但　君上より御減ニ而可然事

旗下の俸祿を減するに甚度合あり厚く心を用ゆへき事也減方之儀者地方之者は其收納品を以官へ納め金給之ものハ金ニ而之を出す但一割を以て

相當とす此儀往昔佛ニても其例あり　下ヶ札〔二ヶ年を限りとす

旗下之向減祿之上は諸侯ゟ說得して出さしめて可也但諸家分限ニ應し備ふる所之兵數を以其入費を算計し右金高を官へ納め政府一手ニ而備を立候方諸家於而銘々ニ兵卒を貯ふるよりハ可然との趣意ヲ以說諭之事

諸局ゟ請取之定金ハ年々一杯ニ遣拂候事但仕上ヶ勘定之せつ若不相當之廉有之分ハ會計方ゟ議論ニ及ふ事

一局ニ而新規之事を企る時は各總裁參政奉行位迄之を議す

遠國之儀土地ゟ產出するもの互市場之稅銀等收納筋之儀者會計役人其所ゟ出役して取扱ふへし

局々入用定額立方大略

外國　　外國へ官吏を置キ又ハ使節を遣す等之入用一局之役金等皆此局之入用也

國內　　遠國奉行所之入用道路之普請局內役金前ニ同し

海　陸　現今之入用を以定額と爲し非常之事ハ別ニ議す
會　役々給料等也
右等平常之入用ハ常之諸運上諸收納ニ而定金を立ル事
一郡へ備ふる官吏
土地奉行　たとへハ政府之あゆミ行しも同樣なれハ甚威權あり
警衞之ため相當之兵隊ヲ備ふる事
進退全權之差圖ニ隨ふ尤海岸附ハ海軍方也
宗法敎導之もの
會計方
曲直裁斷　罪判然として死刑に行ふ罪人たりとも其裁斷ニ屈伏せざれハ都府へ送りて之を吟味し其罪科死刑相當なれハ又其土地へ戻シテ刑ニ行ふ事
死刑相當之罪人より歎訴して國帝之惠ミヲ與ふ時は帝へ奏し助命して

金銀坑人足抔ニ使役する事あり
曲直裁斷ハ閣老始一局を設候方可然といへとも都合ニ寄若年寄迄ニ而
も可然事
國內若年寄
寺社
國學
遠奉國行
國內取締
大名の事を取扱
曲直裁斷
此以下ニ夫々奉行を置候事但俸祿ニ段階を立千石より五千石迄ニも
致ス方可然事
壹人英才之者ありて各局より望む時は當人見込を尋ね見込ある方へ命し

て可然事尤其役を辭す時は再ヒ用ひず決而他局へ仕ふる事を不許佛ニ大小監ハなしといへともポリシといへる者ありて國內事務の手ニ屬し（下ケ札）〔此方岡引樣の者〕陰ニ探索する者ハあり又各局ニも改方ありて年々兩度ツヽ其局ニ勤惰出納をたゞす

總而法律を正すの一局ありシテートルと云ふ其役人ハ要路を經て最モ功勞有し老人抔ニ而勤之富者は給金ヲ取らす貧者ハ政府ゟ三萬フランク位迄與ふるもあり又法を拵へる人アリレミスラートルといふ

第四六號ノ四
○慶應三年七月三日

板倉閣老自筆

別啓柴田日向守早々上京候樣致度候當月中旬には必英公使も上坂可致大坂町奉行而已に而者甚以心痛も致候事故呉々も早々出立御達可被成候尙同人儀先日大坂町奉行と御達相成候歟定而兵庫奉行と御達直しニ相成候事とは存候得共此段も相伺度早々得御意候已上

七月三日　　兩人

江戸御同列中樣

○イ八十六號
慶應三年七月十五日　小笠原閣老寄稻葉閣老書

伏呈殘暑難堪御座候處愈御勝常怡賀之至奉存候然者賤恙兎角快然仕兼長々引入罷在候段誠以恐悚至極病魔之所爲何分無致方御寛赦伏而奉希候尤少々ハ快方ニ趣候間最早不遠出勤可相成夫迄之處何分宜奉希候扨過日御相談申候平岡庄七義最早八十日餘にも相成候間何卒迅速　御免御取計被下候樣奉懇願候水府一條昨今誠致（模樣宜也）切迫此機を失候而者再度治平之道を得候事千萬無覺束實ニ千歲之一時ニ奉存候同人義過日段々尋話之趣も有之候ニ付可替者を種々致勘考候得共外に者迚も無之實ニ彼ニ限り候義故法を曲ると申事者甚難き事又易として猥りニ法を曲候者素ゟ以之外ニ御座候得共可替人物無之と申ニ至候て者天下之事ニ者難換候間縱令濫賞ニ陷り候而も無致方其罪譴者他日拙可致甘受候間同罪之者不殘御赦免ニ無之而ハ御不都合ニ候ハヽ不殘御免ニて宜候間何卒

今明日中ニ御取計伏而々々奉懇禱候若今明日ニ御取計出來兼候得者迚も拙之微力ニ者見据無之候間不得已水府取扱之義者　御免相願可申且是者餘事ニ候得共外國之總裁も微力之拙一人ニ而重疊多端之大事件を處置候者迚も出來兼詰り國家之御不都合を釀候而者甚以御大事之義と兼々恐縮罷在候義右水府一條成功不相成候而者罪萬死ニ相當り恐入候ニ付合せて閣老職　御免を相願候積右者水府之治亂ニよりて進退を可相決水府之治亂者卽庄七之進退ニ致關係候間　尊君樣御答振次第ニ而大決心仕候覺悟ニ御座候

一秋月右京歎願書幷出雲ハ之書面共一覽仕候種々致勘考見候得共愚案拙策更ニ心付無之折角之御尋問ニ候得共難應命恐悚之至迚も致方無之只出雲ハ之書中牛步行之三字ゟ外有之間敷奉存候詰り捨ものと奉存候扱々愍然至極氣之毒千萬第一御威光ニ關係いたし不堪歎息候右申上度病中別而大草略眞平御寬處奉希候頓首

七月十五日

尙々殘熱折角御自愛專一奉祈候本文申上候通長々引込くれ〳〵恐悚

何分宜相願候也已上

三白甲斐ゟ御托之尊書返璧愚存認出候宜御取捨可被下候

美濃守様　　壹岐守

副書
副啓職掌外之義ニ者候得共兼々御咄も有之候事故心付候義左ニ申上候

駿府御城代本多紀伊守義者何歟見かけハニブキ様な人物ニ御座候得共一時者秋月抔と名を均敷致候程にて普通之役字漢ニ者優可申哉ニ奉存候寺社奉行抔ニ御遣相成候而者如何哉若直ニ寺社奉行如何与思召候ハヽ先御奏者被　仰付様子御覧被成候様奉存候右心付候ニ付贅筆仕候篤と御勘考可被下候

一京師狀御催促恐入候實者失念致居早々一閱跡ゟ可奉返璧少々御猶豫

奉願候一昨日昨日之京師狀今朝周防殿ゟ相廻候先此分奉返上候也不
聲ヽ

七月十五日

副書

封皮
稻葉美濃守樣　御用狀二封添　小笠原壹岐守

第三六號
○慶應三年七月　將軍下坂ニ付達

此程御達被申候大樹公下坂之儀各國公使追々著坂ニ付來ル廿一日廿二日
頃發途被致候積りニ御座候尤面會濟次第早々歸京可被致此段御達被申候
樣年寄共云々

第七三號ノ五
○慶應三年七月十九日カ　板倉閣老贈在府閣老書　別紙四通付（共十二枚）

板倉自筆

立花出雲守家來より別紙之通申出候此儀は當春壹岐守殿御上京之砌御相
談も有之候得共先當節柄故不被爲及御沙汰候方与評決ニ相成候得共又候
別紙之通歎願致候而事實勤績も六ツヶ敷儀ニ候而斷然引候樣ニ而も御不

都合ニ御座候何分此儀は拙者壹人ニ而何共可否申兼殆當惑致候御地ニ而
與得御評議ニ而否被仰下候樣仕度此段匆々得貴意候以上

七月十九日　　伊賀守

江戸御同前中樣（列カ）

又最前領地替ニ相成候次第柄も不相分別而勘考も付兼候其邊も可然御
取調可被成候已上

○第七三號ノ二

於江府差出候　願書之寫

出雲守勝手向從來困窮ニ而高並之御奉公相勤兼候付是迄數十ヶ年之間領
知所替之儀奉歎願居候處當御役被　仰付候後自己之歎願等者凡而差控候
段家來共ニも毎々申付一圖ニ　公務御用之外更ニ無余念家政向迚も重立
候事件而已所置仕候而勝手向米金筋等之儀者役人共ニ打任置前條之通一
向忠勤罷在候處當節ニ及次第難澁相迫借財者高不相應之事ニ相成此節ニ
至最早才覺之途も無之心痛至極當惑仕候然ル處右歎願之儀者兼而奉願候

通文化三寅年筑後國三池ゟ奥州下手渡ヘ所替被　仰付同所之儀者半石半永之場所ニ而取米甚減少仕永納者金壹兩ニ付七石替之定法御座候上半石之方も米不足故悉納方行屆不申在所表六千九百石余之高ニ而全正米取箇六百石余有之其余ハ安直段同樣之振合ヲ以代納之仕來ニ相成居候場所柄付當時格外之高直ニ及候而者永納幷安直段等之相違ニ而江戸表飯米買入方差支甚難澁仕候右僅之正米者家中配當ニも引足兼尤聊之圍米爲凶年兼而心得置候得共近年物價高直ニ而當夏中伊達信夫二郡騷動之砌不殘領內手當米ニ差出シ其上他領ゟ買入米ヲ以兼々夫食ニ相備候程之儀付半永幷代納金も右之方ヘ多分被落江戸登金も聊之儀ニ而實々取續出來兼候處當今近領石留与相成彌以取救方一同十方ニ暮心痛相極候次第与難成候此分ニ而押移候得者出雲守御役儀勤續之處重々無覺束然ニ主人儀者非常之御央ニも候得者可成丈盡力精勤之覺悟ニ而　公務者勿論小藩內武備練兵等日夜之志願ニ而休息之間聊も無之自身引立鞭〻勵仕居候得共前段之通勝手

向切迫仕候而者進退相究內事ハ勿論儀ニ而御役儀も難相勤場合ニ近々陷可申哉与一同悲泣罷在候次第御座候實以當今之處ニ而者領知ゟ回米者扨置所ニ而之拂米少も無御座候得者爲替米之都合も相整不申町人共ゟ借用ヲ以連月相凌殊ニ昨春中ヨリ再三之登坂ニ而莫太之及借財馬喰町其外共不相應ニ拜借仕置候間礑与困窮相迫心痛至極仕候付甚以不顧御時節柄奉恐入候儀ニ候得共何卒右之旨趣厚以御憐察兼々歎願仕置候通所替之御沙汰被成下候樣小藩一同泣血奉歎願候最早領知替以來六十年余ニ相成積年難澁之半高並之御奉公難相勤加之家來扶助も不行屆候段平常ニ而も奉歎願候付當御時節者尙更如前顯極難之場ニ相成譬只今之御役儀　御免被仰付候而も平常家格並之御役迚も勤續之見居毛頭無御座候程ニ付新規歎願之筋共相違仕御役成後申付ニ者相背譴責も請可申候得共弊家ニ至候迄打過候而者臣下之道も相背且者乍微力も兼而主人赤心之通忠勤爲相盡御役儀も勤續相成候樣ニ与之念願ニ而右樣奉歎願候間私共一同之痛苦厚御汲

取被成下責而ハ食料不足無之場所ヘ何卒御引替被下候樣　御仁惠之御沙汰千々萬々伏而奉願度此段御手前樣方迄申上候間幾重ニも御執成被下候樣重々奉賴候以上

寅十一月

立花出雲守家來
庵原覺兵衛

○第七三號ノ三

出雲守勝手向從來困窮罷在候次第者文化三寅年筑後國三池ゟ奥州伊達郡下手渡ヘ所替被　仰付候後取箇向俄ニ減石ニ及舊來之家來共扶助も不行屆三池郡ヘ相殘候者ハ浪々之躰と罷成上下艱難悲歎之余當　御役儀被仰付候以前迄者無絕間舊地ヘ御差戾被成下候樣只管奉歎願居候處右御役成後者御時勢も變遷私願向凡而不仕候段家來共ヘも深申諭置乍不及勉勵御奉公仕居候處最早御役成後五ヶ年ニ及旅勤も每度被　仰付去ル子年京都爲御用出立仕同丑年ニ者　御進發御供ニ而在坂仕右滯坂中橫濱爲御用往復被　仰付其他兵庫京都ヘ者同所より數度往返仕其都度々々失費も不少

滞坂中取續方礑与行詰り進退相極候折柄不計江戸表爲御用歸府被　仰出
候付　御進發御供御赦免被　　仰付全御仁慈を以是迄兎哉角勤續出來候段
難有奉感戴候然ニ昨寅年在所表異作幷信達二郡之騷動ニ而聊之收納之内
存外相減必至差詰無余儀隣鄕二本松侯江内談借用米を以漸取續候程之仕
合ニ而家來一同向後取續之目的更無御座無據主人申付ニ者相違仕候得共
新規歎願之譯ニも無之積年之宿願全御戾之御沙汰被成下候樣昨冬中於江
府御老中樣江家來一同ゟ書取ヲ以歎願仕日夜　　御沙汰奉窺居候儀ニ御座
候前條之次第ニ而借財向者不及申拜借金迚も凡而返納方不行屆御猶豫奉
願候仕合ニ而江戸表融通者相塞り如何とも手段盡果早春ゟ彌ヶ上同姓飛
驒守方江爲内談家來坂地江差出聊者同姓之扶助も相整候得共連年之事ニ
而於同姓方存分可行屆儀ニ無之心痛罷在候内小笠原壹岐守樣御登坂之趣
相伺候ニ付旁私義坂地江罷出困窮之余御同所樣江奉再願候儀御座候其後
壹岐守樣ニも御上京ニ付當所江罷出候處無程御歸府ニ相成内願之御都合

も不奉伺十方ニ暮罷在候出雲守ニ者乍微力も御時節柄抛身命忠勤之覺悟他事無御座候然ニ勝手向不行屆より御役儀も相勤り兼候姿ニ陷候而者第一奉對　公邊深奉恐入次ニ者主人之心底も貫徹不仕段一同悲歎之至奉存候就而者又候歎願仕候も御時勢柄實ニ奉恐入候得共前顯之次第難默止於江戸表差出候願書之寫相添奉歎願候何卒前條之次第深　御憐察被　成下此節御再評を以全領地復舊之　御沙汰被成下候樣幾重ニも奉歎願候此段御手前樣方迄差上候間宜御執成之程伏而奉賴候以上

七月

立花出雲守家來
庵原覺兵衛

○第七三號ノ一

出雲守樣御勝手向御難澁之儀者昨冬中從私共委細奉申上候次第ニ而御領知替後六拾年來御舊知に復古之儀御歎願被在之候處文久三亥年出雲守樣當　御役被蒙　仰候ニ就而者自己之懇願等ハ總而被成御差控候段御家來共にも每々被仰聞一途ニ　公務之外御他念無之儀積年御難澁之末ニ御座

候得者當　御役後御入費者益相嵩一統困乏之折柄度々之御旅勤等ニ而彌御必迫之場合ニ至り事實不得止事兼々被仰聞候御趣意も相背昨冬中私共ゟ乍恐歎願書奉差上候次第ニ而其後　御仁慈之　御沙汰夙夜奉待上候得共近年　公邊御用御多端之御場合御催促ヶ間敷儀奉申上候も深恐入是迄差控罷在候得共既ニ前文奉申上候通不遠復古之　御沙汰も可有之歟与右を力ニ仕種々之才覺を以是迄御勤續之取計仕候得共追々月數も相立最早此節ニ至り候而者術計盡果歎息之外無御座實以無余儀次第ニ付不顧恐御内々御模樣柄奉窺度其品ニ寄出雲守樣ニ迫而申上候事件も御座候間前後困難切迫之事情等厚御賢察被成下偏ニ否之御模樣各樣迄御内慮奉伺候以上

九月七日

立花出雲守家來
佐野三郎治

○第七三號ノ四

立花出雲守家譜　書拔

立花出雲守家譜書立

初　代　　　筑前國岩屋室滿城主　高橋主膳兵衞尉鎭種

元龜元年十一月高橋家を繼○天正十四年七月於岩屋戰死

二代目　　　　　　　　　　　　高橋主膳正直次

天正十五年六月賜三池一郡江ノ浦城ニ移ル○慶長五年十一月江ノ浦退城

○同八年十一月被　召出常陸國柿ヶ岡ニ而爲御合力五千石被下○同十九

年立花与改

三代目　　　　　　　　　　　　立花主膳正種次

元和三年十月家督○同七年正月筑後國三池郡舊領之内賜壹萬石

四代目　　　　　　　　　　　　立花和泉守種長

寛永七年月不知家督○天和二年三月隱居

五代目　　　　　　　　　　　　立花主膳種明

天和二年三月家督

六代目　　　　　　　　　　　　立花出雲守貫長

元祿八年七月初而　御目見○同十二年三月家督○寶永六年三月叙爵
七代目　立花和泉守長熈
享保十年十一月初而　御目見○延享四年七月家督○同年十二月叙爵
八代目　立花出雲守種周
寶暦十年十一月初而　御目見○同十二年九月家督○同年十二月叙爵○寛政元年六月大番頭○同四年九月御奏者番寺社奉行兼帶○同五年八月若年寄○文化二年十二月御役御免差控○同年同月隱居蟄居
九代目　立花豐前守種善
文化二年十二月家督○同三年六月領知自筑後國三池奥州伊達郡之內ニ所替○同七年十一月初而　御目見○同年十二月叙爵○同十二年八月父出雲守蟄居御免
十代目　立花主膳正種溫
天保四年三月家督○同年四月初而　御目見○同五年十二月叙爵

當代

立花出雲守種恭

嘉永二年四月家督○同五年十月初而　御目見○同年十二月叙爵○文久三年六月大番頭○同年九月若年寄○慶應三年會計奉行若年寄是迄之通

第四六號ノ一

○慶應三年七月

伺

付紙（一）［松平鎌藏新歩兵頭江被仰付候而者陸軍局ニ而若不都合之義も御座候ハヽ陸軍頭役ニ而本文同等位之御場所江可被　仰付候哉

付紙（二）［陸軍總裁江者江戸表同列ニ而申談候様可仕候

御目付江

由比圖書

保田鈼太郎

新歩兵頭並江

松平鎌藏

御使番江

大久保帶刀

田付駒次郎

歸府之上

山口内匠

松平左金吾

右之通可被　仰付候哉

七月

伺之通たるへく候

○イ八十五號
慶應三年八月十六日　客剌依田雄太郎等一件ニ付浦上長左衛門千葉重太郎家來申立書

去月廿日織田榮之助樣千葉重太郎方へ御出被成依田雄太郎鈴木常之助同豐次郎之三人去ル十二日ゟ家出致し于今不致歸宅雄太郎豐次郎之兩人は稽古道具持出候樣子ニ付而は劔道修行之爲遊歷でも仕候心得共歟と被察候就而者右兩人ハ兼而貴家之御門人之事故定而諸國之擊劔先生家之名前抔貴家ニ而問合候樣之事共有之歟何そ御心當りは無之哉と御尋ニ付十太郎初而右家出之趣承知驚入何分皆血氣之壯士殊ニ常之助殿ニ者御當主之

事故脱走之聞へ有之候ハヽ家名ニも相掛り可申且何れも平常慷慨氣魄之方々ニ而斯る危急之時ニ當り幕府數萬之御家來中諫死致し候もの壹人も無之抔者諸藩へ對し耻入候次第抔と申樣之雜話も承居候へは旁以打捨置かたく早々追懸ヶ引戻し申度乍去十太郎儀者主人有之者私ニ他行難相成依之私名代として其方跡を追ひ途中ニ而出會不致候ハヽ京都迄罷越し精々探索是非御歸り被成候樣取計可申旨申付候ニ付去月廿三日江戸表出立箱根御關所ニ於而者御馴染之方も御座候ニ付右三人通行之有無相尋候へ共分り不申夫より道々聞合候得共更ニ手掛り無之當月朔日新井宿ニ至り同所御本陣者兼而江戸表ニおゐて鈴木常之助樣御見知之よし承知仕居候ニ付右御本陣へ立寄相尋候處乃何れも先日御通行ニ而御目ニ懸り候處此度者內々ニ而伊勢へ參り夫ゟ京師一覽もいたし度罷出候と申御話ニ御座候と相答候ニ付初而樣子相分り夫ゟ道中差急候途中去ル三日勢州關宿ニ於而雄太郎樣豊次郎樣右御兩人へ出會何角相尋候處常之助義は京師ニ逗

留拙者共兩人者旅用乏敷相成候ニ付金策之爲此邊迄罷越候と申御事依之私義を十太郎ゟ差出し候趣意柄申述且金子之儀者少々持合も有之候故御心配被成間敷就而者尾州ニ者御馴染之方も御座候へ者先此方へ御越し被成彼地ニおゐて篤と御相談之上御歸府ニ相成候樣願上度と段々申勸メ漸々宮迄御供仕引返し伊勢傳方へ止宿同所原彥四郎殿丹羽潤太郎殿田中邦之助殿者かねて御知合之方ニ付御尋申上右方々へ御說得も相賴申度と存候處彥四郎殿ハ上京留守其外之御兩人他國出御留主依之加藤秀之進殿へ面會いたし樣子柄相話し右之兩人を暫く御預り被下度左すれは私義は上京仕滯京之壹人を同道いたし歸り申度旨相賴候處承諾いたし被吳候ニ付其段御兩人へ段々御勸メ申上候得共一圓御承知無之是非上京之上三人評決可致と申事ニ而不得止去ル九日宮宿出立十一日初更之頃京都御屋敷迄到著右御兩人は　御門前ニ待セ置私壹人御屋敷へ這入十太郎ゟ之傳言ニ而止宿之所願出候へ共當節柄止宿之差圖難相成旨を以御斷ニ相成候ニ付

無余義御屋敷を出其段御兩人へ申聞候處左樣なれは先達而中止宿被致候方有之趣ニ而則御供いたし候處數屋町白山下ル若狹屋と申宿へ罷越其夜止宿然る處常之助樣義ハ前日他へ御越し之趣ニ而此旅店へ御逗留無之何れ明日相尋可申との事ニ御座候翌十二日之朝ニ至り御兩人私へ被申聞候ニは其方儀一先江戸表へ立歸り吳候樣ニと私ゟ何故左樣之義御申被成候哉私義は是非御供不致而者被歸不申と申上候處私共儀者急ニ歸府と申所ニも難至且主人之御在所へ罷越候儀故必脫走と申譯も無之候へ者私共丈之止宿は差支も無之候得共他人相交り居候而は我等止宿ニも差支甚迷惑存候故是非罷歸り吳候樣ニと私より御同居申上其爲御止宿ニも御困りと申事ニては不相濟儀ニ付私壹人は御屋敷へ罷越止宿相賴御迷惑不相成樣取計可申且御當地ニは御緣家樣も被爲在候趣なれは其方へ御依り被成諸事御相談有之度かつ常之助樣御在所も早く御尋被成候樣ニと申立置私義者御屋敷へ罷越し止宿之義强而相願御屋敷外町表へ一宿仕翌十三日朝右

藪屋町へ罷越し居候處右常之助様御越被成候ニ付何方へ御滯留被成候哉
と相尋候處叔父方へ逗留致し居候と申事私ゟ十太郎申付候旨趣申述早々
御歸府被成候様申上候處如何ニも深情之程忝次第去なから江戸表ニおゐ
て承り候事々　御上之御危急と而已相聞え餘り被案候所ゟ上京いたし京
師之情實承知いたし度と存し罷越し候義故願は十日廿日も滯京其上ニ而
歸府致し度心得且叔父も病氣ニ而御暇賜り有之候へは不遠出立之筈其節
連歸り吳候様ニも申居候得は何れ不遠歸府可致乍去今日之如く他藩を名
乘滯留致し居候而は其藩人へ出會之節不都合も有之ニ付叔父を賴ミ外へ
轉宿致し候心得也と御申ニ付私ゟ推參ヶ間敷義ニ候へ共願は御叔父様へ
御面會仕何角十太郎之心意も申上度存候如何可有御座哉と申上候處叔父
義御暇と申も病氣故之事ニ而其病症亂心體我等ニ對面中も帶劔を捻り候
位之事故他人へ面會抔と申所ニは至り不申と申御事又私より左様なれは
小林金藏様は兼而十太郎御馴染之御方様ゆゑ拜顏も願度候へ共此も嗚呼

ヶ間敷義ニ候故御面會之御序十太郎家來上京致し居候と御傳へ可被下と申上候處我義者いまた小林へ面會不致候得共今日は弟を爲尋候積り故其旨相傳へ可申との御事夫ゟ私義者止宿へ立歸り翌十四日朝飯後相尋候處別紙御手紙被殘置有之候付止宿へ罷歸申候迄ニ而其餘之儀は一向何も不奉存候此余如何體御尋被成候共可申上義曾而無御座候以上

慶應三年卯八月十六日

千葉重太郎家來
浦上長左衞門

○

昨夜俄ニ野生共之下宿出來先方ゟ申越三名共今朝早天ニ引越候樣申來候間貴君之處へ者何れ晝後參殿可仕心得御座候必々御待可被下候以上

八月十四日

○イ五十七號
慶應三年八月廿四日カ　泉岳寺英公使對話答辨者閣老カ再考

八月廿四日於仙岳寺與英國ミニストルハークス御對話略記通辨ツルップ

一御國ノ様子ヲ見ルニ二ノ要事アリ
一先日本ハ一トロニ言ヘハ不一致若國内互ニ結合ヒ一致スル時ハ強國と可成
答　役人も其事ニ多少の心配ヲ成居レリ
一其國の分ル様子ハミニストルより見候ても如何ニも其様子ニ見ユル然共其故ヲ不知知ルコヲ得ハ知ランコヲ欲ス
答　時の廻り合にて尤説分け難き事也
一夫レハ國々の人氣の分レルナラン
答　表向ハ一致ナレ𪜈心中兎角不一ト事あり
一其人氣の分レルコハ於政府六ケ敷事ナリ
答　爲國貿易通信等ノ善き事ハ無智の愚民ハ其美事ヲ不知愚ナルコ而已申立實ニ困却第一事ナリ
一日本ヲ治ルハ政府ナラン

答　如何ニも政府の職掌ナリ
一政府ハ第一老中歟
答　第一ハ　大君其次ハ老中
一天子ハ如何
答　天子ハ政事ニ不豫ナリ
一或人曰天子ハ第一政事ニ豫カルト云
答　位ハ尊レ𪜈政事ニハ不豫
一其事ハ今言ハレル通政事ニ不豫ナラン或人云天子ハ第一政事ニ豫カル
　ト云其實如何
答　政事ハ　大君委任ナレハ決テ政事ニ豫ト云ヿハ無キ事ナリ
一固天子ハ一人ニテ第一高位者ナラン皇帝ハ天子ノヿナラン
答　支那皇帝日本ニ云天子ナリ
一西洋ニ云第一ノ者

答　日本ニテハ如神尊ム
一帝ヲ神ト言ハ甚タ氣ニ不入神ノ字ハ人ニ使ヒテ甚ヲカシク聞ユルナリ
答　ミニストルノ言ノ如ク帝ヲ神ニ譬テハ如何ニモ不穩全ク國人の尊崇スルヿニ譬ル而已其譬ヘ誤マレリ
一國第一有位ナル者ハ政事ニ可豫事ナリト思何程カ政事ニ豫カレリ
答　政事ニ豫ルヿナシ唯官位ハ全ク天子ヨリス
一其事ヲ日本人より聞ケル事アリ帝ヨリ委任ノ政事ナレハ返スヿハ不成歟
答　返事ハ不相成固威力人望有者に任するか故ニ返さんとすれハ必混亂を生す
一日本人も其事ニ付相違之事ヲ云ヘリ或ハ政事ニ豫カルト云或ハ不豫ト云
答　サトウハ其事ヲ能《ヨク》可知

一佛人カシヨン著ハセシ書ニ將軍ハ日本一體ヲ治ムルヿ不能ト云日本ニ惡人アラハ政府の權ニテ十分所置成ルヤ否又大名ノ領分ヘ惡人ノ入ル時ハ政府ニテ罰スルヤ

答　政府より惡人ヲ出スの令ヲ下ス時ハ速出スヿ法ナリ

一或大名云惡人ハ不出しても濟事と云へり

答　夫レハ是非可出筈ナレ氏其惡人隱レ免レルヿヲ得ハ自然ニ不知ナリ

一ミニストル二年程日本ニアリ兎角諸事ヲ聞ニ不同ナルヿあり然共黑き物ヲ白シト云へハ外國人にても自然其理ヲ知レリ國内ニテ權ヲ保持スルヿ政府ナラン

答　權ハ是非政府ニ不歸不成事ナリ

一政府ニテ權ノ分二アリ一ハ刀ノ權力權ナリ二ハ人氣合道理ノ權ナリ然共武事之權ハ時トシテ失フヿアリ人氣ニ合タル道理ノ權ハ永續セリ人氣ニ合フハ

正理ナリ不正ニテハ人ノ氣ニ不合

答　上下要路之人皆其所ヘ心ヲ用ユ

一若シ役人不正ノ人アラハ如何

答　速ニ可廢

一人氣ニ合事ヲ欲セハ自分儘ノ事ヲ可止ム公私の分ヲ分タサレハ衆人の心ニ不合者ナリ

答　其通リナリ

イ六十三號
○慶應三年八月晦日　在京板倉閣老等寄在府稲葉閣老等書

原書本文越中守朱書伊賀守

以內狀致啓上候追々冷氣罷成申候處先以　上樣益御機嫌能被遊　御座御同意恐悦至極ニ奉存候

一此度　靜寬院宮樣　天璋院樣ゟ之御返書御認相成候間今便御廻し申上候間御差上宜御取計可被成候

一萬里小路御手當之儀御返書中ニも御認ニ相成居候間早々過日御掛合ニ

及候通御取計可被成候
一水戸殿ニ被爲入候　上樣御妹　茂姫樣御事御養女之儀早々御取調被
仰出候樣御取計可被成候有栖川家ゟも御內々被仰進候事ニ付左樣御承
知可被成候
一過日も申進候御軍艦之儀一二艘早々御廻し可被成候先者此段申進度如
此御座候頓首

（原朱）御入輿之儀は何れ明年之事ニ御座候精姫樣御養女ニ被成有馬ニ御緣組ニ相成候其節之御入用高凡之處相分リ候ハヽ可被仰下候何ニも當節柄義格別ニ御省略之思召ニ御座候

八月晦日　伊賀守㊞
越中守
江戸御同列樣

猶々不同之時氣ニ御座候間折角御保養可被成候小生共無事ニ相勤罷
在候間乍憚御安意可被下候以上

上包
稻葉美濃守樣
稻葉兵部大輔樣
松平越中守
板倉伊賀守

裏書　八月晦日發ス

有栖川御縁組一條

肅展御紙上之趣逐一敬承總而被仰越候通にて聊異存無之候出雲者一日も早き方宜御座候總並引上之義も拙ゟも疾京都ヘ伺上置候間御含迄申上候

一水戸様御妹様御姫様御先方覺違大閉口一言も無之候近來拙健忘益甚敷相成候義者自ら能承知仕居候得共右御縁組之義者大丈婦間違無之積にて口廣く申上候處ヤッパリ間違扨々歎息慙愧ニたへず右之仕合故已來共拙申上候事ハ容易御當ニ不被成候様くれ〳〵相願候右乍大略御再答如此候頓首

十月八日

尙々折角御加餐專一奉存候俗事御廻之もの憷ニ接手閲了防州ヘ順達可仕候已上

三白京師狀謹而奉完璧候

御返答　　壹　岐ゟ

別　啓

別啓水府御縁組之義引合候御家來尊館ゟ差出候樣被仰越候得共是迄水府人拙宅ゟ參候事夫のミニ不限一切無之右者戸田與左衞門御取次にて拙ゟ被仰聞候事ニ候間與左衞門を差出可申候間左樣御承知可被下候頓首

十月八日

別　啓

封皮（付箋有栖川殿御縁組一條）　江戸ニテ往復ノ書自筆

稲葉美濃守樣　御再答　　小笠原壹岐守

○第六九號二通ノ一
應應三年八月　松平三河守內願書幷勘定奉行等評議書　別紙付（共十一枚

松平三河守內意二　　美　濃　守

拙者御預所美作國大庭郡西々條郡東北條郡村々之儀は山陰山陽之堺ニ跨

四面高山嶮岨相連候瘠地ニ而雪者十月初ゟ降始メ翌春三月末迄消兼夏は陰冷霖雨勝ニ而暑氣薄諸作生立不宜百姓共耕耨ニ紛骨致候而も夫丈ヶ之取實無之實ニ可憐儀ニ御座候其上御料私領犬牙錯綜致居山間固陋之風習ニて僅之境堺等及爭論無益之入用相懸終ニは　公邊奉掛御苦勞候儀ニ至り候も間々有之候故前々ゟ牧養教導種々心を盡し候得共土地柄且小分之高ニ付御取箇辻も相增兼甚痛心仕候乍併手廣ニ致支配候ハヽ封疆廣寛之中ニ而融通付方見込も御座候而先々代越後守在職中ゟ御預所御增加之儀再三再四願書差出置申候然處近來御時勢一變先頃中浮浪之者共近隣ゟ立越及亂妨候節も御預所中固深林幽谷不少若潜伏致候も難計探索方手を盡し無事相濟候得共其後之締方日夜憂念苦慮仕候處何分城下ゟ一里も不滿場所既ニ他支配ニ屬し居候樣なる入組ニ而取締立方實以無御座諸事差支而已ニ候間先差向城下近傍無據場所丈ヶ成共當分御預ヶ被　仰付度奉願候處再應難被及御沙汰旨御差圖有之押而相願候も恐入差控罷在猶篤と差

考候處何分京都程近之國柄第一御守衛筋嚴重整居不申候而は不相成殊ニ追々兵庫開港ニも相成候ハヽ、猶更御締向一際嚴整且攻禦之術等夫々所置致度候得共前條之通他領交錯ニ而者迚も術計施方差支計策難相立無餘儀前願再請之外更ニ詮方無之伏而奉懇願候何卒兼々申上候城下近邊緊要之村々丈ヶ差向年限を以成共御預被下候樣仕度左候得は御守衛向は不及申先々ゟ見込之趣を以精々盡力教養專一ニ國本を愛育致し耕耘は勿論餘力ニは產物等潤澤ニ精造爲致聊たり共御國益無油斷取調可申殊ニ山家之事故獵師共相應ニ有之右之者共世業之餘暇手當差遣銃隊筋教諭爲致置候ハヽ何か之一助ニ相成公私兩得之儀も可有之萬一不虞之節は速ニ人數繰出急度御警衛勵精可仕候間別紙村々丈ヶ御代官御入替等之節御繰合を以拙者ニ御預被下度尤此節柄毛頭自利を量り候志念ニ無之ニ付外御預所同樣口米銀所務不仕候而不苦全　京都御守衛筋幷御國益專務ニ微力を竭し申度且は先々代以來之遺志繼述細民安撫致度と存詰候赤心ゟ相發し難默止

候誠意情實深御垂憐被下再三奉願不顧恐段は幾重ニも御寛容被下出格之
御憐恕を以前條願之通被　仰出候樣宜御評議被下度只管奉歎願候以上
八月三日　　　　　　　　　　　　　　　松平三河守
下紙　書面別紙共一覽仕候處在來御預所美作國村々之儀山陰薄地之土
地柄ニ而其上御預所高少く御料私領入交取扱方見込通行屆兼其餘御警
衛筋之儀ニ付品々難澁之趣を以增御預所被　仰付候樣仕度左候、得は外
御預所同樣口米銀所務不仕候而不苦と之趣ニ候得共右は是迄も同樣之
儀相願候ニ付其時々評議仕申上候通難被及御沙汰旨被仰渡候儀ニ而素
ゟ願ニ寄增御預所等可被　仰付筋ニ無之外響ニも相成候間書面之趣は
難被及御沙汰旨松平三河守ニ被仰渡可然奉存候
卯十一月　　　　　　　　　　　小栗上野介
　　　　　　　　　　　　　　　織田和泉守
　　　　　　　　　　　　　　　小野友五郎

佐藤清五郎
御勘定方

○第六九號二通ノ二

美作國御料所村々書抜　松平三河守御預所

櫻井久之助様支配所

美作國西北條郡

寺和田村
香々美上分
年信村
百々谷村之分
井村分
同斷
一合高千三百拾五石余

寺ヶ谷分
眞經村
大町村
岩屋村
越畑村
〆
同國東北郡條
塔中村
宇野村

西黒木村
倉見村
一合高貳千七百四拾七石余
知和村
河井村
阿波村
物見村
同國勝北郡
近藤村
下町川村
荒内西村
北野村東分

同村西分
是宗村
一合高五千七百貳拾貳石余
上町川村（津山分郷）
廣戸村之内
奥津川分
同斷
大岩分
同斷
草屋分
同斷
市場分
新野山形村

〆

横田新之丞樣支配所

美作國勝北郡

關東村

同村之内

前ヶ谷村

馬桑村

梶並中谷村

同村之内

眞殿村

石手村

梶並東谷上村上分

同村下分

梶並東谷下村

久常村

行方村

成松村

梶並西谷村之内

小坂村

同断

楮村

同断

皆木村

高圓村

高殿村

荒内東村

柿　　　村
中島村西分
一合高壹萬三千五拾五石余
同村東方
澤　東　村
同　西　村
廣　岡　村
宮　內　村
西　原　村
下野田村
余　野　村
小　畑　村
美　野　村

石　生　村 海內分鄉
矢　田　村
豊久田村
同村八日市分
同村上分
同村杉原分
植月北村
上香山村
曾　井　村
久　賀　村
同國吉野郡
江ノ原村
後　山　村

今岡村
笹岡村
下ノ庄村 明石分郷
壬生村
川戸村
澤田村
五明村
一合高五千五百五拾石余
豆田村
山手村
田殿村之内
一色村
同断

廣山分
同断
四ノ谷分
馬形村 津山分郷
栗井中村
宗掛村
小ノ谷村
大聖寺村
〆
龍野御預所之内
美作國英田郡
土居村
一合高千七百貳拾壹石余

竹田村
上福原村
猶原下村
〆
同國勝南郡
棚原村
下谷村
一合高六百七拾貳石余
連石村
羽仁村
鳥淵村

〆
同國久米南條郡
藤原村
久木村
一合高千四拾七石余
小瀬村
大戸上村
同下村
押淵村
〆
惣合高三萬千八百貳拾九石余

第九九號ノ一
○慶應三年九月六日
植村出羽守 九鬼長門守 大炊頭舎弟 水野値賀之助

鳥井丹波守　同　弟

卯九月六日

第八七號ノ二
○慶應三年九月カ

文中外國之事件方今之形勢攘夷論策は更ニ主張すへきニあらす只々後來之　御處置振彼等の術中ニ陷入不申樣ニ而已當今之御急務文武を更張し給ひ彼之長を取り御實備被爲立世界一等之强國外國を壓倒せられ候程之御偉業こそ冀望仕のミ貨幣之論乍恐紙幣《マヽ》被令候よし右等より一等可然哉此一通御評論諸吏ニ御下ケ被遊候而貨幣之御施行如何可否御詰問可被遊事哉奉存候微臣謹白

九月

板倉閣老自筆

此間申上候儀磯部寛五郎差上度との報國小言ニ御座候謹上

イ八十七號
○慶應三年九月十日　井上備後守建白書三通　旗本一般物成半高上納云々

心附候儀内建白　井上備後守

昨廿六日被　仰出候御沙汰之趣誠ニ以奉恐入何共可奉申上樣無御座奉謹承候就而篤と熟考仕候處諸御役人之向ハ素より御直ニ被仰諭候迄も無之相辨罷在候筈之處蒙御懇諭候事故具ニ領掌仕聊不平不足等相唱候者ハ曾而有之間敷且組支配之面々ゟハ頭々支配々々ゟ御主意之次第何樣ニも貫徹仕候樣可申諭ハ勿論ニ付更ニ異論ハ無之候得共從來三千石以上之寄合等之面々ゟは若年寄ゟ自諭無之候半而ハ必す徹底仕間敷尤肝煎へ御達しハ一同と俱ニ御座候へ共中々以肝煎抔より惣體之寄合へ遺漏無之逐一に御沙汰之趣演舌ハ行屆申間敷其上肝煎之儀ハ寄合之進退迄仕候勤向ニも有之間敷尋常之扱ひ迄之事故說諭之權ハ有之間敷哉と奉存候間乍恐早々若年寄ゟ懇諭御座候方御爲ニも可相成哉と奉存候其故ハ寄合衆之內ニハ萬石以上同樣却而近來御取建之諸大名抔ゟ譜代恩顧之ものも多く夫而已ニ無之其家々々之主人よりも家柄勝れ候者も有之哉之者も御座候由然る處半高差上候樣相成候へハ數多之家來扶助難行屆抔与申事を鳴し不得止

暇差遣候次第ニ至り候向ハ數輩之浪人出來仕候事故主人々々ハ兎も角も家來共動搖いたし自然集合仕御手前樣方御登　城掛ヶ亦ハ御宅ニ愁訴仕候樣之次第ニ至る間敷ものニも無之然る時ハ　御威光ニも相係り御失躰至極之事故何卒右躰之儀無之すら〳〵御主意からニ恐服仕候樣致し度ものと乍憚奉存候間右等之邊再三再四御賢考被爲盡早々御沙汰御座候樣仕度此儀心附深く心痛仕候間御役外不入事与思召之程ハ難測御座候得共何分　御爲筋ニ拘り候事故難默止奉申上候誠恐謹言

九月廿七日　井上備後守

內建白書　井上備後守

今般被仰出候御主意之儀に付心附候廉々認取此程永井肥前守迄差出置候處猶亦左ニ奉申上候

一萬石以下御旗本之面々ニ物成半高上納被仰付候上者交替寄合之儀ハ如

何御沙汰御座候哉既ニ表高家ニハ上納被仰付候程ニ付而ハ交代寄合も粗同様ニ而可然又寄合之内ハ勿論三千石以下之内ニも外様同様之家柄も有之哉ニ承り旁以一事両様ニ相成候而ハ眞之公平与も難申第一御譜代大名之歴々之衆ニ今般之御沙汰無之候は是亦不公平千萬与乍恐奉存候もし御譜代衆其儘被差置候様ニ而ハ　御譜代之御親ミを被爲失候姿ニ付若赤心之衆有之節ハ其者之身ニ取候而ハ如何計か御沙汰ニ洩レ候を残念可奉存哉其故ハ纔貳百石三百石頂戴之旗本之面々すら半分上納被仰付候程不被爲得止御場合ニ被爲至何故御譜代之我々を斯迄御隔心他人ニ可被思召哉最早向後御譜代与ハ不奉存扨々御情さ《なカ》き思召哉抔と可存取者無之与も難申左すれハ　神祖以來格別御親ミ厚き御家來を御失ひ被遊候義ニ而甚以　御爲不可然事と被存候一體今般之如き被仰出實以不容易未曾有之御沙汰ニ付旗下一同之内ニハ愕然と仕候ものも有之哉ニ相聞候程之事故先第壹番ニ御譜代衆へ半分ニ無之共三分一ニ而

も四ヶ一ニ而も或ハ兵卒ニ而千石ニ付何人と歟御定メ其邊ハ銘々之心得も可有之事ニ付家々之存寄ニ御任相成いつれニもかゝる御場合厚く斟酌いたし御奉公相勤候樣被仰出候方一體之御主意條理も相立御至當と奉存候眞ニ忠士ハ實以難有奉存及候丈ヶハ上納可仕兵卒も可差出義と被存候尤中ニハ更ニ相拒ミ候族も可有之も難測候得共拒ミ候者ハ其者限之心得違ニ付先夫迄と被差置候而も强而御不都合ハ有之間敷と存候間聊無御斟酌早々被仰出候樣御確定相成可然奉存候右之通之義被仰出候上彼是差拒不伏之衆有之候ハヽ家々ニ罷越說得仕候而も敢而御非分と申義ハ有之間敷御時勢今日之如き《マヽ》相成候上實以此度こそ所謂百年めとも可申御大事之御場合能々御思慮被爲在早々被仰出候樣仕度此段存付候儘不殘心底奉申上候誠恐々々頓首拜《マヽ》再

十月二日

井上備後守

内建白書

井上備後守

本文奉申上候廉々御採用ニも相成候儀ニ候上ハ被仰出前ニ御手前様方始若年寄夫々御物成高之内何程ニ而も亦ハ兵卒ニ而も御都合次第可成丈ヶ御歩合厚く御上納御願相成早速被仰出引續御譜代外様共被仰出候樣仕度奉存候此儀何共差出ヶ間敷奉恐縮候申上ニハ候ヘ共御爲ニハ難換奉存候間奉申上候篤と御賢評被盡候上一刻も早く被仰出候樣仕度奉存候恐々謹言

十月　井上備後守

上包以上三通同封

上　井上備後守

イ五十六號

○慶應三年十月九日　容堂大政奉還の件獻白ニ付在京閣老書簡

原書代筆ニ似タリ

以内狀得貴意候寒冷之節御座候得共先以　上樣益御機嫌能被成御座奉恐悅候次ニ貴所樣方愈御安健被成御奉職奉賀候然は此地當今之形勢は實ニ不容易甚以切迫闕下暴動之兆有之之一同大心配夫々御廟議御手段等有之候

右は此節松平容堂當今之形勢憂苦重臣後藤象次《マヽ》郎と申者國許ゟ差越別紙寫之通建白書差出猶口上を以申立候は當今甚以切迫之御場合此御成行ニ而御打過相成候ハヽ如何成危亂可引起も難計候故種々苦慮致候處國體御一變王制復古相成候ハヽ御名儀を以て渙散致候人心も相纏り隨而國內平治可仕乍去此外良算も有之候ハヽ强而は不申上候得共容堂見込ニ而は右之外は有之間敷存付候故皇國之御爲御當家之御爲と存候誠心泣血申上候旨ニ御座候　上樣御考ニ而も當節之御成行ニ而御打過相成候而は實ニ御心配片時も不被爲休何レとか御廟算無之而は相成間敷候得共王制復古は正大至公之道理ニ而名義おゐて甚明ニ候得共實行之御設施上に於て何分見据無之乍去即今何ニとか御良算有之人心御取纏無之而は蟻集之浮浪は勿論藩士ニも囂々不穩本國寺ニ罷在候水人も右輩ニ同志之者有之一日罷歸ニ付本國寺ニ而及責問候處此者等攘夷を名と致し衆庶を皷動致候間只管攘夷而已と存同志罷在候處別紙之通之次第ニ而幕府を奉斃大惡奸謀ニ

驚愕不快ニ託し黨中を脱候旨及白狀實ニ奸惡絶言語候次第先頃中より追々捕押候者有之其輩之申口ニ而は先ッ京師を放火亂妨要地へ楯籠義兵を揚ヶ候奸計有之は無相違趣之處召捕者より陰謀追々露顯致候故哉惡徒之策も遷延致居候右等は浮浪而已ニ無之共本は大藩の鼓動も有之長州人も尤關係いたし居先頃長人家老其外御呼出之處國論も區々ニ而御呼出ニ不應模樣之處末家吉川は不快ニ而上坂致兼候得共家老壹人近々上坂可致御請書さし出し申候右上坂之内情を探索致候處兼而寛大之御沙汰ニは候得共決而長防士民感戴いたし候樣之御裁斷ニは相成間敷其節は難願强訴之紛擾相生し隨而藩士浮浪互ニ蜂起品々名義唱へ國家之危亂眼前差起候も難計切迫憂慮不堪痛心去とて此儀ニ而一朝兵革相起候上は實ニ如何共不可爲候ニ付種々御熟考日々夜々御苦慮被爲在誠以恐入候次第ニ御座候當地即今切迫之形勢大要如此委細は新見相模奇捷丸ニ而東下被仰付可及演說候得共不取敢先此段申進候以上

十月九日　　伊賀守
越中守印

尙々本文容堂建白之儀實ニ不容易大事件ニ付群諸侯幷有名藩士之衆議をも御聽入ニ相成候上事實至當之御處置可被遊候積御評決相成候間此段も爲念申進候以上

上包
稻葉美濃守樣　　松平越中守
稻葉兵部大輔樣　　板倉伊賀守

裏　印(板倉封印也)
十月九日發
同十四日達

イ五十五號
原本板倉自筆
○慶應三年十月十日　在京閣老書簡二通

以內狀申進候逐日霜氣相增候處　公方樣益御機嫌能被遊御座御同意恐悅至極奉存候然は秋月右京亮之儀過便云々被仰下候趣ハ全く坂地諸家來之僞策略ニ候伊賀より如書面相答候儀は無之候此程同家々來參り候間伊賀

より嚴敷申聞候處恐縮之景氣ニ而尚又今朝同家々來黒水鷲郎用人之由と申も
の伊賀方へ參り申聞候には立花出雲守へ退役內願書差出置候間同人ヲ以
內願之趣御取用難相成と御達御座候得は右ニ而家中も折合出勤にも相成
候旨申聞候故急度出勤相成候哉と押而相尋候處必出勤爲致候旨相答候間
內願書御差戻早々出勤候樣御達可被成候右樣被成候而又々彼是申聞候ハ
ゝ嚴敷御達可被成當地にても鷲郎を尚又嚴敷叱り付可申候此段匆々得御
意候以上

十月十日

伊賀守

越中守 印

江府御同列中樣

再白各樣彌御安康御奉職奉賀候尚隨時折角御自愛可被成候早々已上
三白伊與殿不參故除名致候也

十月二日御用狀相達拜讀致候
一水戸殿御姫樣嘉陽宮へ御緣組ニ付而は矢張
公方樣御養女ニ被遊候而御緣組之儀ニ御座候間左樣御承知可被成候
一堀錠之助之儀云々被仰下承知致候
一出雲舊地戻之儀等先便申進と行違相成候事と存候
此段貴答迄匆々已上

京　兩　人印

江府御同列中樣

再白糟屋筑後之儀相伺候處先ッ御見合余人御伺被成候樣被　仰出候
已上

上包以上二通合封
稲葉美濃守樣
稲葉兵部大輔樣　御直展

松平越中守
板倉伊賀守

裏
十月十日認　　同十六日達

イ五十三號

○慶應三年十月十二日　大政奉還英斷ニ付在京閣老急激幷御直諭

原書板倉自筆

急飛を以申進候先以　上樣益御機嫌能被遊御座奉恐悅候隨而各位彌御安健被成御奉職抃賀仕候扨昨今當地切迫之形勢は過便も申進猶新見相模に篤と申含東下被　仰付候間同人著府之上は巨細御承知可被成と存候就而は　上樣ニも日夜御痛心當地詰合之兵隊を初め在京御家之人數配り御警衞向等夫々取調被仰付候得共猶先年以來内外之御混雜をも御熟慮被遊候處是迄之御成行ニ而は實ニ御見据も不被爲在國家之危亂今日ニ差迫り候付再四御熟慮被遊候處謙讓之御誠心を以天下之人心御維持被遊候外無之と之思召ニ而大御英斷を以て二百年來之御政途御變革被遊候積別紙寫之通明十三日二條　御城へ在京之大名幷國事ニ携り候重臣等被爲召廣く見込之處御下問相成候事ニ御決定誠ニ以恐入候次第何共申上樣も無之右は實ニ國家之御大事ニ付御役人向種々心附之儀申上候者も御座候得共當時之世態只一片之御誠心之外無之と之御見据ニ而誠以恐入感泣之至右之御

誠意御立貫ニ相成候ハヽ道理ニ於而は人心ある者悦服不仕者有之間敷此上は只管御誠意を遵奉仕り愈以海陸二軍眞之御實備ニ相成候様御同様初御役人末々迄猶更偏ニ誠實を以勉勤可仕事ニ候猶　上様恐入候思召之處は御目付ゟ被仰含東下被　仰付候思召ニ御座候得共右而已ニ而は御趣意貫徹致兼候儀も可有之間御同列中ニ而御壹人若年寄壹兩人其他海陸幷御勝手役々等も壹兩人ッヽ上京仕候様被　仰出候間被仰談早々役人とも一同御上京可被成候以上

十月十二日夜

伊賀守印

越中守

江戸御同列様

尚々本文之趣若年寄幷大小御目付其外役々ゟも篤と可被仰聞候呉々早々御上京有之候様存上候以上

三白本文之趣實ニ重大御事件殊ニ當節柄之形勢ニ付御軍艦ニ而早々一

同上

同御上京有之候樣　御沙汰御座候以上

副啓

内狀之通御書取明十三日諸侯へも御渡相成候ハヽ、定而速ニ各國公使手ニも入ハークス抔ハ御書取之通りニ候得は今日よりは　大君とは難申抔兼而之宿論主張いたし申立候儀も可有之歟尤　上樣ニは御決心ニ被爲在候得共諸侯へ御尋　朝廷へ御伺中ニ候得は今日より已ニ如此と申ニは無之候得共追而は自然　朝廷ニ而條約御取結之御運ひニ可相成左候而は御權は墮候樣ニ候得共萬國公法を以て律し候而聊無所愧との思召ニ御座候間佛翁申出候共同樣之御趣意を以御答可被成候樣御沙汰ニ御座候以上

十三日夜十字半　伊賀守

越中守

江戸御同列中樣

我皇國時運之沿革を觀るに昔　王綱紐を解て相家權を執り保平之亂政權武門に移てより我祖宗に至り更ニ寵眷を蒙り二百餘年子孫相受我其職を奉すと雖も政刑當を失ふ不少今日之形勢に至候も畢意薄德之所致不堪慚懼候況ャ當今外國之交際盛に開くるニより愈　朝權一途ニ不出候而は皇國難立候間從來之舊習を改め政權を　朝廷に歸し廣く天下之議を盡し聖斷を仰き同心協力共ニ　皇國を保護せは必海外萬國と可竝立我か國家に所盡之誠意爰に止り候乍去猶見込之儀も有之候ハヽ聊忌諱を不憚可申聞候

十月

上包以上三通合封

稲葉美濃守樣　　松平越中守

稲葉兵部大輔樣　御直展　　板倉伊賀守

裏

十月十二日夜第一字　發

原書自筆

書狀中日附誤十三日と認候事

イ六十四號
○慶應三年十月十二日　松平縫殿頭外國總裁の命を辭する陳情書

肅呈仕候然者一昨鳥は外國總裁奉蒙　御内命難有仕合奉存候其砌御一同樣ゟ申上候通拙家近年甚不如意今日之處ニも勤續難相成場合ニ御座候間御内命一應拙家老臣共ゟも申聞其上ニ而御請改而奉申上候心得ニ御座候而即夕歸宅後右談可申心得ニ而呼出候處未片言を交へさる前彼懷中ゟ一通の歎願書取出申聞候ニは此程ゟ屢々申上候通何分御勝手必至ニ差支相成殆致方無之因之一同申談愈奉願書候間恐入候得共篤と御賢考被成下候樣一同稽首仕候次第中々　御内命相達候詮義ニ無之殆當惑仕候因而先申聞候ニ本ゟ近年の場合ニ而ハ迚も永く勤續候見据は申迄も無之目的無之義なから兼而陸軍の義最初ゟ傳習仕上候迄相勤候御約束の心得故其レ迄は如何樣ニも差繰凌き勤續候心組せめて此上二年も經日月候ハヽ右も何とか方付可申夫迄は何分御免も相願かたし乍去實ニ追々借財相增經濟難

立ハ勿論痛心いたし居候事ニ而當此時誠恐入候義と申聞候處傳習御成功期限迄御勤上の義ハ本ゟ一統も奉願上候義ニは御座候得共右期限の義も何分期豫成かたく其期ニ至猶御整無之節ハ被成方も無之義且右期限迄とこてハ無之現在今日の處御凌難付御仕法相立候ニもセキを不閉流水の一夕の餘滴ヲ以源ヲ增ニ等しく迚も不可能義已ニ右邊をも心配在所郡奉行已退役願書差出候樣の義人心迚も當御役勉續ニ而ハ協力同心無覺束且當御役奉辭候迚奉報　御恩道無之義ニ而も無御座候間何卒伏而御賢慮奉願候抔頑論罷在何分當惑仕候次第乍去一昨烏の　御内命不申聞譯ニも不相成候間逐一相話洩候而宜丈の處ハ申聞候處一同愕然の樣子ひたすら平伏稽首仕候而已片言の答無御座只長吁一聲言盡申候乍然拙者心得者是迄格別ニ蒙御拔擢家の面目身の榮貴不肖御寵遇被成下候　御鴻恩如山如海御座候間身在んかきりハ奉報　御恩へき微衷本ゟ何御役ニ而も右ヲ彼此申上候義ハ無之唯　御命令の儘如何樣の義ニ而も相勤可申候併外國の義ハ

實ニ不容易義ニ而一事謬候得者一國の御安危ニも關候義引出候義故陸軍すら不行届ニ而屢々恐入候義御座候是迄の處故況前文重大之任迚も相省候而ハ御請難仕義乍去方今の處一八勤ニも無之故筆頭の驥尾ニ付相勤候事ニ候ハヽ御請も可仕臨此後病氣等ニ而筆頭退役願萬々一差出候樣之儀候而も右御取上相成候樣ニ而ハ迚も拙生抔の可相勤任ニ無御座候故恐入候得共此度の御內命御斷申上候ゟ外致方無御座候いつれニも出勤仕候上は外國局の義取扱候邊の　御內命ニ付而ハ一日も早跡役被仰付候樣仕度因而種々思案仕候處別紙之通ニは認候得共第二筆豐前之方身強壯ニも有軍之事の義所能ニ而且年も弱冠猶多不越故傳習も自身仕候事出來可申候間同人ニ至急ニ被仰付候樣奉願度今日ニも御一同樣御相談明日ニも三日きりニ而京地に被仰上候樣仕度相願候扱拙生內事困難之義も實ニ一己ニ取候而ハ不容易候〔マヽ〕痛心ニ候間愚臣とも壓付置候譯ニは不相成候間徐々と相和說諭再應も再々應も激劑又は補○（本紙餘白盡キタルヲ以テ第二紙ニ連續セルナラン）

第　二

○藥を以療治可仕心得併内患も甚しき事ニ而昨年ニ亘リ三萬程借財出來仕候義實ニ恐臣の當惑も謂無之義ニハ無御座誠痛心仕候爾來公私の心配ニ而心神不穩寢食不安候處此度擧而退役歎願仕候義ニ立至リ且又不奉存寄蒙　御内命候義等心痛輻輳實昨日ゟ甚體氣不常此頃中快候持病相萠兩足痲痺眩暈甚しく胸膈否塞留飲相出打臥居リ候仕合御憐察可被下候先者右之段一昨烏の御請旁申上度如斯御座候以上

十月十二日　　縫殿頭

美濃守樣

周防守樣

兵部大輔樣

別紙　此二通此儘若京地ゟ御差立の樣の義候而ハ心配仕候間御含可被下候

別紙

老中格陸軍總裁被　仰付

立花出雲守

同日舊地戻シ被成下候樣仕度

此御所置ニ相成候ハヽ人意の表ニ出是非の論生申間敷存外治り可申哉と存候且同人ニ候ハヽ事も成り可申陸軍は眞の武官膚ニ而しかも書生の固り候故動もスレハ奇拔の擧動ヲ仕出しはつみ勝ちと申樣の氣合故上ゟ立候ニは同人必宜ヲ得可申耶と存候陸軍局人心の歸向は十分ニは有之間敷乍去背は不仕候

老中格前同斷

松平豐前守

人物宜候得共拙同樣洋習家故下のはやり候氣合ヲ抑へ候處ハ十分ニ參り申間敷歟其他は論候處無之被仰付至當の人物と存候猶官途の事ニ不熟樣

ニは候得共陸軍丈の義ニ而ハ左迄の事も無之故被仰付候ハヽ却而早く相慣候邊ニも可相成且當人武官膚ニ而所能の道故眞實ニ相居可申被仰付至極可然存候尤陸軍局人心の歸向ヲ論候ハヽ半ハニ有之へく候

老中格前同斷

石川若狹守

天禀才氣者隨分有之候方ニ候學問ハ一向無之右故筆は達者ニ無之しかし才氣有之故早く世味ヲ諳候氣味十分有之右場合ゟ少々不朴實風有之乍去大名中ニは人物と可申もの前文之通被仰付候ハヽ陸軍局の氣合可不可なくと存候しかし背候樣の義ハ無之候一躰の人物ハ陸軍當局ニは無之拙考ニハ是等之人何ニ遣宜や不相分候一躰は右之通ニ可評候得共當時職務格別之骨折居候故被仰付候而も隨分可然耶强難論　以上三通合封外ニ別紙一葉

イ七十八號

○慶應三年　月日未詳　十月十四日頃カ

愚存書草案

稻葉美濃守意見自筆草稿

此度當地限評決仕申上候第一策御旗下之兵隊急速上京被仰付彼ゟ兵端を開候樣御促し機ニ乘し闕下御掃淨之上續而薩土長藝其外共抗命之諸藩ハ巢窟迄も御覆し之御大擧」第二策王政復古之空論御建白置ニ而關東鎭撫ニ御托し一先　御東下等之論」何れも一通り條理上ニ而ハ愈快至極ニ相聞ヘ候得共事實ニ取候而ハ共ニ可被行義共不奉存其故ハ當今之人情一致不仕候上加之ニ海陸共御軍備御充實とハ難申御勝手ハ大御切迫之趣此時此兵を以抗命諸藩御壓倒ハ萬々見居無御座諸藩ハ御譜代大名ニ而も不殘御賴ニ不相成ハ申上候迄も無之左候ハヽ旗下忠憤之士而已如何程相働候而も空亂階を讓し候而已　國家之御爲聊御益ハ有之間敷と奉存候」又突然御東下と申候而も只今迄御滯京被爲在候ニ此大御變革之時ニ當り關東御鎭撫御東下被遊候而ハ公事を後ニして私事を先ニする譏りも御受可被遊哉ニ奉存候就而ハ前文拙策等之外ニ何れ深遠之　御大策被爲在候義とハ恐察仕候得共又々万一　御參考之一ニも可被爲成やと一存之愚意奉申上候已

ニ去ル十三日此度之　上意書諸藩へ御示しニ相成候上ハ御請申上次第何れ御趣意之趣御奏　聞ニ可相成御採用ニ相成候ハヽ其日ゟ公家武家外藩親藩等之名義御廢し銘々封邑ハ是迄之通りニ而何れも王臣ニ相成京師大御造營御普請等有之候節諸國高割國役ニ被　仰付候ハヽ御差支も有之間敷乍恐　上ニハ攝政關白御兼任日々　御參内被遊只今迄之公家ニ而も大名ニ而も衆議之上御人撰ニ而國事懸り被　仰付尤下議事院ニハ商民ニ而も人物相撰議事役相立候も可然歟右樣之場ニ立至り候ハヽ當今京地御離れハ相不成勢ニ御座候得ハ江都表ハ諸大名役々共不殘引拂　御城ハ御城代持ニ被　仰付大坂同樣之姿ニ被遊候ハヽ可然且狹少之平安城へ江都御旗本御家人等不殘移住致候ハヽ市中ハ勿論近在迄も充滿致自然浮浪脫藩之激徒足を入るヽ之地も無之樣ニ可相成と奉存候尤外國御定約ハ御結替ニ不及只御當處ハ太政官之御印御用ニ不相成候ハヽ而者御不都合と奉存候右等之件々御願被遊候而も　朝廷ニ而御聽濟不相成候ハヽ其上ハ最早被

遊方無御座候由ニ而　御東下御願若　勅許無之候ハヽ　御辭職ニ而も被
仰上置ニても斷然　御出帆關東ニ而重而之　勅命御待被遊候ゟ外有之間
敷呉々も　朝廷へハ御恭順之道被爲盡候樣仕度乍去前條之次第も自然御
不決ニ而空歲月を重候而ハ御勝手向御取續之程實ニ心配仕候間結局御東
下又ハ一旦諸向京住と之二樣　御英斷之外有之間敷と奉存候

原本越中守自筆

イ五十二號

○慶應三年十月十六日　還政奏聞勅許ニ付京閣ゟ要報

以內狀啓上致し候寒冷之節御座候得共先以　上樣益御機嫌能被遊御座
御同意恐悅奉存候二各樣方愈御清祥被成御奉職奉賀候然者過便申進候
通御國體之儀ニ付思召之御趣意御奏聞相成候處昨十五日　御參內被爲
在表狀を以申進候通於　朝廷御聞屆相成候趣諸役人へ御達相成候ハヽ
必定議論沸騰或ハ激動或ハ解體致候者も可有之此處甚御心配被遊御直
書をも被下候間右之御趣意篤と御了得被成過便ニも申進候當今內外之
形勢を御熟察之上　皇國之御爲御至誠之御赤心ニ而被仰立候儀ニ付誠

ニ以恐入候御趣意之程且又是迄之御體裁も有之處一時ニ御大變革被遊候付驚愕之處ゟ當節時勢之切迫より被　仰立候なとヽ輕易ニ相心得一己之私心を立候様之者有之候而は御趣意ニ相悖り愈以恐入候儀ニ付上様ニも夫是之儀御心配被遊御供役々ヘ　御直諭も被遊候程之儀ニ御座候間呉々御誠意貫徹致候様役々ヘ　御説諭可被成候尤　上様思召は前書之通只　皇國之爲め御誠意を被爲盡候御儀ニ而臣子之身ニ於而は實以恐入感泣之至人心有之者は必感激奮發勉勵愈以御實力相立候様銘々可存込儀ニ御座候得共當世之人情御趣意取違ひ落膽いたし候者無之共難申候間此上は御旗本御家人之面々實ニ御奉公可仕期と相心得十二分奮發可致様是又御教諭可被成候委細は原彌十郎へ被　仰含歸府被仰付候間同人よりも御聞取可被成候

本文之儀ニ付御辯解猶此上御依頼

一前文之儀御奏聞ニ相成候節英佛公使等より申出候ハヽ御伺中之趣を以先御答置可被成様申進候處已ニ　朝廷ニ而御聞濟相成候上は御決定之

被遊候爲之佛翁に之御直書可被下之處今便ハ御廻ニ相成不申候兩三日中被遣候思召ニ御座候

處を以佛翁に之御直書之御趣意ニ基付御答可被成候　御政權は御返上被遊候得共　大將軍は空名なから御返上ニ不相成候間外國引合之御稱號は矢張　公方樣也　大君ニ而御差支は有之間敷存候得共猶御評議可被成候

一今般之御次第ニ付而は塚原但馬英行平山圖書朝鮮行之儀共公論一定迄之處出船先見合置候方と存候

一前書之御次第各國公使より必本國にも御運ひニ相成民部公子を初御陪從之者幷栗本安藝等新聞紙のみニ而承知相成候樣ニ而は御不都合故メール便早速公子初へ御運ひニ相成候樣御取計可被成候

一今般御軍役金半高上納被　仰出候付而は最前評決之趣ニ而は右は全ク海陸兩軍之御入用ニ御充相成候事故別段倉庫取設不勤之者より年番相立出納取扱候積り之處先日半高上納被　仰出候節右之儀は不被仰越如何之模樣ニ相成居候哉否可被仰越候

一水府筑波黨之内諸家へ御預ケ相成居候者病死も多人數有之候得共猶六百人程存在致居此儘永々打過候ハヽ終ニ死盡可仕誠ニ愍然之至而已ならす何レも屈強之者之由ニ相聞候間歩兵隊之見合を以御手當被下御組立ニ相成候ハヽ一廉之御用相勤可申殊ニ右八種中組役ニ可相成程之者も有之候由旁相應之御手當被下御抱也御雇也ニ相成當節之御場合早々兵隊ニ御取建之思召ニ被爲在候委細は彌十郎へ被仰含歸府致候間急々御取計可相成候先は右申進度早々如斯御座候以上

十月十六日

伊　賀　守印

越　中　守印

江戸御同列中樣

○慶應三年十月十八日　松平縫殿頭見込書（共九枚）
イ九十號

病夫譫語

縫殿殿頭見込書十月十九日兵部殿ゟ

原書縫殿頭自筆

初一行ハ別筆ナルヘシ

王制復古之議論尤之様ニも聞候得共速ニ御決定抔と申出候ハ甚如何之次第と存候都而天下の大事次第ニもより候得共速ニ可相成此度之事ニ無之右様切迫申出候ハ不可解義右者先扨置一躰近世之形勢ヲ考候而ハ迚も此儘の御姿ニ而ハ御國御支持も如何之もの哉と心配仕り居候義六百年以來の處御國躰二主之姿無之ニもあらすと存居り候者も不少候間自然時ニ寄り御國政純一ニ無之様存取り候邊ゟ隨而人心も儘二途ニ陷り候次第武家國權掌握一時治世之道相立候ハ道理上ニ無之只武威ヲ以壓置候迄之義と申論も戸毎ニ辨開も難仕候故方今地球之形勢駸々開化ニ向候時ニ而ハ彼我共其道理ヲ相議候様之儀有之且ハ御國中隱謀之輩も不少或ハ西洋諸州ヲ目的と仕候もの共慷慨之餘り速ニ西洋開化之風ヲ御國ニ施度より飜而暴論ヲ相起一時ニ舊習一洗之策ヲ立候もの有之又ハ眞ニ不開宇內之形勢ヲも不存候而不知して賣國頑《マヽ》ヲ爲の輩も御座候得共乍去いつれも名ヲ立候ハ尊王の義ニ出候是も不得止時勢の然らしむる處强而是迄の御制度難

被爲貫御場合も生候義故人心半ハ此ニ至り候てハ御武威御國初之樣ニ而も如此時勢ニは自ら御策も可被爲在義と存候乍去王制と申候而も是迄御國内丈すら平治難相成先轍の樣ニ而ハ迚も外國御交際ヲ全し御國光輝せ候義ハ萬々無覺束候間王制ヲ本と被成候ニも御勘考無御座而ハ不相成と存候就而ハ先各諸侯不殘御呼出被成御眞實ニ御國躰御心配之儀被仰聞候而王家御新政見込御尋被爲在候樣仕度因而ハ紛々論も可生候得共詰り御眞實ゟ出候義ニ候ハヽ誰も御國ヲ憂候邊ゟ言ヲ建居り候事故誰が伺候而も公平義理ニ叶御國御支持可相成道ニ候ハヽ屈服可仕ハ必然之義と存候
王制之義ハ上下院御取立大事小事次第ニも寄り候得共先下院ニ而議決候處ヲ上院ニ而猶議決著相成候上御施行被成候義且州郡の議事院も上下ヲ分御取立相成前御國中惣議事院之下院ニ會計外國曲直裁斷之職ヲ分州郡議事院は上下共同斷の職ヲ分取扱候樣の義其他種々官員入候得共先大本如此之仕法御國政都而右兩所之議ヲ經而然ル後御奏聞決議之事ハ容易ニ

第一附箋

主上も御議論不被爲在候樣之義且右之通王制御施行の上は諸大名私家の兵卒貯置候ニ不及義ニ御制度御定一種新ニ御國之海陸軍御設各地要所ニ屯營を取立置候樣相成則全國守護之兵と仕候義此入用ハ御當家御始諸大名盡く高三分之二ヲ上納右ヲ以入費ニ當て候義諸寺院も同斷其上商税等迄一般御取立是亦右費用ニ差向相成候ハヽ必可也之守護の兵出來可仕右等相成候ニ付而ハ都而御政事簡裕ニ被成四民併合御國益ヲ開候義勝手次第と仕左迄無害無之義ハ何ニ而も御許容相成候而生靈之情ヲ束縛せす都而御國律御一變議事院ヲ以蒼生之言路ヲ不塞御政事寛ニして公明正大ニ被成全國の力ヲ以全國ヲ守全國之財ヲ以全國之費用ニ當テ諺ニ曰天下は一人の天下ニあらす天下萬民之天下と申如く相成候ハヽ誰有て政ヲ專ニし國ヲ私する抔の言ヲ出候ものハ有之間敷一躰近世之人情竊ニ盜レ名テ私レ國せんと企候もの多痛歎之至りニ御座候本御政事ニ間然之義候と見受候故議論も從而起候義則戸隙生風之譬ニ御座候前文は誠の大凡ニ御座候得

第二附箋

共右之如相成候得者誠ニ王制至當公平の義是等之邊を以猶御熟考兼而御國事御心配之處御打明時勢適當之義諸大名ニ御談御座候ハヽ、誰あつて異義有之間敷是ハ御一人御國ヲ專ニ被爲成候義ニ決而無之御所置故言ヲ容レ候處無之屈服可仕義萬一高ヲ差出候ハ迷惑いたし候樣の風有之踟蹰仕王家全國守護之兵取立候を拒候ものハ則王制建白ニ不似眞ニ御國躰憂候ものニ無之全盜名候國賊故御國中のもの擧而奉　朝廷之命其罪ヲ糺問討罰可然候王制復古之建白も右樣ニ相成候得者至當之義人心モ一致御國力も十倍可仕必眞實ニ國事ヲ憂候者は猶見込御座候義併全國守護兵取立都而の大躰は此ニ止り可申候

一上院議事官十名

　諸大名之內ニ而人撰ニ相成候

一下院同斷　三十名

分職

大名小名無差別人撰ニ相成候

一州郡

上院　　　十　名

分職

大小名之內ニ而人撰

下院　　　三十名

分職

藩士等迄も都而廣人撰相成候

但人撰は都而入札等之義ニいたし私情ヲ行不能之法ニ仕候事

議事も亦同斷

一海陸兩軍士官　則全國守護兵

大小名藩士等迄も廣く人撰强勇ニして志あるものを撰候事

凡右之通猶一院之下數多之官人可有之其外諸司百官等入候得共先凡右之

大躰ニ候事

先年ゟ王制復古之論世間ニ有之當時竊ニ議し候而前文之説ヲ唱候もの御座候よし兼而一覧仕候事御座候今は聢と不覺候得共凡前文之樣ニ存候拙考候ニ王制復古ニ付而ハ名々兵ヲ貯置候樣ニ而ハ王制の詮無之功も無之義前文是等第一皇國一致之策ニ關係王家全國守護之兵無之而ハ誠に方底圓蓋の義不得止時勢ニ付而ハ自然御國躰御一變被成す候ハでハ難相成義ニ候ハヽ王制も大綱令前文之通不相成候ハでハ御國御爲ニ不可然と思出候故認差出候此度の説萬々一御用無之而ハ難相成義ニ相成候ハヽ御當家ニ而ハ上院議事之上位ニ御立被爲在候而終ニ全國守護兵之惣御指揮御心得相成候ハヽ可然と奉存候上院下院等之仕法者兎も角も王制復古ニ付而ハ是非共名々兵卒備置候私權ヲ捨て皇國一致の法を可設候義則前文守護之兵御取立不相成候而ハ實ニ王制も無詮義右拒ミ候樣の義ニ而ハ實ニ國事ヲ憂候ニは無之譯等道理聞へ申候

十月十八日夜書

第一附箋

愚考諸大名被召呼候前藝土州兩人被召王制復古之義時勢ニ取り候而ハ至極尤ニ相聞乍去王制も古之如くニ而ハ今之時ニは亦不被行義も可有之義右ニハ種々勘考も有之候義と存候得共第一王制ハ全國一致之策ニ而就而ハ無論ニ是迄の如名々兵備ヲ貯置候樣ニ而ハ王制も治國ニ無詮のみならす幹弱して枝强之譬ニ候間却而多少之弊ヲ生人心離散今ニ不異義且又王制ハ實ニ全國協力之道同心之基を謀り候王家尊崇之義赤心憂國事候者ゟ出候論感銘之至就而ハ本文之通名々私權ヲ捨高ヲ差出し眞ニ帝國守護之兵ヲ取立又帝國開化之道ヲ立人心ヲ統一シ本ヲ起シ末ヲ定候ハ王制の趣旨大躰此道ニ出べく合力而全國ヲ説可申萬異論有之間敷義如何ト御談ニ候ハヽ彼實情に候ハヽ感銘屈服可仕然ル上諸大名ニ論シ候ハヽ全私權ヲ捨眞の尊王ゟ出候義故皆從事可申八九同心ニ相成候ハ是天以人云ハしむるの道御施行ニ而可然義と存候

第二附箋

愚考三分之一〔二カ〕差出候而も百萬石ニ付而ハ餘三十萬石養口腹之祿有之實ニ方外之餘祿ニ有之一人ニ而國力ヲ右樣ニ私仕候理ニ無之間餘祿何程以上は人才教育之學校或ハ富强之策ニ相成候金銀山其他金屬ヲ開候義諸工作場傳信機鐵車道等之開國候事ニ割合ヲ以入用差出可然右等ニ付而ハ諸藩家來自然祿ニ離レ候ものも出來可仕候得共右者皆全國守護兵隊ニ相成可然

別紙　拜呈然者昨日之大御評議ニ洩遺恨且恐縮之至ニ御座候御席ニは不出候得共末後ニ従罷在を以聊思出候舊事申上へく心得之處昨烏は誠ニ疝痛甚しく氣分差塞り然ルニ重役とも種々の愚論も有之只々惡（一字不明）打臥居漸夜ニ入聊憤然と執筆譫語一葉相綴申候御覽之上不苦候ハヽ此趣意被仰上可被下候以上

十月十八日夜十二字

別て蓐上の執筆故大亂揮御座候

原本板倉自筆

○イ五十四號
慶應三年十月廿日　在京閣老書簡二通

以內狀申進候寒冷彌增候處　公方樣益御機嫌能被遊御座御同意恐悅至極奉存候次ニ各樣彌御安康御奉職珍重奉存候然は佛翁へ之　御直書御返し申候間早々御達可被成候此段匆々得御意候以上

十月廿日　　　　伊賀守

越中守㊞

江府御同列中樣

再白隨時折角御自愛可被成候扨今度之被　仰出ニ付而は嘸々御驚と萬々御察申候何れにも各樣方御初役々上京候樣可被成候御地之處沸騰候而者不相成深御心配被遊候間其邊も御盡力可被成候實ニ臣子之情ニ於而ハ涕泣之外無之候得共實ニ御深意之被爲在候御儀故何分毫端には迚も盡し兼候吳々も御上京ニ而御直ニ御伺被成候樣致度と夫のミ日々相待申候今日も御參　內に而御用向多端何事も重便と申殘候以上

ロセスへ之御書下横文無之候ロセスより三郎へ譯申付候樣御達可被成候各樣方御心得迄ニ御下書御返し申候已上

廿日　　兩人

江府御同列中樣

上包以上二通

稲葉美濃守樣　　松平越中守

稲葉兵部大輔樣　　板倉伊賀守

裏　十月廿四日達

第三四號

○慶應三年十月廿九日　石川主稅舊領民歎願書

口上覺

本月二日頃青山下屋敷ニ罷在候横山戴雪錞三郎實伯父二男を召連野州西方知行所陣屋へ五日夜駕籠ニ而罷越奸古宿村鎌一郎直藏新宿村八郎兵衞古宿村奸謀主四郎兵衞箱森村奸謀主其外奸民等晝夜陣屋へ呼寄種々奸謀至らさる所なし知行所十ヶ

村名主年寄組頭百姓代百姓共奸民之黨之者共呼寄主稅家名相建候ハヽ知行所十ヶ村百姓共一統難澁之旨可申立旨大造ニ願書を書綴り一人ツヽ内々呼寄連判帳之如ニ銘々調印取之百姓之內誠義之者共ハ右奸計如何樣ニ申談候共聞入不申右等之者共ハ名主共ゟ申付書何かニ事寄名主宅ニ於て盜印形取之主稅分家仙左衛門と申者性來多欲ニ而半狂人同樣之もの此者へハ戴雪直談ニ夜中陣屋へ呼入主稅所持之道具藏ニ戶前三間ニ六間貳間ニ六間宜敷品ハ奪候外殘品而已丸々遣外ニ田畑山林も遣申候而表向者右田畑山林諸道具類主稅妻ゟ預り候樣世言ヲ可唱旨申之內實ハ遣申候且行々者土藏も丸々遣可申候間本家主稅ゟ是迄心を寄候事速ニ變心致逸々地頭之下知ヲ堅可相守候右改心候上地頭之意ニ隨ひ候ハヽ其功ニ依而格式もゆるし遣其上主稅ヘ家屋敷も遣可申由縷々及直談候若不相守候ハヽ主稅同罪ニ可處候抔申諭候間土民之淺間敷事ニ而先祖之恩もわすれ右之奸黨ニ一味仕候村方之者共ゟも米麥家財夫々私之品物奪掠之品を分ケ遣一味荷膽ニ引入

申候戴雪表面世言ハ青山屋敷亡命と唱ひ內實者錞三郎へ斯々之謀計取巧ミ知行所へ罷越候由公然密談相屆候哉之模樣ニ御座候由此上錞三郎方へ從　御上樣萬一御沙汰之砌者百姓共知行所一同連印之歎願書持參奸民共重立願出候樣との手筈ニ相決候由且陣屋ニ石川主稅闕所田畑山林家財取調帳と申帳面拵置候旨顯然候よしニ御座候在所誠義之者共兩人餘り暴業候次第傍看致兼當廿日江戶表妻迄右之事情極內々申出候右ニ付廿一日出候宅狀昨廿八日夕相屆申候此段不取敢奉申上候私共之鴻毛の身を以奉申上候も奉恐入候足利家兄弟　新田公之領分藉沒奸黨へ遺葛伯農人之餉ヲ奪掠も大小の違而已乍恐其暴業同日ヲ以論して可らむと奉存候今朝秋悌次郎へも熟談仕候處奉申上候方可然樣高談も仕候間何卒出格之以　御愍憐先祖之名跡幷遺物恢復ニ相成候樣御序之砌宜御取成御救助之程偏ニ奉願上候已上

丁卯十月廿九日　　宿民　上川義形判

第九五號ノ三
○慶應三年十月　薩藩ヨリ浪人召抱ニ付屆

薩州屆書

天璋院樣爲御守衞諸浪人召抱候間此段兼而御屆申上置候以上

十月　松平修理大夫

内意

諸浪人召抱之儀公邊御聞濟ニ有之候處諸國浪人出張方ニ付妨ヶ候者も有之哉之趣以之外之事ニ候向後妨ヶ候者有之候ハヽ早速當方へ注進可致候左候得者直樣討手差向ヶ急度埒明ヶ可申候間安心致し出張可致候事

第八號
○慶應三年十月　三好知藏内願書

乍恐奉歎願候覺

私義兼々外御場所奉勤仕度内願ニ御座候ニ付先達而中乍恐願書ヲ以神奈川奉行支配調役並奉願度奉存候處右御場所ニ者相限不申神奈川長崎箱館兵庫右奉行支配調役並幷御廣敷其外御住居樣方添番格御侍之内何ニ而も

相應之御場所ニ何卒格別之御憐愍ヲ以御厚情被下置候義ニ御座候ハヽ、誠ニ以難有仕合奉存候何卒此上共奉蒙　御厚情度偏ニ奉内願候以上

慶應三卯年十月　　百俵　三好知藏

〇第十四號　慶應三年十月　朝廷御沙汰書ノ布達

去ル十三日相渡候御書取之趣　御奏聞相成候處昨十五日別紙之通　御所より被　仰出候間此段相達候

十月

祖宗以來御委員（マヽ）厚御依賴被爲在候得共方今宇內之形勢ヲ考察シ建白之旨趣尤ニ被　思召候間被　聞食候尚天下ト共ニ同心盡力ヲ致シ　皇國ヲ維持可奉安　宸襟　御沙汰候事

大事件外異一條者盡衆議其外諸大名伺被　仰出等者　朝廷於兩役取扱自餘之儀ハ　召之諸侯上京之上御決定可有之夫迄之處支配地市中取締

等者先是迄之通ニ而追而可及　御沙汰候事

〇イ八十號 慶應三年十月　妄言居士檄文

先朝孝明天皇英叡絶代之見識おハしまして天下の政權ハ武家ニ委任せさ
れは海内之人望ニ背くよししろしめし三條實美等之輩屢々黄口を姿（恣カ）まゝ
にして百方讒訴之言を奉りしかども斷然与して從ハせ玉ハす當將軍家之
謙遜辭讓之御生質ニましまして屢々大職を辭させ玉ゐしを優詔して許し
玉ハす終ニ大權を委任し玉ゐき此時　先帝天下之權ヲ御手ニ握掌せさせ
玉ハんには何之御疑かあるへきされども徳川家之勳勞を思召し且ハ將軍
家之御恭順にして文武之御才かしこきを飽まても御寵遇せさせ玉ゐてか
くハ仰定させ玉へりとこそ承れ然ルニ去年之冬ゆくりなくも　崩御せさ
せ玉ゐて未ダ幾程もなく　新帝未ダ御即位之大禮を行ハせ玉ふにおよハ
すして　先帝之かくまて寵遇せさせ玉ゐし顧命托孤之大臣を貶斥して其
大權を奪ひ玉へるハ抑何之故そや當將軍家之遜讓せさせ玉ふハさる事と

は承り候得共元より御心より出し事とも承り候ハす實ニ姦人等之欺きこしらへしよし慥ニ聞へたれは詐ハ侍らす此度の事ハ德川家之大勳勞を棄させ給へて天下の人望に背き玉ふのミならす　先帝之任せおかせ玉ゐし大臣を斥かせ玉へる御事にして　新帝之御失德に當らせ玉ふならすやしかれども　新帝ハいまだ御年幼くましませは件の事のよしはしろしめし玉ふべくも非ず是皆薩土の奸謀ニ出ること敢而又疑ふ處なし抑薩土の反覆ハ天下ニ苟くも人心あらん人ハ必す知へき事にはあれど其一ツ申さんには蠻夷を討平げて御國の御勢をはらんとの企ハかの人々の日頃より口ニ借る事ならすや然ルニ近き頃には夷人を境內ニ引いれて交りを結び使を通して水魚の信をなすこれ何等の意そや初より彼國を親むへき事申さんには自ら志ある事なれは子細あらしさるを始ハ仇の如くに惡ミ終にハ親族の如く親むその反覆なる事斯の如し然らんにハ今　朝廷を重する如くに申せども其力をかり其　御勢を賴むこそかくニもあるへし既ニ其志

を得たらむにはいかに　朝廷を尊奉し申へきや必ス例之反覆豺狼の心を恣まゝにしていかなる反逆の心を生せんも測るへからす公卿無識之人々其心をしらすして身を打任せてたのミ頼母しと思ふ事こそはかなけれ嗚呼二百年之天下終ニ一朝ニ破滅して名ハ　朝廷ニ歸ス如くなれとも其實は虎狼反覆之逆賊ニ歸して是より生民塗炭の苦を免る事能ハす海內變亂して綱常地に墜ち日月晦蝕して夷狄其虚に乘せん惜むへし嘆すへし余久しく京師に住なれて身ニ一介の官職なけれはこの時に當りても絕而治亂の事にハかゝわらずされども纖芥の此身も又　皇國の御民なりそゝろに一言を吐て無識公卿のために大夢をさまさんとす衆人皆醉て我ひとり醒たり屈子の言我を欺かん嗚呼いかんすへき于時慶應三年十月妄言居士識
於鴨東寓居

イ六十二號
○慶應三年十月　大勢危急ニ付譜代諸侯等の意見諮詢草案八通

此度非常之御事態御當家之御大事此時ト深く奉恐入候銘々累代御厚恩を

蒙り　御當家ト浮沈興廢を共ニスルハ勿論之儀此末とも二心等挟ミ候存念孥々無之如何様之事態ニ推移り候共同心戮力精忠を盡シ度所存にて同列共申談候乍去各方ニは銘心ニ所存も可有之ニ付無腹藏存寄以書面可被申聞候以上

卯十月

御譜代家筋之義は伊井《マヽ》家を始萬石以上ハ大名と唱來候得共本萬石以下御家來ニ替り無之御家御盛衰ニ随ひ其唱替り候迄ニ候得者此度被仰出候趣ニ付而ハ何れも大名之列を退き御家人同様ニ相心得官位は返上可仕萬石以下官位も同様ニ候右之趣　朝廷江被　仰上候様仕度存候事

連　　名

今度　御所より被　仰出候趣も有之候ニ付而は拙者共限り申合相伺候趣

も有之ニ付爲心得内々一覽爲致候猶各方一身之覺悟を無腹臟銘々より認
差出候樣致度事
各方ニハ御譜代之事ニも候間申迄も無之候得共輕卒之義無之樣可被致候
事

　役々ゟ申談振

今度被　仰出た　御趣意之趣實以恐入次第てある自分共初蒙た御高恩家
筋之義てある就ては此上共精忠を相盡し付〔マヽ〕各ニも同樣丹精を被抽樣致さ
れる樣ニ
今度於京師被　仰出候御書付何も被致拜見候上名々見込も候ハヽ無服〔腹カ〕臟
書面ヲ以可被申聞候

別紙被　仰出之趣も有之候得共諸大名之儀ハ夫々家柄差別も有之候處右等之　御趣意柄難相分候ニ付急速　御旅館ゟ相伺候上猶可相達候得共いつれも神祖以來被蒙御厚恩候家柄之事ニ付追而相達候迄都而是迄之通被相心得候樣存候

此度非常之御事態御當家之御大事此時と深く奉恐入候銘々累代御厚恩ヲ蒙り御當家と浮沈興廢を共ニスルハ勿論之義此末とも二心等挾み候存念努々無之如何樣之事態ニ推移り候とも同心戮力精忠を盡し度各方にも同意ニ候ハヽ御道筋之儀は都而無服〔腹カ〕藏以書面申聞候樣致度此以申達候以上

卯十月

淀稲葉家文書第四

自慶應三年十一月
至同年十二月

第七八號ノ一
○慶應三年十一月二日カ　目付上申書
上包
書付

覺

一御城内幷御家中町在共相替儀無御座候
一諸御役人共無滯相勤申候
一御家中年若之者共作法相愼藝術等心掛出精之樣子相見申候
一下目付共幷打廻御足輕共申付御府内其外爲打廻申候處惣躰御靜謐ニ御座候御〆り筋尙無油斷夫々申付置候
一近國相替候風聞承及不申候
以上

十一月二日　　　　御目付共

第八〇號ノ一
〇慶應三年十一月十日　（共三枚）

第一　十一月十日

覺

一静寛院宮樣　御上洛之事
一朝鮮使節者塚原但馬へ可被　仰付御沙汰之事
一長崎へ者別段御人不被遣河津伊豆格式被下候事
一圖書上京御供被　仰付候若同人差支候得者備後上京御供被　仰付候事
一山口駿河朝比奈甲斐外國惣奉行被　仰付候事
一佛辨發意ニ而上坂之事
一水府御開門不相成事
一有栖川帥宮ゟ御縁組繁姫御方御養女被　仰出年内ニ蒸氣船ニ而御上京之事
　但御支度者極々御手輕其身其儘ニ而宜敷事

板倉自筆

一民部大輔殿御省略御人減之事
一佛辨建白書之御挨拶之事
一町醫者高橋伊勢澤左近之事
十一月十日
○第八〇號ノ二
第二
覺　　　　十一月十日
板倉自筆
一水戸殿御娘御養女ニ被遊尹宮へ御入輿之事
但御引越者期不定明年御養女御弘メ者早々有之度事
○第八〇號ノ三
第三
覺
松平大隅守
右交替瀧川播磨守へ被　仰付候事
板倉自筆
一圖書頭上京六ツケ敷節者備後上京御供可被仰付可相成ハ圖書頭之方宜

敷旨被　仰出候事

第八〇號ノ四
○慶應三年十一月カ
　縫殿殿兵部殿持參之書類
○水戸殿御開門之事
○御役人差掛り候分不伺取計候事
○諸侯伺書之事
○同斷奉書其外返書等之文意之事
○十萬石以下諸侯有之事
○上京之老若之内御用濟之者早々歸府之事
○大目付交代上京之事

第九四號ノ二
○慶應三年十二月十二日　武家傳奏廢止ニ付廻達
　上包
　卯十二月廿四日　壹岐守

以廻狀得御意候然者只今參與御役所より被召罷出候處別紙之通御達有之

則御同席樣方ゟ御通達可申入旨被仰聞候間此段御廻達仕候

十一月十二日　　奥平大膳大夫内
富士野彦右衛門

名宛
帝鑑御間中

〆

今度武家傳奏御役被廢候ニ付而者差當候處參與御役ニ於而取扱ニ相成候

但石藥師通一乘院里坊ヲ以假ニ右役所ニ被設且參與役所与被稱候間是迄

武家傳奏取扱之廉々右役所へ可申出候事

但右掛之方々

大原宰相　　萬里小路右大辨宰相　　長谷三位

岩倉前中將　　橋本少將

右名前ヲ以可差出事

第一〇二號三通ノ一

〇慶應三年十一月十四日カ

天野將曹ゟ內々奉願上候趣左ニ申上候

乍恐以書取奉申上候陸軍奉行並支配大井秀之丞儀は天野將曹弟ニて大井江養子相續仕候もの御座候此程夜中押込侍體之もの拾有〔マヽ〕人罷越候處利解申諭退散仕候後隣家田島閑野右之仕末承り込種々暴説を咄〔吐カ〕キ　御前江早速罷出閑野右盗追拂無事相濟候趣早速奉入　御聽候處御賞譽被爲在候趣抔申唱何事も　御差圖之旨申觸し金利ニ奔專ら奪金之策を施し盗殘し置候はしこ秀之丞ゟ支配向江相伺候處三日晒之上町奉行所江持參可仕候旨差圖ニ付其通取計候處同人　御前之　御差圖故決而相納候ニは及不申候〔マヽ〕昨朝申參り困却仕候付少々金子差遣漸はしこ相納候處大ニ　御前之御差圖を奉拒候とて怒り種々難題ヶ間敷申〔マヽ〕共申掛殆當惑仕候間右事實之御差圖御座候哉將曹より町奉行所江御聲掛之程密々奉願上候昨朝差遣申候紙面奉入　御覽候何卒御仁慈之御沙汰奉願上度申聞候狂人と申事御座候得共金策の爲狂人之振をいたし罷在候趣此儀不拘所々　御前江　御目通仕候振ヲ以妄言を唱申候間地主御廣式御用達之趣所立退申談候得共一向

立退不申難澁仕候趣ニ御座候乍恐　御前之虚辭を奉唱可捨置事ニも無御座候哉內々奉申上候其筋ゟ篤と　御探索被爲在候ハヽ事實分明ニ可有御座乍恐奉存候以上

十一月十四日

イ八十三號
〇慶應三年十一月十四日　吉原町に於る歩兵暴行の報告

歩兵之もの騷立候儀申上候書付

町奉行

今夜九ツ時前新吉原町之もの信濃守方ゟ駈込訴いたし暮六ツ時過歩兵躰之もの多人數日本堤幷龍泉寺町田町三方より鐵炮打掛追々廓內ゟ打入所々打毀及亂妨候由訴出候ニ付不取敢西丸下歩兵屯所詰合幷歩兵奉行ゟ鎭靜方取計之儀相達候處其以前相模守方ゟ其組之ものゟ右事件に付申立之次第も有之同人より合原左衞門尉方ゟ申遣候處是又右變事及承淺野美作守方ゟ一同罷越相談中之趣ニ而場所ゟハ歩兵頭幷並出張鎭靜方取計候積

之由返書差越候間猶私共月番宅ニ寄合夫々談判仕兩組廻之ものニ委細申合是亦場所ニ差遣申候猶場所ゟ注進次第可申上候得共先此段入御聽置申候以上

十一月十四日　　　　井上信濃守
　　　　　　　　　　駒井相模守

上包
上　　　　　　　　　町奉行

○第七八號ノ三
慶應三年十一月十五日　町奉行上申書
　歩兵之もの場所引取候儀申上候書付

御屆　　　　　　　　町奉行

昨夜申上候歩兵之もの多人數吉原町ニ押寄及亂妨候ニ付兩組廻之もの場所ニ差出候處歩兵差圖役等も夫々出役いたし取鎭今曉七ツ時過一同引取候旨場取ニ差出候組之ものゟ注進申出候此段申上候以上

十一月十五日　　　　井上信濃守

第七四號ノ四
○慶應三年十一月十六日　江戸風聞書

駒井相模守

御勘定御奉行御支配中井新右衛門方ニ當月十六日曉八ッ時頃表入口大戸打破り侍躰之者多人數面躰ヲ隱シ拔及又者短筒等携押込這入見世穴藏打こわし右之內ニ入置候金子奪取迯去り申候跡ニ而取調候處被奪取候金子左之通

一貳分判　八千三百拾八兩　一壹分銀　五百七拾五兩

〆八千八百九拾三兩

見世幷家前ニ取散有之候分

一貳分判　三千六百九拾壹兩　一壹分銀　四百貳拾五兩

〆四千百拾六兩　此分取入申候

右之通御訴ニ相成申候

十一月十六日

第七四號ノ一

○慶應三年十一月十七日　江戸風聞書

卯十一月新聞紙　　單

當十一月十三日ドンタク与歟申事ニて所々屯所之歩兵不殘凡四五百人の人數と被存候四五人位宛壹組ニ相成數組市中遊行致し料理屋酒屋等者無代ニて食事致し酒屋抔者壹升貳升宛樽德利ニ入物ごと申受屯所へ持歸り候者不少尤是者日々に御座候其外足袋手拭屋呉服渡世之者ハ申迄も無之其他諸商人之見勢先へ參り入用之品々買求候樣子致し品物請取候上ハ代金不相拂其儘立去候次第亦壹貫文位の品買求右代之所へ百文又ハ貳百文程も代錢置立去候者有之是等ハ上之分ニ致居候誠以日々之亂妨商人共是而已心痛大難澁仕居候扨十三日歩兵多人數吉原へ參り隨分亂妨働き候ニ付無據吉原町之者立向い騷動ニ相成是ハ度々歩兵吉原町へ參リ亂妨致候ニ付兼而申合待居候哉ニ被存候歩兵多人數怪我致候由右人數之内殺害被致候者十一人有之由右仕返しニ候哉十四日夕六ッ半時頃歩兵凡三百人程各劔付鐵砲持參ニて一同聲を上

(付箋)西丸

下之歩兵多人數出候由殊ニ御備之鐵砲持出し御役付之玉藥入箱身ニ付屯所開門にて押出し候由乍去呉服橋常盤橋御門ニて其御制しも無之由如何之分柄哉一圖不栢分候又説ニ歩兵差圖役者同道ニてハ無之由歩兵小頭と申説も御座候娼家抱入之妓婦諸方へ遊散申候

ヶ本町通ゟ兩國へ參り柳橋ヲ渡り藏前通吉原へ向ヶ押寄申候夫ゟ大門へ掛り廓中ニ亂入致し大小家ニ不拘打こわし最初砲發致し其音ニて衆人爲驚亂妨初メ候由尤玉なしニて空發も有之由又小石抔を玉の代りニこめ候も有之趣但し歩兵差圖役同道致し家ハ悉く打こわし候而も不苦人ハ成丈ヶ殺さぬ樣可致旨始終差圖致候由夫故怪我人ハ澤山有之候得共殺害ニ逢候者ハ聊之由何分歩兵多人數之事故廓中七八分ハ打こわし申候由夫ゟ號令ニて人數呼集メ勢揃之上大恩寺前通りを歸り候と申事ニ御座候酒井家人數も始終後と先ニ相成出會ハ無之由説ニ酒井家人數出會致候ハヽ如何樣之騷動ニ可相成も難計抔と申居候乍去酒井家忍ひ廻り抔ハ晝夜勉強之事ニ御座候是ハ實ニ感居候十三日ハ酒食屋初メ諸商人晝後ゟ戸〆致候者も有之又不得止事休業致候者不少候芝居も八ツ半時ニ仕舞候樣子實以是ニハ市中之者殆ト困居候何分日々の事ニて際限無之中ニハ金子之無心又難題言懸りゆすりヶ間敷義抔申候族御座候是者何与歟鎮靜の御策略商人一統願居候

一當節專新徵組内之者と稱へ所々豪家ヲ見込其近邊の酒店へ參り酒食催し其酒店ゟ見込の豪家に使遣し主人呼寄金子借用致度旨剛談ニ及ひいつれも新徵組四五人位宛組合强談ニ及候者も有之又穩ニ掛合候人も交り居壹人前十兩宛とか申四五十兩用立吳候樣賴候手段中々以當節柄不手廻り之趣歎願致し五兩十兩或ハ二十兩位ニて勘辨致貰候者も有之由尤大商家ニ至候而ハ中々右樣之事ニ而ハ勘辨不致候四五日以前八丁堀室田ニ世俗ての字と申大商家へ押込二千兩余被奪候と申事其類諸方ニ有之由追而取調奉申上候

一昨今商人共寄合候へば御運上御用金の咄計ニ御座候糸綿茶紙荒物鐵油蠟右ハ問屋ニて御用金貳拾萬兩差出候樣被仰付候其外問屋名目之者追々御用金日々ニ被仰付候樣子ニ御座候是等も皆賣物ゟ出し候御用金故一際物價高料ニ可相成と心痛仕居候

一金（楮幣）札ハ御見合せニ相成候由市中之者悅居候

「薩か出て徳川ゆくとわ思ふまじ迚も長土の通用わせぬ

一米相場時々下落致し壹兩ニ壹斗五六升位ニ相成申候

「米相場風をひいたか八九升早く直して四五斗させたい

御運上　米問屋十萬兩　深川唱〔娼カ〕家壹萬五千兩　新吉原町壹萬五千兩

三芝居三千兩　此余追々極り候由ニ御座候聞込次第奉申上候

一當今名主家主共へ被仰渡ニて町々地面間數坪數地代金上り高掃除代等迄取調書立差出候樣被仰出夫々取調書立候樣ニ御座候是等も御趣意ハ更ニ不相分地面ゟ御運上御取被成候事故右樣之調被仰出候事哉抔と種々評義致居候

一此度町々自身番御取潰ニ相成江戸中へ二三十ヶ所大番屋御出來ニ相成夫ゟ歩兵町方與力名主家主等各五人位宛日々詰合候御沙汰出既ニ右諸入用ハ一昨年中御用金差出候高ニ應じ町人共へ割付ニて右入用差出候樣被仰付ニ相成申候當節不景色ニて商内ハ何商賣ニ不限隙ニ相成暮し

方ニ差支皆々改革も致候砌只々昨今ハ上納金之事而已ニ心苦仕居候次第ニ御座候

一當月初旬頃之由兩國川長与申料理屋へ薩藩四五人參り酒狂之上聊亂妨ケ間敷次第も有之其内壹人懐中ゟ短筒出し空砲二三發打候由其隣席ニ町方與力ニ而も御座候哉（然与不相分）其席上之次第短筒の寸尺又席上へ出候酌人等の名前迄取調即時御届ニ相成候由風聞承り申候

一芝邊ニ而ハ薩藩之仁ニ殆ト困居候樣子中ニハ年來薩藩へ出入致候町人共ハ金子借用被致又ハ不得止事金子借用證文之請人證人ニ相立借用人ハ何方へ參り候哉住居も不相分候抔ニて困却致居候者も御座候趣夫ニ薩州之蒸氣船神奈川沖邊へ參り居江戸表ニて謀（マヽ）ヲ働候者ハ皆其船へ乘込姿ヲ隠候樣子既ニ藏前坂倉屋清兵衞方ゟ押込莫大之金子奪取船へ積込直樣神奈川沖之蒸氣へ積送候と申風聞且靈岸島米仙と申兩替屋方へ押込矢張薩人之由四千兩奪取是も船へ積入多分ハ蒸氣元船へ送候哉ニ

（付箋）種々承り候所薩州蒸氣船神奈川沖ニ碇泊仕候と申説は虚説ニ御座候由

風說仕候右四千兩之內四百五十兩途中へ取落し其邊の船人拾上ヶ候得共大金之事ゆへ卽時町奉行へ御屆申候由實ニ右等之族徘徊致候而ハ大小家ニ不拘心勞難絕難澁仕居候

一何分當今御大病之時世ニ藪醫同樣之川越防州小栗上州井上信州等ニ御懸ヶ被遊候而ハ御本快ハ覺束なく存候抔市中專風說致居候斯御長病ニ御座候事故醫者ヲ御取替被成候ハヽ日增ニ御全快ニ御赴ニ可相成と奉存候

猶恐入候得共當今御政事を賣物ニ被成候抔風說致候實ニ昨今ハ上納金何程差出申候間此廉私へ被仰付度又ハ个樣々々之義御採用被成下置候ハヽ何萬兩上納可致など奸人共ゟ申立候得ば上納金にほれ込直道曲道ニ不拘高ニ應し御採用ニ相成候樣子故御政事之賣買と申候說も尤ニ被存候

一過日申上候天王町竹之助へ被仰付候米會所之義伊勢屋市左衞門外二人

之者ゟ金子十萬兩之內貳萬兩差出候樣町奉行井上信州公ゟ被仰付伊勢市三人之者町御觸被仰出候上ハ何程ニ而も上金可致旨申上候所右三萬兩上納ニ不相成候而ハ町觸出し不申趣被仰聞候ニ付無據種々金策致し漸兩度ニ貳萬兩相納候由然る上ニ又二萬兩差出し不申候而ハ町觸出し兼候旨被仰渡伊勢市三人之者頓ト當惑仕居候然る所米問屋共御呼寄ニて天王町竹之助ニ不構米會所商法之見込さし出候樣被仰渡次第ニ寄候得ば米會所其方共へ申付べき趣被仰渡米問屋共方ニ而ハ十萬兩之上金迷惑ゆへ御斷旁之請書差出候由是等ハ實ニ賣物同樣ニ被存候又伊勢市三軒方ニ而ハ迚も金子調達不致候間先上納之金子者損毛ニ致し米會所之義御免願致候抔評議中之由ニ御座候實ニ此節遊金有之萬端手廻り候者ハ上納金致し自分々々都合宜敷義願出し申候必御採用ニ相成候段歎息仕居候

右米會所被仰付候旨市中一般へ相知れ殊ニ者夫々商法之御世話も被爲

在既ニ新問屋抔一昨日町年寄館市左衛門共ゟ被申渡問屋人數相極り鑑札相渡し商内高多少ニ不拘壹軒前貳拾五兩宛差出候樣被仰渡年分聊の商内致候ハ難澁仕居候右之御旨意ニて追々諸問屋株式極り候由ニ御座候

一淺草天王町竹之助義者元一ツ橋樣御勘定所御出役之息子ニて先年不緣ニ相成町人ニ被成吉原町ニおゐて八百や渡世致居候處昨年中歟右天王町へ引移當時無商賣ニ御座候今般伊勢屋市十郎外貳人之者金主ニ相賴み辰之口樣へ內願致し御用人岡田求馬樣へ御勝手向御用金千兩最初御用立其後岡田樣御供致し竹之助外三人柳橋梅川と申料理屋へ參り種々御談判之上翌日御詫旁濱町御屋敷へ竹之助外三人罷出候處岡田求馬樣被仰聞候ニ者勝手向不融通ニ付急速貳千兩用立吳候樣御賴ニ付右心願も有之無據御請調達致候夫ゟ上野樣取拵ひ町方へ手續ヲ以賴入當八月十三日北町御奉行所へ願出御取扱ニ相成九月廿五日俄ニ御呼出し之上

米會所取扱被仰付其方共貯金之内拾萬兩前納可致旨被仰渡元々空金之事故種々才覺致し貳萬兩九月晦日上納致シ殘金之義者十月廿日限り可相納旨被仰渡候處前書才覺之義ニ付行届不申無據竹之助外三人御免願致候所御聞濟ニ相成申候尤是迄御役家へ雜金五六千兩余も差出候由然る所市中米問屋行事共御呼出し之上先達而米會所竹之助へ被仰付候得共行届不申候ニ付右竹之助ニ不拘其方共取扱可致由且見込申立候樣被仰付右ニ付仲間一同相談之上御請申上候事但十萬兩御益差出候事ニて極り候由

一辰之口樣當節御勝手向不融通ニ付岡田求馬樣外四五人樣ゟ大傳馬町名主馬込勘解由江金子用立呉候樣達而御賴有之候處速ニ御斷申上候由

一十五日夜金吹町中井新右衛門俗ニ播新と申兩替御用へ浮浪之族押込多分之金子被奪候由金高者不相分候

先者風說聞込迄奉申上候又々承り込候義も御座候ハヽ早速奉申上候以上

卯十一月十七日

第七四號ノ三
○慶應三年十一月十七日　江戸風聞書

一去十四日夜歩兵五六百人鐵砲持參差圖役附添吉原町過半打崩し家内之者をつるし候上十兩金を出し候者ハゆるし可申との大亂妨と申事夕暮ゟ明七時迄と申事

一昨十六日にハ三百之歩兵サアベルを付參大亂妨吉原町ハ不殘大崩し揚屋町計少々殘り候由

一歩兵打殺候儀ハ昨年御沙汰ニ任せ候故と申事

第七四號ノ二
○慶應三年十一月　江戸風聞書

風聞書　耕（花カ）拜

既ニ御聞込ニ者可相成歟一昨夜金吹町中井新右衛門宅ゟ盗賊大勢押入金銀奪取候趣右ハ兼而夫々警衛人數日夜十人位ッヽ御附ニ相成居候由然ル處同夜ハ新右衛門方ハ警衛人二三人此義も疑敷由ならでハ詰合不居賊押入候刻門前ニ而呼子を吹ならし直ニ門之戸打碎き押入候付宅之者三ッ井金店ゟ懸付同家

之守衛人十八人を引連レ參り候處內外ゟ少々空砲等〔此義も疑敷由〕打合候由賊之內壹人打殺シ壹人生捕候は全中井手之者之趣右近邊ニ而專ら風說いたし候は賊与守衛之者与同服〔マヽ〕ニ者無之哉樣子怪敷見請候事有之賊之出立は一同步兵之樣成姿之由右風說之通ニ御座候ハヽ猶以不容易義小生今日右近邊ニ而風聞承り候處如何ニも怪敷奉存候間此段一寸申上候猶御探索被爲在候樣仕度候以上

第七六號ノ二
○慶應三年十一月　江戸風聞書

當地潜伏之內

此內一人白髮之由　　本多何某

日暮〔里脱カ〕邊住居　　櫻井何某

右白髮之者ハ必元新徵組岡田盟《チカイ》ニ可有之由盟義者上州伊勢崎邊產ニ而年五十三四　丈六尺ニ近く人品不賤辯材有之由武藝無之

元醫師夫ゟ新徵組ニ入其後不宜儀有之暇ニ相成一條殿家來名目ニ而根岸

邊ニ罷在候節酒井左衞門尉手ニ被召捕入牢いたし出火之節出奔致し行衞不知ものニ可有之

高橋亘

元新徵組ニ而伊勢崎邊之產年四十位柔術ヶ成ニいたし材氣無之靑木好太郞被召捕候節出奔之者之由

原三郞

此者本名田中九十九ニ可有之年三十位月岡一郞門人材氣無之此者江戶出奔後ニ一條殿家來ニ相成江戶ニ下ル時すくひ之由

右之者共一條殿之手ニ而薩士ヘ入組王政復古之議論より暴行致し居

○薩藩凡百五六十人上屋敷其外ニ而五六十人分家屋敷ニ百人程

○押込之初御藏前坂倉屋七郞兵衞方へ這入候由先年岡田盟押借之節も同家ヘ罷越候

○十五六日ニハ御旗本納金中非新右衞門ニ集り候事を存同家ヘ押入候事

○是迄盗金凡二十萬金餘之由
○押込之夜ハ必薩人重立候者品川ニ遊居候由茶屋ハ因幡屋与申候而先年
　櫻田之節も會合之家之由
○小林登之助者元ゟ同意戸田和州云々
第七四號ノ五
○慶應三年十一月カ
町方木戸々々を〆切り拍子木送りニ致し候得者譬賊ありと雖其引去り候
道忽ちに相分り申候
第七八號ノ六
○慶應三年十一月カ
　　　　　　　　　　　　　　　　　　　　　　　　平岩金左衛門
御旗下之二三男之内ニ氣力もあり劍術抔にも達し候もの不少由是等を御
集め聢と仕候取締之もの兩三人被差添此節市中押込强盗を御召捕御討捕
相成候ハヽ御手數も少く早々成功相成可申と申事
第七六號ノ四
○慶應三年末　風說書

陸軍附調役並　敏三郎

此度所々ゟ押入之もの多くハ江戸言葉抔有之提灯ハ皆自分紋にて陸軍方之印付なと相用ひ候由就てハ深く考候得者原市之進殿抔を害し候ハ全御直參之人ニ可有之是ハ其實反逆を謀り候向攘夷鎖國論なとを近來表に唱へ右様攘夷家の者を誑かし遣ひ郎チ　上の御人の手を用ひて股肱之原なとを失ひ候哉も難計察し候得ハ官にて佛朗西を御便り被爲入候風聞世間にても見付居候所より此節やはり　上の御人を竊ニ取込其手にて佛敎師其外御依賴之向々佛人を害し　上之御不都合抔を生し可申策略にてハ無之哉と考候向も有之深く御案事申上候由何さま近來兼て開國家の大藩中抔にも往々兵庫開港なとに付候てハ返つて鎖港を主とし候向も有之由是全人を誑かし候逆心にても可有之ものと察候事佛人などの事御油斷不相成事と奉存上候由

一撤兵隊凡五千有餘人有之內老若兵七八百人虛弱之兵等彼是二千人計全

精兵ハ三千人ニ不過と其三千之者

一ケ年ニして御張紙故四十両ニ不過と申事　本勤三十俵二人口　勤方二十俵二人口　是にてハ妻子を養ひ候事實に不出來有様ニ候

此金員凡廿二萬何千両ニ及候由外ニ彈藥衣類御手當幷役々江の高御手當ニてハ三十萬両以上ニ至るべし卅萬を費して緩急之御用ニ不立ハ殘念之至

一歩兵之千人も減し撤兵之御手當を増候ハヽ如何之説　一議事院之事

第九五號ノ一
○慶應三年末　風聞書

一當卯十月中南永井村新八方江浪人三人参り居候處貳人も《マヽ》の者歸り壹人殘り居り候處又候浪人躰之者壹人同月十六七日頃参り亭主新八儀ヲ相尋候ニ付女房相答候義者亭主留守之趣申候處其節半天壹枚預ケ置早々相歸り候趣尤細川様ゟ新八兄弟召抱度趣右浪人衆中ゟ御咄しも有之候

一同十月下旬頃細川様御屋敷ゟ御迎之浪人衆三人参り候追々所澤村米吉浪人壹人新太郎都合六人ニて芝高縄薩摩様御屋敷江被引返浪人衆ゟ被

申聞候義者新八兄弟御召抱致度旨但壹人ニ付壹ヶ年ニ百俵外ニ壹ヶ月金貳拾兩ツヽ被下置御召抱之由安心罷在候處四五日相立ツテ所々ゟ押込ニ被相連候由容易不成儀与存迯去り度候得とも手段無之當惑罷在私儀も金子御用意之工風可仕与存私在中ニ物持御座候ニ付御案内可致由申候處幸ひとして浪人拾貳人十一月三日御屋敷出立田無村字八木澤新太郎案内ニ而參り候處夫ゟ新太郎迯去り候由

一浪人拾貳人同日夜所澤村松葉屋代吉方江罷越候て村役人壹人呼寄取締道案内出方之もの相尋候ニ付出方之者ハ御用向ニて他出致候趣申候處同村坂口屋と申旅籠屋一泊致し翌四日朝出立南永井村新八方江追々浪人拾貳人罷越候處家内一統留守ニ付子分孫右衛門罷出挨拶仕候趣然ル處大和田町ニ浪人體之もの拾人計罷居り候由是ゟ浪人貳人新八方江同四日差遣し候趣依之其場ヲ十貳人之もの共早々引取可申与申遣し候由左候得者拾貳人之もの申候儀者新八兄弟歸宅之上者一兩日之内ニ此書

置之名前之方江挨拶可致旨申候由

一江戸二番町人見藏　助内平田榮藏与所書いたし置右之趣相斷同日八ッ時頃一同罷歸り候由猶又同日夜八ッ時頃壹人新八方江參り申候儀者預ヶ置候半天御返し被下与申受取外ニ五人程參り居候迚《マヽ》申早速引取候趣夫ゟ出先相分り不申候

一當十一月七日四ッ半頃龜久保村源助方江浪人體之もの壹人同村字三角之方江參り

一丈高く方四十歳位紫五郎《マヽ》割羽織著用茶立島袴ヲ著帯刀ニて少々之包ヲ持右横道ヲ出大井村者何程有之引久町迄者何程有之哉与承り宗岡村參り候与申候て早々大井町ゟ西ノ方鶴間村邊江通り候由

一當十一月七日新八方江浪人六七十人參り候与申候儀風聞追々御座候

八王子横山永戸屋和四郎弟　新　八

新　太　郎

右生國所澤在南永井村

第四一號
○慶應三年未カ

稲葉閣老自筆

壹岐殿ゟ談

一盗難ニ逢候家取調可申事　一金高同斷

一木戸取建之事　一歩兵人撰幷置場之事

イ八十八號
○慶應三年十一月廿六日

原本自筆草稿

稲葉美濃守水府御用掛の內命を辭する內願

水戶殿御用懸り之義壹岐殿初是迄之役々御免私備後守等へ被　仰付候旨極御內意相伺候右は定而無御據御事柄被爲　在候義と恐察仕候得共卽今被　仰出候而ハ御不都合を可生与奉存候ニ付左ニ陳情仕候

一壹岐殿へ御委任被　仰付候以後格別ニ心を用手先ニ仕候人物も非凡之人撰被致若此者共を用不遂成功候節ハ罪を一身ニ引請蒙御咎候由常々被申居候然るを同人ゟ御免被願候上ハ格別ニ候得共只今中途ニ而余人御引替ハ尤不可然御義第一御委任も薄同人も失望之余外御用向迄も自

然相響候樣之義ニ至候ハヽ多少之御不都合と心配仕候事

一前文之次第何れニも御引替之思召ニ候ハヽ兼而伺置候者歟或ハ若年寄ゟ同列江被　仰付候人へ新規被　命候方可然是迄之事情不案内ニ候共其他役々も御座候上ハ決而御差支ハ有之間敷と奉存候事

一私義ハ昨秋歸府後暫時前文之御用取扱候得共百事不行屆而已深恐入候事ニ御座候當御時節何御役とても乍恐往々之見居相立勤候譯ニハ無之候得共取分水府御用之義ハ如何樣勉強仕候而も　御趣意貫徹之見込決而無御座就而ハ當春上京中も度々御噂出候節も伊賀殿迄內願仕置候通り之事ニ御座候實ニ微力不才不堪任恐縮之外無御座候強而被　仰付候ハヽ苦心之余病發可仕も難計と奉存候表立被　仰出候上ニ而彼是苦情申上候而ハ彌以恐入候間不得止前以心事有躰申上候宜御憐察御取成之程奉懇願候以上

十一月廿六日　　　　名前

イ十五號
○慶應三年十一月

将軍親諭（共三枚）

卯十一月十七日縫殿殿兵部殿京師ゟ持参被致候御書寫

今度我獨斷を以て非常之大變革をなせしは素より見る處あるによれはなり其方共おゐて當家之爲め甚たこれを憂へ一身ニ換て東歸を促す赤心之懇切實ニ二百余年來君臣膠漆之情義さも可有之深く滿足依頼する所なり我れ我か家を思ふ亦其方共ニ異ならす何とて謂なく一朝ニ　祖宗以來所受之大典雄圖を變するの理あらんや近年政權二途に出るの勢ひに至るも時運之所使然況や外國交際日々盛なるに當り此儘荏苒歳月を送らは決而永世　皇國鎭靜當家安寧の見据無之大ひニ憂る處あるにより深く思ひ遠く謀り　皇國之大權を一ニし天下と協同會議全國之力を盡して事に從て海外萬國と可並立之大業可期なり其方共於ても　皇國當家之爲め所盡を熟考し今日我爲ニ所慮之至懇至切之忠膽義志を苞蓄し夙夜懈る事なく職事ニ勤勞せん事偏ニ所望候我久敷京師に客居し懷郷之情甚切なれ共公武

の務め更ニ餘暇なく昨秋相續以後ハ關東人心之勤惰向背ニも拘る故愈以て東歸之念日夜無止といへとも國家多事の時ニあたり辱くも　先帝以來厚く　朝廷之殊遇寵賴を蒙り君臣之情義卽今禁闕の側を離るゝ能はす實ニ進退維谷とも可謂なれ共强忍擔當偏ニ名義を重んし　朝廷を尊み　祖宗ニ事ふ我困心衡慮之艱諒知すへし抑屈伸消長ハ自然之運大道を履んて時運ニ隨而時ニ應して活動するハ英雄之所爲なり我不肖といへ共　東照神君之血胤を汚し當家を相續し國家之爲め誓而所盡あらんとす其方共於而も尙二百餘年安眠座食之恩ニ報ゆる秋と思ひ義膽を煉り職事を勵ミ我を輔けて聊も怠るなかれ此旨諸役人末々にも可申聞候

　十一月十日

イ九十五號
○慶應三年十一月　譜代諸侯の責任を論す　本多肥後守内　名島四郎兵衛

一御譜代樣方ニは二百有餘年被爲蒙　御恩澤候御儀方今之大事件不堪傍觀候事

一諸大名伺被　仰出等は　朝廷於兩役御取扱相成候趣ニ候得共御譜代御方々樣ニは素々　德川家之御家臣ニ御座候得は萬事　朝廷ニ抱候儀無之總而　德川家之御差圖ニ御隨ひ被成候事

一此度之大事件ニ至候は御家臣從來之御輔佐御不行屆ゟ事を釀し候儀御譜代樣ニは　朝廷ゟ御斷被仰立以後御補佐行屆候樣御勉勵可被成候間御在京之御方樣ゟ御譜代御一同御復職之儀　闕下ゟ御歎訴可被成候事

一當　公方樣之御所置不被爲叶　叡慮候ハヽ、二百有餘年　德川御家ニ而聯緜と將軍職御相續被爲　在候付而は外德川家之內ゟ御職掌給度御歎願之事

一此度之形勢ニ至候は　主上之御幼年を見込惡藩之徒公卿ゟ詭議シ政權を奪ふ之陰謀ニ寄事を起し候ゟ不被爲得止事御辭職被爲　在候儀哉ニ恐察仕候右ニ付而は御譜代樣御在京之御方々樣ニは御警衛御一途ニ被仰合惡藩ゟ間隙を窺ヒ兵威を以迫候者有之節は一廉御奮發御盡力可被

遂　御忠節候事

　但京師御最寄之御方々様ニは御在邑ニ而も非常之節早々御出張之事

一江都御警衛之儀は御在府之御方々様は不及申御留守之御方々様御家來之者御人少なからも一同申合操練組を極非常之規則相立置候事

右之條々卑賤之身分申上候者誠ニ以奉恐入候得共存付候義は可申上旨御沙汰之趣も御座候間不顧　尊意奉申上候尚御同席様御著眼之趣御教諭被成下候ハヽ在所肥後守ゟ申遣度奉伺候以上

　卯十一月　　　　　　　　　本多肥後守内
　　　　　　　　　　　　　　名島四郎兵衛

イ八十一號
〇慶應三年十一月　河津伊豆守在長崎見込上申書

　保田鉡太郎ヲ以被仰下候儀ニ付御請旁申上候書付

　　　　　　　　　　　　　　河津伊豆守

今般御世態　御達觀被爲遊大御英斷ヲ以　王政御復古之儀被　仰上候段奉伺乍恐臣子之分ニ而者安居可罷在秋ニ無御座と日夜焦思仕倩愚考仕候

所公明正大之御所置を以　御政權　朝廷ニ御奉還被遊候共兵權ニ於而ハ侯伯之手ニ有之候故衆諸侯會同集議を盡シ内外共ニ御補翼有之候義ニ付結〔詰カ〕り　朝廷之御威權難相立其上集議を　御裁斷被遊候ハ　御幼主之御事故公卿之手ニ在一々實ニ　聖慮より出候儀ニ無之候段者上下相察可仕歟然ル時ハ私心を抱候ものゝ陽ニ兵威を以迫り陰ニ賄賂を以て導キ黑白混淆終ニ天下大亂之兆と奉存候尤郡縣之御制度と相成兵權も　朝廷ニ歸シ公卿門地を以官位之先途を極候儀無之德望才幹衆ニ拔而候て天下之人依賴仕候程之ものニ候ハヽ草莽よりも御撰擇相成補翼之重任御授被爲在候程ニ大御變革行屆候義ニ御座候ハヽ右等之弊害者有之間敷候へ共乍恐此兩事ハ迚も御出來不被遊義与奉存候然ル上者威力共ニ相備候　賢明之御方御大政御統轄無之候而ハ上　宸襟を難被爲安下塗炭を難被免次第ニ罷成可申哉と落涙之外無御座候得共猶再考仕候へハ不肖私等心付候程之義ハ自元　御明察被爲遊候義故夫ニは神算御遠謀被爲在候御儀ト奉拜察候然

ル上ハ當表支配向初地下人共動搖不仕候樣精々盡力仕九州諸藩之向背探偵仕　公邊ニ依賴罷在候諸藩之氣力不相挫候樣乍不及內諭仕外國御交際等も彌御信義相貫候樣所置仕候方聊職掌ニも相協可申哉と奉存候間　御奉書到來以前より諸藩之蒸氣船入津仕喋々申唱外國人共よりも屢中出支配向初市民ニ至ル迄深ク痛心仕何となく動搖致し候へ共前文之趣を以取鎭罷在候處此度保田鉾太郎ニ被　仰含候　上意之趣奉伺實以　御誠意之御旨徹骨髓奉敬承候尤當表取計之儀者　御沙汰之趣ニ粗齟齬仕候義無御座候間其段ハ乍恐御安心可被成下候右ニ付兼而ハ被仰含候件々取纏り候上者歸府仕候積り御差圖も相濟居候得とも當今一身之上なと顧慮仕候御場合ニ無之候間衆諸侯會議御國是御一定相成候迄者　上意之趣を以何樣ニも維持可仕候間萬一御所置柄相變り候節者右等相心得候もの被差遣其節御免被　仰付候樣仕度奉存候此段御請旁奉申上候以上

卯十一月　　　　河津伊豆守

御内含之儀申上置候書付

河津伊豆守

別紙奉申上候通御所置柄　御畫定相成候迄ハ乍不及　御主意之趣精々行届候樣仕度夫ニハ永住之姿ヲ示シ不申候而者最前被仰渡候趣下々迄相心得居其上當地ニ罷在候日淺ク候故何となく浮足之樣存取候而者何事も相貫兼候ニ付此度被仰下候趣を以妻子等も呼寄候旨支配向初へ申聞品ニより候へハ下婢等も召抱家族呼迎候體を目前ニ相示シ候樣可仕其他九州地動靜精々心懸候へ共何分當港限りニ而者難相分義も御座候間支配向幷地下人之内事なれ候もの諸國へ内々差遣機密之儀相探り候樣可仕將外國人共之內ニハ却而諸藩之事情相心得候ものも御座候處私共ハ全表向一ト通り之交りニ而面會之節ハ必す彼是差縺れ候義を談判仕候故自然心腹を明し不申聞候間是迄之仕來ニ不相泥別段ニ懇意を結ひ音物等も差贈り或ハ會食等も仕候儀御座候へ共此節柄之儀都而別格ニ御聞置被下置候樣仕度此段申上置候以上

卯十一月　　河津伊豆守

〔イ百十止〕○慶應三年十一月　雁之間大名御請書

雁之間在府一同ゟ差出候御請書之案

今般　御復政被爲　仰立候段無比之　御英斷与は乍申實ニ悲憤感慨之至極与奉存候折柄従　朝廷上京可仕旨同席共ヘ被　仰下候處不肖之微臣共蒙　朝召候段難有次第ニは奉存候得共抑當席之儀は　御代々樣ゟ格別之以　御寵遇封地拜領仕數百年來奉蒙　御恩澤候段骨髓ニ通徹罷在誰カ片時も忘却可仕乎雖乍然〔之上 皇家ゟ下賜〕朝爵〔元々〕之儀は　皇家之恩賜ニは御座候得共是將　君上ゟ以　御奏聞被成下候儀ニ而君臣之名分は素ゟ確定仕居候間進退存亡隨君命之外更ニ他念無御座候就而は今日ニ至り直チニ　禁闕ニ趣候而は非分潛〔マヽ〕上之儀と奉存候間聊不奉　朝命次第ニ相聞不敬之罪難遁奉恐入候得共只々君臣之大義ヲ不失乍不肖報恩盡忠之旨趣相立候樣仕度一同日夜奮發罷在候何卒微衷之赤心幾重ニも御汲取可然被仰立被下候樣仕度此段奉

願候以上

十一月　　　　在府　雁之間

○號外三慶應三年十一月　正親町三條家へノ投文

正親町三條家江捨文寫右家之外へも有之同文之ヨシ

草莽之疋夫某等謹而書ヲ　二條殿下近衛殿下賀陽殿下鷹司殿下及議　奏閣下ニ呈ス伏而惟方今形勢御復古機相露し大樹自ラ悔悟伏罪之段ニ被相及候事實ニ七八百年來爾《マヽ》未曾有之大盛事ニ而　朝威御挽回之氣運今日ヨリ相開候事与奉存候然ルニ殿下閣下ニおゐてハ如何之御深慮被爲　在候哉大樹政權返上後既ニ數日ヲ歴トモ未タ一點之御改革も不被爲在加之依然大樹江御委任も被爲成度由ニ相聞候天下有志之徒深く抱疑階《マヽ》ニ切齒仕候抑後三條　天皇樣ヨリ以來孝《マヽ》仁天皇樣ニ至迄御代々樣御內ニも御憤懣之餘り恐多くも玉體を孤島上ニ置或ハ干戈之中ニ投し藥石之毒ニ陷り千辛萬苦被爲遊候義唯斯　天祖ヨリ御相談《マヽ》被爲在候而朝憲之奸臣之手ニ

損壞セシ事を被爲憂種々之御枉難とも被爲蒙候件々者歷史之上ニ昭々トシテ古ヲ見ルニ今ノ如ク候事飽迄御承知ニ而往來〔マヽ〕來　殿下閣下朝暮御勤勞被爲成候も此一事而已ト奉恐察候然者今日之機會ニ當回天復古之御所置必御盡力可有之處却而因循躊躇ニシテ私ヲ營公ヲ忘レ既ニ悟非歸正之大樹をして再ひ大逆無道勾引被爲遊候者賴朝義時尊氏家康等所業ニモ超越して　今上樣者無中迄も御歷代在天之尊靈ニ被爲對其不忠不義言語同斷天地人之所不容大罪人ニ御座候速ニ御悔悟被爲遊賢を擧佞を遠ル之御所置ニ御著眼被爲遊度是則　皇威を八表ニ耀し聖恩を四海ニ施行之大御基本ニして朝廷を泰山之安ニ置也　大御弘勳モ可奉仰候若御改心無之時者替天行道之烈夫等豈默止シテ看過し奉らんや必迫之以火焰之以及之擧動旦夕難測奉存候間御用心可被遊誠恐誠惶頓首敬白

慶應丁卯年十一月　　草莽匹夫某等再拜

第三號
○慶應三年十一月　土屋釆女正ヨリ差出ス風聞書

風聞書

土屋采女正

同寺下屋敷内住居
拾三兩貳人扶持
芝増上寺同心小頭
中島旬藏
卯四十七歳
實ハ五十三歳

但去寅年中右先代中島伊兵衛姉聟御賄陸尺頭近藤雄作支配御賄陸尺板倉五郎兵衛弟ニ相成同人里方ニ而伊兵衛病死跡江入夫養子いたし跡式相續當時右役相勤罷在候

右旬藏儀者龜井隱岐守家來福原權太夫次男權助与申若年之砌同藩神野務方江養子相成相續已後同家主人之佩刀を持出し質物に差入置候義及露顯國許ニ而蟄居被申付有之候處拾壹年已前竊に脱走いたし其時節蜂起致居候諸浪士之黨ニ加り京師其外江徘徊中堂上方江も罷出其頃白木綿ニ而稽古着之如く仕立候裸衣江人面獸心之四字を貴人之染筆を請乞背通り江認メ候品を所持八九ヶ年以前江戸表江罷出京橋邊ニ而按摩渡世罷在同所類燒後同人元召仕之由鐵五郎与申もの倶々高輪邊江店持其

頭權助儀妻幷子供兩人を養兼候趣ニ而離緣之上妻者兩人の連子致鐵五郎ニ緣付權助も同居罷在去ル戌年中芝田町三丁目江轉宅鐵五郎者日雇稼權助者按摩取兩人倶稼ニ而漸取續同年九月中江川太郎左衞門屋敷内ゟ上京之ものニ附屬致し京師江罷登り同年十二月中歸府其頃ゟ鳥髮ニ相成本芝入横町ニ而知る人之方ニ同居翌亥年中鐵五郎儀芝濱松町四丁目喜四郎店卯右衞門所持之春米渡世株式諸道具共買求見世持候ニ付權助儀も又々同居晝者米を春夜者按摩取相稼罷在候所此鐵五郎妻者一旦權助ニ連添子供兩人も有之程之儀ニ付間柄不熟合ニ而居り合兼候ニ付子供兩人共權助手許江引取鐵五郎夫婦者同所新網町助右衞門店江別宅日雇稼致權助者子供兩人与三人暮ニ而素裸同樣之躰ニ而春米渡世取續罷在候處追々困窮差迫り終ニ取續兼同年九月中龜井隱岐守留守居役之名前ニ而身分引取之一札町内江差出同所を引拂其後上野州邊等を立廻り足利与佐野与之間ニ而江川村与申所ニ罷在候儒生鈴木千里与申もの

ヽ方ニ暫同居其後又々御當地ヘ罷出天德寺ヘ侍奉公致者寅年中ゟ芝增
上寺家來中島某之入夫ニ相成候由
一同人儀主家を退身後諸浪士ニ交り多く就夫故主家与長州与之間を周旋
致候ニ事寄せ故主家御隱居より之内用相勤候趣ニ而屋敷向出入相叶實
家相續人ゟ壹ヶ月金三分ツヽ之月捧《マヽ》請取諸藩士之慷慨連与唱候族与手
廣く相交り去ル亥年中迄者新徵組之內にも懇志之もの多く其手續ニ而
浪士取締山岡鐵太郎幷支配松平上總介ヘも時々罷出此兩所之賴を請候
由ニ而市中ニ而浪士之輩不行屆之儀有之節取締方世話心付候由此頃同
人儀も專ら仕官之望有之候得共本意を不達依之薩州家幷遠山家等ヘ立
入武術稽古之世話致其外新徵組等夫々ゟ之助力を賴ミ武藝之道場取建
可申目論見候得共是又不相果必至与困窮致候ニ付右實家ゟ差贈候月捧《マヽ》
金を打切掛合ニ而一時に請取此金子を以舂米渡世之株式買求候哉之所
是又不如意ニ而終ニ取續相成兼候場合ゟ人之不行屆を咎メ辭尻揚足を

取酒代禮謝物等を貪取候義多く相聞へ申候

一去ル亥年中柴井町往還ニ而通行之町駕籠ニ障候迚駕籠舁共を取押彼是六ケ敷申成付ケ參り候蒲團を取上ケ候上酒貳升貰受候由

一本芝材木町新兵衞店桝酒渡世鹿島屋善次郎夫婦者權助ニ按摩爲取候節同人義辯才相勝候上世間廣く種々之物語爲相聞候ゟ面白く存殊之外氣ニ入候由ニ而度々呼寄療治得意ニ有之追々馴染深く懇意ニ致候ゟ用便ニも相成候ニ付何角及相談候由然處去ル子年正月中善次郎夫婦之もの隣家ゟ被相招候節權助も居り合せ候故倶ニ隣家ニ連參り酒給居候處權助義者入湯ニ參り候由ニ而立出其後善次郎夫婦立戻り家内取片付候處戸棚之内之賣溜錢拾四貫文餘不足致居候間家内之もの取調候處先刻權助儀罷越戸棚之内ゟ餅抔取出し其身幷留守之ものニも爲給無程立歸候由其節不足致候儀ニも可有之哉之旨一同申聞候由依之善次郎夫婦も權助を深く疑惑罷在候處其後者度々呼迎候得共權助儀一切參り不申其後

月日不分善次郎夫婦寢臥候後物音ニ驚家內取締致候節勝手口ニ權助義
參り居候義有之不審ニ存子細相尋候得共不取留義及返事立戾候樣之儀
兩度有之候由同年三月廿四日夜九時過善次郎妻ミな儀又々物音ニ驚目
を覺家內相改候得者裏口之戶明放し有之候ニ付取調候處居間簞笥ニ入
置候金子五拾兩百文錢拾四貫文外ニ書付壹通紛失致居候ニ付是又同人
之所爲ニ無相違存其筋御調有之候節も同人ニ被盜取候儀与存候段申立
候由
一去ル亥年十一月三日芝三島町與市地借葉茶渡世越前屋忠兵衛宅ゟ如何
之張札有之候處翌四日權助儀同見世ゟ罷越昨日之張札如何致候哉与相
尋候處町法之通り取計候段相答候得者三日之間取捨間敷筈之由申之立
戾候由
一天德寺ニ奉公中同寺帳場役相勤候德圓与申僧去々丑年八月中暇取候後
盜賊筋有之被召捕候由此もの權助与深く懇意ニ而品々不宜風評有之候

ニ付權助義も暇可遣旨申渡候處僧侶之不如法筋品々申立六ヶ敷同寺も困り居候內板倉五兵衞之世話ニ而增上寺ゟ住込漸埒明候由

一右權助事當時旬藏義芝片門前貳丁目古着買遠州屋長助与申者兼而知る人ニ而當十月下旬誘引出し品川邊ニ而酒食之上密々入用之儀有之候間高張挑灯百張葵　御紋付ニ而仕立外ニ陣羽織百枚白木綿百反共不殘取揃可申旨注文致候節提灯之儀者渡世違之儀故及斷其外貳タ口者何れにも取拵可申然共大金之儀ニ付手附前金請取不申候ハ而者難取掛旨申談候處左候得者來月差入ニ者又々罷越金子相渡可申旨相談之上相分レ候處其後一向無沙汰ニ付當月四日長助義同人方ゟ尋參り候途中ニ而出會右之模樣再ひ及談合候處其節旬藏相答候ニ者博多產蠟燭多分ニ爲持遣候間右詭品之儀者當分見合可申与之事何歟酒に給醉不取留返事前後一向相分不申候得共推而相尋候も如何与存其儘立別レ候由他人之見聞を憚り有躰申紛し候哉其胄中見屆兼候旨取沙汰仕候

一芝西應寺町五人組持地借仕立職金次郎義者薩州家中之出入ニ而常々邸内ニ立入候ものニ有之候處近來在留人數無數ニ付用向薄く有之候由然處去月下旬已來用向多く縮緬類八丈類七々子類之衣服并羽織袴其外注文受仕立遣候内尤《由カ》薩邸在留人之由町人躰ニ拵候男毎々罷越金次郎ニ申合多分之端物其外取寄注文致候節者近邊料理屋ニ罷越品々取調金次郎宅内ニ而者取扱不申由且今般潜伏之儀ニ付若邸内之様子相洩し候ハヽ速ニ家族一同可切殺旨堅く誓被申渡置候由ニ而其身の安危を考且者家業之損益ニも拘り候義ニ付何事も相噤一切他言不致依之若差響候而者如何与存斟酌有之候ニ付探索相届不申然共同人宅ニ而白無垢類取扱候儀者無之様取沙汰仕候

一本芝三丁目欠付鳶人足秀次郎義者薩州出入ニ而日々立入候ものニ付同藩之もの同人宅ニ罷越酒食致候儀時々有之依之探方之儀も先差控申候

右之通ニ而長助方者名目計ニ而實事無之是又金次郎方者索披《マヽ》相届不申

乍併畢竟虚喝を申觸し人心を令動搖候迄之儀ニも可有之哉事實入用ニ而注文有之候与も相聞へ不申候

一右旬藏義前書之通ニ而薩藩江者別而親敷立入候ものニ付今般之密謀ニも相加り候萬事指揮罷在候由尤文武一ト通者嗜居候得共格別器量有之ものとも相聞不申然處當月二日夜増上寺方丈家來佐藤雄三郎宅江裏口之〆り打壞し押込候貳拾四五人之盗賊者同人手引致候哉ニ相聞尤此旬藏儀者雄三郎支配を請罷在同人之宅勝手向能相心得居候ニ付案内候哉ニ取沙汰仕候

但此節賊之携參候馬上挑灯者薩州邸ニ而見懸ケ候品ニ相違無之由且引取候節貳手ニ別レ一ト手者麻布邊江立戻候由旁方角も相當致候旨風評仕候

右御尋ニ付密々風聞取調申上候以上

卯十一月

○第七六號ノ三
慶應三年十一月　仙石銑雄出石侯世子建白書

上包
上

口上覺　　　　　　　　　　　仙石銑雄

謹而奉申上候　稲葉侯閣下政固不肖殊ニ部屋住之身分ニ而建言致候者深恐入候得共此節柄心附之儀伏臟致居候も本意ニ戻候間不顧憚左ニ奉申上候

一先頃御大變革ニ付銘々存附之儀者無伏臟申上候樣被　仰出謹而奉畏候得共淺學不才之私式天下之形勢洞觀可致樣も無之只々悲泣慨嘆之外他事無御座候但追々傳承致候得者御譜代諸侯方時々登　城之上銘々見込之儀　閣老樣方御直ニ御尋も被成候哉ニ承知致奉感服候然處柳席諸侯ニ於而者一向御尋之儀も無之甚御疎情之至是ニ者深御掛念之筋も可有之歟ニ候得共是迄二百餘年御恩澤ニ奉浴堅ク君臣之義ヲ結候上者譜代外樣名者違候得共皆一樣ニ御家來之儀与奉存候然處外樣之名目ニ而已

御泥ミ被爲在御疎遠被成候義者乍憚御失策ト奉存候何卒此上譜代外様之無差別時々登　城又者御役宅ニ度々被爲呼寄御懇篤被成候得者一層御恩義ニ感發仕　御爲筋ニも可相成哉ニ奉愚考候勿論當節柄格別　御煩用ニ可被爲渡与奉存候得共人心御收攬之儀者於御政體至極御大切之儀与奉存候就而者他席者不知柳席ニ而者九鬼長門守堀内藏頭兩人早々取締被　仰付於同席も　御爲筋之儀者盡精神講明研究致候樣被　仰出度奉存候乍去私儀者登　城致候も昨今之儀ニ而同列之振合も熟知不仕卒爾人物之儀抔申上候者如何ニも奉對　閣老樣ニ不顧憚申上方ニも相聞候得共一途ニ　御爲筋与存込候間無伏臓奉申上候何卒早々御評決被爲在度只管伏而奉懇願候誠恐誠惶頓首謹言

十一月　　仙石鋭雄

第九九號ノ四
○慶應三年末カ　付箋〔十一月付仙石鋭雄建白書參照〕

美濃殿ゟ

仙石とし雄之儀ニ付被仰遣候條有之候處壹岐殿ニハ如何ニも同人見込心願之相違いたし候廉御不審ニ候得共輕卒被命場合ニも參る間敷候間何れ意味探索之上壹岐殿ゟ御書通可相成之由

原書小笠原壹岐守自筆

イ百〇三
○慶應三年十二月七日　此時壹岐守在江戸

十二月七日壹岐殿ゟ信濃佐太郎へ被渡之

一堂上之形勢五攝家畏縮之事

一薩土會内情之事

薩土者滅幕助幕相半會者已前ニ復する説併動もすれ者被欺之懸念あり

一新撰組を専忌憚する事

一御譜代藩ニ而者大垣を忌候由

一自然東西分割して互ニ肘を張る之勢あり

一薩邊ゟ　公邊之罪を鳴し討幕を唱候處ゟ可破歟又御親藩御譜代邊ニ而

形計之勢を皷張し却而彼之辭柄と成候處ゟ可破歟或者會桑邊之者決議之際ニ望ミ激して破れを可生歟
何レニしても實地ニ奮發して自ら引受さへすれハ破れても害者有之間敷歟

一名義を尊ふ之風盛なる事
一御譜代外様共速ニ上京慫慂之事
一京師近方之諸侯者可成速ニ上京會と力を可合事御役有之向者操替之事
一加州家老呼出上京を何となくすゝむる事
一米澤家老出立日限決著相成候哉大目付邊ゟ問合之事
一御眞情を與り知候程之役々者到底御主意を奉し其他御譜代旗下之者は十分奮發少々暴ニ涉位之方御都合と存候事
一都下御取締尤肝要此義京師邊之大なる響ニ相成御不締なれハ自然諸藩之輕蔑を招事

一松平伊豆至急上京上下百五十人程御船拝借之事
　但上より聲掛り之事　軍艦方へも申通之事
一召捕者之事
　卯十二月七日記

○第九四號ノ四
慶應三年十二月九日　某藩請書

頃年天下紊亂人心不和ヲ生し況外國之交際日ニ隆ク國家之安危危急之秋ニ候然今度朝政一新追々舊典復古且明春　御大禮被爲行候御時節候間人心一和ヲ先務ト被爲遊近年幽閉之輩ヲ被爲解往々無怨志人和一齊シ沿革大成整內制外之次第可相立ト被　思食候間奉戴御赴〔趣カ〕意上下和親シ　皇國之情態可存候事

昨夜四ッ折御書取を以被　仰渡候赴〔マヽ〕謹而奉拜承　御赴〔マヽ〕意之趣難有奉存候則佐渡守ゟ申遣候儀御座候此段御請奉申上候以上

十二月九日　　　　　　　　御名家來
　　　　　　　　　　　　　山田勘右衞門

○第五號
慶應三年十二月九日　越藩へノ御沙汰書寫カ

應召早速登京　御滿足候隨而不容易大事御評定之儀有之唯今參　朝可
有之旨　御沙汰候事

十二月九日

別紙

一御座擔下詰任撰十人之事
一御拜道廊下擔下詰從僕之事
一九門內堂上亭裏門通行被止候ニ付家々ニ右之趣相傳直ニ三人或ハ四五
人充詰取締之事

西北

花園家　八條家　加ヤ陽家　石山家明地
庭田家明地　勸修寺家　烏丸家　穗波家

一條家　近衛家　閑院家　藤波家
竹屋家

王政復古大變革ニ付而者何時非常之儀出來も難計依之右御場所藩兵を以嚴重警衛可有之旨　御沙汰候事

但シ九門內者勿論　禁內ニ至兵士戎服之儘可爲參　朝候事

別紙

守衛覺悟之條々（岩倉より請取雪江持參）

一日ノ御門幷穴門四ヶ所內外
一御臺所御門幷北之方穴門二ヶ所內外
一參（マヽ）臺殿ト奏者所等之前
一神仙門往返人數改取締所
一公家門前桑名固メ被　免跡引替
外御座擔下詰任撰十人之事

御拜道廊下擔下詰從僕之事

右薩州

一公家御門幷南北穴門二ヶ所內外

一南門幷東之方穴門二ヶ所內外

一局御中門之前

一御池庭四枚戸同御文庫前切戸

一蛤御門會津固メ被　免跡引替

外御座擔下詰任撰十人之事

御拜道廊下擔下詰從僕之事

右土州

一准后御門內外

一准后西口中門

一朔平御門幷東西穴門二ヶ門〔マヽ〕所內外

外
御座擔下詰任撰十八之事
御拜道廊下擔下詰從僕之事
右藝州
一御座所擔下詰任撰十八之事
一御拜道廊下擔下詰從僕之事
一九門內堂上亭裏門通行被止候ニ付家々ヘ右之趣相傳直ニ三人或四五人
充取締之事

東西

萬里小路家　甘露寺家　櫛笥家　柳原家
園家　富小路家　御下り御殿　桂御所
高丘家　外山家　唐橋家　鷹司家
九條家
右尾州

一御座所擔下詰任撰十八之事
一御拜道廊下擔下詰從僕之事
一九門内堂上裏門通行被止候ニ付家々右之趣相傳直ニ三人或四五人充詰
取締之事
西　北
花　園　家　八　條　家　賀　陽　宮　石山家明地
庭田家明地　勸修寺家　烏　丸　家　穗　波　家
一　條　家　近　衞　家　閑　院　家　藤　波　家
竹　屋　家　毘沙門堂里坊
右越前
當日覺悟之事
一卯一點必參　朝之事
一同刻兵士操込之事

一御門惣而大門閉穴門ヨリ通行之事

一公家門御臺所門之外者准后雖御門急閉切之事

但守衛兵士通行之儀者格段之事

一被止參　朝候宮公卿見誤無之樣心得之事

一宮公卿參　朝之輩主人之外家來向者悉　御門外限不許之事

但シ隨身物或文通之類者使番仕丁等ニ而非藏人ヘ傳送之事

一御門々々出入人躰見定之爲非藏人貳人出張之事

外ニ使番三人　仕丁五人

一會津桑名藤堂大垣見廻役新撰其所ヽ斥候之事

一非常之儀有之注進之儀出來之節者四分ヽ共ニ非藏人口ニ可申出之事

但非藏人口南ヽ談之間堂上非藏人詰可有之事

一各藩屯所幷從者休息等ヽ之事

日華門外廻廊　月華門同斷　承明門同斷

イ二十七號
○慶應三年十二月十一日 板倉閣老時事切迫を見て兵隊上京を促す密書
以內狀致啓上候然者國事逼迫危急之事情中々筆紙ニ難盡右ニ付而者何時
兵端相開候も難計實ニ至切之御場合ニ付兵隊其外共左之通寸時も早ク御
差廻シ有之候樣いたし度候
一步兵　四大隊程　一騎兵　貳小隊程
一大砲　貳　座　一御軍艦　差繰出來次第一艘も餘計之方
右委細之義ハ御目付遠山修理亮ゟ申含差下シ候間篤と御聞取可被成候此
段火急御用向申進度軍事戒嚴之場合代筆ヲ以不取敢如此ニ御座候以上
十二月十一日　板倉伊賀守
稻葉美濃守樣
松平周防守樣
小笠原壹岐守樣
松平縫殿頭樣

二三日用意ニ而出立候樣御達可被成候事

稲葉兵部少輔様
上包
稲葉美濃守様　松平越中守
稲葉兵部大輔様　御用　板倉伊賀守

同裏
十二月十四日達

即夕返報出ス

イ百四號
○慶應三年十二月十四日　守護職所司代以下免職通知（以下六通同封）

原書右筆書

此度之儀ニ付

御役御免
守護職
所司代

御作事奉行
禁裏附大久保筑後守

御目付
同岡部肥前守

遊擊隊頭
見廻役
町奉行

右之通被　仰付所司代御附伏見組與力同心幷町奉行支配向見廻組等一同
新遊擊隊被　仰付新撰組ハ新遊擊隊御雇申付御賄頭始　御所向小役人何
も御勘定支配勘定等申渡候此段申進候委細尚後便可申進候以上

十二月十四日　　板倉伊賀守

稲葉美濃守様

松平周防守様

小笠原壹岐守様

松平縫殿頭様

稲葉兵部大輔様

原本右筆書

イ百五號

○慶應三年十二月十四日　京都御引上大坂御著城通知

一昨十二日別紙之通　御所ニ被　仰立同日夕七時頃京都　御發途陸路
御下坂昨十三日八半時過大坂御城　著御被遊候此段　靜寛院宮様御初
ニ入　御聽候様存候以上

十二月十四日　　　　　　　　　　　　板倉伊賀守

稲葉美濃守様

松平周防守様

小笠原壹岐守様

松平縫殿頭様

稲葉兵部大輔様

猶以本文之趣向々御達方之儀可然御取計可被成候尤長崎兵庫山田奈良
江は御達ニ不及候

一本文別紙は内狀中江封入差進申候以上

〇一百八號
慶應三年十二月十二日　二條城御退去ニ付御奏聞書前書別紙ノ

寫

防長御處置之儀に付向々御尋之上　叡慮之通被　仰出異議申立候族も無
之筋ニは候得共萬一異存之輩も有之騷動ニ及候儀も候ハヽ　御幼君ニも

被爲　在候折柄自然右樣之儀有之候ハヽ　御驚動は勿論　皇位も如何可
被爲　成哉と深被惱　叡慮候御次第ニ而鎭撫説得之力を盡候樣　御沙汰
之趣奉畏其後　宮闕戎裝を以御固之上非常之御變革被　仰出候ニ付而は
別而鎭撫方深痛心仕候兼々諸役人初今日迄は精々相諭し置候得共何分多
人數之鎭撫方深心配仕候乍不肖誠意を以尊　王之道心を盡し罷在候も徒
らに下輩之粗忽等より水泡ニ屬候樣相成候而は此上深奉恐入候儀ニ付右
人心折合候迄暫時大坂表ヘ罷越申候右は全く末々之もの鎭撫致し　禁闕
之下　御安心之御場合ニ仕度迄之儀ニ御座候間微衷之程御諒察被成下度
候尤同濟之上出立可仕儀ニは候得共彼是手間取候内萬々一輕輩之過誤よ
り國家之御大事を牽出し候而は却而奉恐入候ニ付直樣出發仕候儀ニ御座
候依之此段申上置候以上

十二月十二日

イ百六號
○慶應三年十二月十四日　板倉閣老書簡　繁姫樣出帆ヲ止ムル件　目付上京ヲ促ス件

原本板倉自

筆

別啓繁姫様今日比御地御出帆之趣被仰越候處昨今之御模様ニ而は何分御入輿と申場合無之候故彌御出帆後なれハ致方無之候得共萬一御出帆御延にも相成候ハヽ先暫く御見合相成候様御取計可被成候當地ハ御著ニ候ハヽ先つ御歸府之積ニ御座候

一當時御目付方も御用向多端にて何分引足兼候間原彌十郎早々上京可被仰付候瀧川播磨も爲交替兼而上京御命し相成居候事故別而早ふ上京候様御達可被成候此段早々得御意候已上

十二月十四日　　伊賀守

御同列中様

右筆書

○イ百七號

慶應三年十二月十四日　京都變革二條城御退去公報

以急内狀申進候然者追々急便ヲ以申進候通之形勢ニ立至り去ル十日將軍職御辭退被　聞召候節より　御所ニ而ハ　尹宮二條殿下其他官家二十人程も被退總裁議定參與之三職被差置攝關武家傳奏所司代守護職被

廢九門ハ尾藝土薩之警衛と相成長兵五小隊　禁中ゟ繰込其他大變革之模樣相成候ニ付而ハ當方戰士之向ニ於而ハ　御家之存亡最早今日限りと一圖ニ存込畢竟此次第ニ立至り（候カ）ハ薩之奸計十分被行可憎之極と思ひつめ候より一同之憤怒一方ならず會桑二藩ハ不及申陸軍役々遊擊隊新撰其外何れも奸藩ヲ皆殺シニ可致心得ニ而　御命令次第速ニ打出候覺悟いたし其他議論沸騰中々押ヘキレ兼候勢ひ　上ニも一時ハ御憤怒ニ而既ニ御出兵可相成一段之處再三　御熟慮被遊しニ國持ハ勿論御譜代之向共此場合ニ至りても更ニ振候樣子無之御手兵とハ雲泥之相違既ニ加州抔過日中多人數差出置候處去ル十日ニ至り何等之所存ニ候や私共當地ニ罷在候も恐入候儀ニ付一ト先國元ゟ退キ兵力養候上再登可仕抔取留らぬ儀申立置勝手ニ人數引揚候由實ニけしからぬ心得此上外大小諸侯とも加州之擧動ヲ見習候も難計中々御依賴所ニ無之又一ツニハ前文奸藩之所爲ハ內まく之事ニ而表向ハ顯然と　朝廷ニ列り　天子ヲ擁

シ號令いたし候事故輕易ニ奸藩ヲ御討伐ニ而ハ忽チ御名義上ニ拘り可申左候而者最前御歸權并將軍職御辭退等之御誠意も半途ニシテ水泡ニ相成候形チニ而是又御遺憾之極併彼より暴擧ニ及候節ハ無論御應ジニ而至當之義只々此方より聊ニ而も手出シニ及び　朝敵之名被唱候樣ニ而ハ重子々々彼等之術中ニ陷り假令百勝之見据有之候共結局之所御不都合ヲ極メ候義と此處　御熟慮被爲在候へ共京地御居り付キニ而ハ烈火之如ク起り立候人氣御鎭靜も不被爲行屆且ハ萬々一彼等より被仕懸候節　御城ハ彼の通之地形勝負之程も難計其上狹隘之洛中一面之火と相成候ハ眼前之事左候得ば百萬之生靈灰燼と相成候ハ必定旁以御在京ニ而ハ御不利申迄も無之候間俄ニ御下坂と御決議相成り別紙　御奏聞書之通被　仰上一昨十二日夕　御發駕昨夕刻陸路無御滯　御著坂相成御同樣恐悅無此上奉存候

二條　御城御立跡御取締且物情鎭定之儀ハ玄蕃に御一任相成申候且同

所御守衞之儀ハ本國寺連二百人之もの必死ヲ以御引受申上私共一人たりとも存命之內ハ何樣いたし候而も明渡シ候儀ハ決而不仕若一同落命之一段と相成候ハヽ燒拂候而死ニ就キ可申旨誓而申立扨々忠勇義烈之志感服之至ニ御座候併何を申も小人數之義萬々一之ため步兵大砲方新遊擊隊等相當間配り非常之御備ハ相立チ居申候

一紀伊殿兵隊多人數御召連一昨十二日御著坂相成申候

右之段先不取敢申進度猶追々可申進候日々徹夜言語ニ盡兼候大紛雜中々執筆之暇無之不得已代毫御海恕可被下候以上

十二月十四日　伊賀守印

美濃守樣

周防守樣

壹岐守樣

縫殿頭樣

兵部大輔樣

原本自筆

○慶應三年十二月十四日　イ百九號　板倉閣老書簡兵隊軍艦の上坂を促す

先便申進候兵隊上坂之義者早々御取計被成候樣存候至急至切之義ニ御座候

當節之形勢ニ付而者佛傳習敎師之內半分早々上坂仕樣　御沙汰ニ御座候人撰之義は其方ニ而御取極被遣候樣との事ニ候

一モニーﾄル亞國より著船候ハヽ右乘組之士官等其儘御軍艦方倔強之人物乘組早々攝海ヘ相廻候樣御取計可被成候此段も申進候樣御沙汰ニ候間此段申進候餘は讓別紙早々不一

十二月十四日　伊賀守花押

縫殿頭樣

兵部大輔樣

上包
松平縫殿頭樣　板倉伊賀守

稲葉兵部大輔様　御直披
上包以上六通
江府御同列中様　御直披　　板倉伊賀守
同裏
十二月十五日メールニ而差出

板倉自筆
第六八號
○慶應三年十二月十七日　在坂閣老贈在府閣老書
上包
イサヤ川　十七日出
廿二日達

以内狀啓上仕候然者別紙御　奏聞狀奉書ﾆ立派ニ御認させ席々幷御盛本之面々ﾆも御達可被成候尤問合候向も候ハヽ申迄も無之候得共乍恐御當家之御安危此時ニ有之候間壹騎一兵ニ而も嗜次第引率いたし早々大坂ﾆ馳登候様大目付御目付等ﾆ御諭し置爲申聞候様御取計可被成候一御手前様之内御壹人海陸軍奉行幷附屬之役々兵隊軍艦とも御在合丈海路乘組早々御上坂有之様　御沙汰ニ付此段申進候且千忙中以代筆申述候不一

十二月十七日　　豐前守 判

伊　賀　守判

江戸御同列様

イ四十三號

○慶應三年十二月十七日　於長崎孛國コンシユル内話

卯十二月十七日孛岡士リンダウ内話大意

佛國人モンブランク儀兼而知ル人ニ有之由者此程申上置候通ニ候處一両日前同人儀鹿児島ゟ帰著昨夕晩餐之振舞有之馳走之後ニ別席ニ而密かに譚話有之候者此節拙者薩州ニ相越候處同所之攝ヽ待向格別ニ而太守ゟ平常及禮式の衣服類一式幷リツドル等被相贈實ニ叮嚀を盡され候儀ニ有之隨而拙者思ひ立候事件も有之一先歸國之意も有之候ニ付其許若其商會を離れ歐羅巴ニ歸去之念意も有之候ハヽ拙者歸帆之節便船被致可然實者自今三ヶ月後薩州手船キヤンスーゟスウエス峽まて相越候積ニ有之由申聞依而私相考候ニ當港ゟスウエス峽迄飛脚船ニ而相越候得者僅八百ドル位も相懸り可申然るに別段キヤンスー船相仕立候得者凡貳萬トルも入費相懸

り可申斯莫大之入費を不厭相越候者必不容易之企可有且又各國之使節公用ニ而他國ニ至り候節者飛脚船等ニ便船不致別段國王之軍艦相仕立候筈ニ付此節モンブランク儀も定而薩侯之頼を受假ニ同國官員之名を借使節として歐洲ゟ相越し不穩之形勢引起し候ためニも可有之与推察致候其後猶申聞候者其許商會ニ而年分何程の利分可有之哉先刻申入候通拙者之意ニ組し一件ニ加擔致し候ハヽ一年二三萬トル之受用は無論ニ可有之抔申聞頻ニ奸計ニ引入度談有之隨而兼而御申聞之次第も有之政府の御爲一策を構へ候へ者モンブランク歸便ニ托し一の心腹の人を歐羅巴人御雇相成可然同人之一味となし同船ニ而差遣し其所置を熟視し候上密かに彼之謀を挫折せんため各國ニ新聞紙を出し衆心を醒覺し候ハヽモンブランクの奸計をして忽ち瓦解氷材（マヽ）せしむるは案の内ニ可有之是則新聞紙流通之功力ニ而謂ゆる一枝筆半張紙ニ而千軍萬馬ニも勝るとも可申歟又萬一私相越候樣ニも相成候ハヽ同行之内日本近古事情ニ通達せる人壹人熟練せる譯司壹人同道

致度尤富商之子弟外國商賣見習のため又者藝術修行の爲外行致候姿ニ取拵へ人目を認〔忍カ〕ひ私儀事を行れ候時ニ至り隱處より密々意を添へ詞を加へ候樣仕度存候尤拙者相越候節者預しめミニストルヘ告知し候上退崎可仕尤當商會ニ罷在候內者難叶候得共第四月來年三月ゟ〔マヽ〕ハ年明き候儀ニ付其節一勉强致度儀ニ奉存候

第八六號二通ノ一

○慶應三年十二月十八日カ

乍恐內々微意奉申上候

恐多くも宇內方今强は弱を併合之形勢を釀し候哉決而御油斷ならぬ御事ニ而御兵備御嚴整之外御策も不被爲在哉ニ奉存上候依玆此度歸府之旗下銃隊兵卒家々暇出候哉ニ付右之內一小隊なりとも御撰御抱入被遊候ハヽ卽今仕込之兵卒とも違ひ眼前御備にも相成可申候何卒　御英斷ヲ以速御處置被爲在候ハヽ無此上御事と奉存候伴金吾仕込之兵卒多御座候趣ニ付同人ヘ　御沙汰相成候ハヽ可然御儀と奉存候此段乍恐奉達內聽候謹白上

十二月十八日

第八三號ノ三
○慶應三年十二月廿日カ　永井日向守攝州高槻城請書

今般於京都表被　仰出候御書付之趣拜見仕誠以奉恐入候御次第何共申上方無御座候勿論奮發盡忠之儀者申上候迄も無御座候此段御請申上候以上

十二月廿日　　永井日向守直介

イ八十二號
○慶應三年十二月廿日カ　間部下總守請書

一昨日御書面を以被　仰渡候御別紙謹而拜見仕候處不容易御變事誠ニ奉恐入候殊ニ若年之私別ニ奉申上候儀曾而無御座候御當家ニ盡忠誠候外ニ念無御座候此段御請申上候以上

十二月廿日　　間部下總守印

上包
十二月廿日　　間部下總守

イ四十二號
○慶應三年十二月廿一日　孛國コンシュル內話

十二月廿一日孛岡士リンダウ內話大意

過日佛人モンブランク之儀ニ付尊下之通辯官迄申入置候事情定メテ御承知与奉存候方今貴國之形勢日變月改一二强暴之諸侯朝幕之透を伺ひ其意を逞ふせんと致候義歐羅巴古代戰爭之時与其轍一般ニ御座候其一端を擧て申候へハ佛國革命之亂に時之王ルイス十六世を權家コンウヱンシユンニ而凌虐しルイス位を避て他所ニ移りしにコンウヱンシユン寧辭を以再ひ復位せしめたるハ衆人の惡ミを恐れ暫く是を戴奉する姿を示し其後程經て竟ニ是を殺し申候貴國此節一二の諸侯多兵を率ひて京ニ入り密かに朝幕の通路を絶んとするの策幷王政復古之事抔も彼等之策かと奉存候此二策ハ先發端之一擧ニ而是よりして猶其素望の極ニ漸々に至り可申歟一二之諸侯はコンウヱンシユンニ同しく幕府ハ譬へハルイス十六世の如し朝廷ニ政權を歸せしめたるは彼寧辭を以ルイスを復位せしめたるニ同一也此時ニ當てルイスは己を殺すを知らされともコンウヱンシユンの逆意は既に萠せり幕府ルイスの横死を歎き給はゝ非常の英武を皇張し今此時

ニ當て一大憤發なかるへからす國內之形勢如此なるに之ニ加ふるに外洋之諸國双方之動靜を傍觀して强きを助け弱きを打たんとするの由又外國政府ニ而ハ日本政府を倒すの意あるは知らされ共其專要とする處は日本ニ來れる其商民の安全を守護すへき堅固之政府ありて其國亂の時ニ當て速ニ鎭靜せん事を希ふのみなり故に諸侯强く幕威弱けれハ久好を捨諸侯を助けんも計り難し況や英公使の聰明膽勇進を知て退を知らさる佛公使の狡佞貨財を貪る必大害をも釀すへく米國公使ハ純然たる一樸夫ニ而痒痛己ニ拘らされは先は默過する人なる故ニ提督ベールの英賢も空しく徒有に屬したり英アトミラルケツプルは猛威無双之戰士ニ而公使ゟ一言一たひ發する時は曲直を見す直ちに進む爰を以英國海軍局中ニ而ハ此人吃啖虎の稱を得たり各國之公使提督各勇壯ニハ候得とも是又憂ふへき事ニ無之是を剿滅せしむるも又容易に行われ可申候是則新聞紙流通之功勢を現わす所ニ御座候譬へハ去年英公使薩長ヘ罷越候儀ニ付政府ニ而是を打

たんと欲セハ同人於江戸大君政府与和約取結なから政府ニ敵對したる兩國に交通せるは自ら結んて自ら破る也と各國ゟ申觸し又過日之佛人モンブランク之儀ニ付而ハ現然條約を犯したる罪を岡士是を召連て奉行所ゟ出來るハ是民をして條約ニ背く事を敎る也と相記し廣く播布し候ハヽ本國政府始て愕然之思ひなるへし貴國大政ニ拘りたる大事件ニ至りては尤捨置難き事なる故右新聞流傳之一策御取用被成候ハヽ急速事を成すへき外國人御雇日本達士同道ニ而密に本國ニ罷越し要務を一々書記し英佛索学カ蘭其他の國ゟ一時ニ流傳爲致先年ゟ薩州ニ而モンブランク相雇自國之勢を示し詞を飾る人を迷わせし造言を證を擧ケ據を押さえて辨解し歐羅巴各國の迷を悟し諸侯を落して政府を引揚け幕威赫然と相現われ候ハヽ萬國擧て一般に先年盟約之舊誼を思ひて政府を助け候議論も一定候樣可相成乍去是迄ニ至り候ニは右雇入相成候者之器量ニ因り候事ニ付此御人撰要用と奉存候私儀も來四月辰年三月より少しく閑暇を得候儀ニ付愚策御取用

ひ候ハヽ速ニ本國ニ立越御用辨取計可申候

イ四十四號
○慶應三年十二月廿二日　河津伊豆守寄小栗上野介書

以內狀進啓仕候嚴寒之候倍御壯健ニ被成御動止奉賀候然者兵庫ハ無滯開港相成候趣御同慶ニ奉存候然ル所外國人共種々浮說も有之京地ハ三藩ニ而　御所を取圍幕府之間を立切候趣且彌御辭職罷成御東下之趣等薩より申唱其外五卿も官位復舊薩迎船にて博多より歸洛之趣是ハ如何なる計策有之哉難圖候得共上洛丈ハ實事也當表も品々懸合之筋不少候處更ニ京攝之實事難相分五百里外ニ別府を開き居候ニ者甚痛心之至ニ御座候右ニ付此度外國人より申出候事も有之支配向京地へ爲差登候事ニ御座候

一天草陣屋ニ强盜押入莫大之御收納金被奪去其上警衞之もの死亡も御座候間早速支配向差遣シ承り糺候趣幷探索之次第別紙ヲ以申上候右連類致居候賊召捕候處薩人ニ有之主謀之ものは筑前之よしニ御座候錦之袋

ニ入候もの首ニかけ居候而　勅書ト唱候趣兼而ハ天草へ押入大金ヲ得候へは夫にて軍艦買入上京之策致候旨申居候由召捕候もの申立候三條實美も其頃當所へ潜行薩邸ニ罷在候處右一條起り急ニ陸路宰府へ相歸り申候此度薩船より五卿ニ歸洛も少々いふかしきもの哉ニ被存候御預ヶ五藩へ別段之御達ハ無之旨肥前重役ゟ内々申出不審致居候事ニ御座候扨亦支配向差遣シ承り候處郡代之評判至而不宜來春ニも至り候ハヽ又々騷動等引起可申哉ト庄屋共懸念いたし且御勘定所ハ愁訴致候ニも遠路之義ニ付何事も情實不相貫候間御預り所ニ相成候樣希望致居候趣是ハ實ニ可恐事共ニ而人心之向背を見るにたり申候元高木作右衛門支配中も難義致候得とも長崎間近故品ニより直ニ申立候間今日ニいたり候へハ作右衛門支配中之方相勝り候趣申居候夫是勘辨致候へハ天草へ可然人物御撰有之御代官被遣候方ト奉存候右惣括ハ當地ニ而取扱都而百姓共情實相貫候樣仕候義此節柄第一ニ可有之長崎近傍纔七千石計之

地ニ御代官被差置市中入交り何事も二重ニ手數相懸り候間右者奉行御預り地ニ被仰付候方ト被存候間別紙建白草案差出候ニ付御覽之上思召無御座候ハヽ淸書御申付御進達可被下候高木作右衞門ハ當時御取立相成候銃隊之方へ召遣候樣可仕ト奉存候右は先便申上候趣も有之且京地ニ於而御差圖之もの故同所へ相伺候事ニ御座候

一先便追々申上候モンフランク義此程薩州ゟ立戻り何歟密計有之趣且西洋諸洲へ品々惡說申ふらし候事ト被存候犯法之廉嚴敷岡士へ申談候得共公使へ申立候間右差圖無之內ハ取計兼候よし申聞候今便進達書幷字岡士リントウより內々申出候義書取差出候間御一覽之末御差出可被下候右之上表をかき候樣御一策無之而ハ御不都合之ものト奉存候

一今便東條八太郎義も米飛脚船にて歸府爲仕候間何と歟身分在付候樣御周旋可被成下候此度之義ハ實ニ寃ニ御座候猶同人へも申含候義御座候間御聞取可被成下候

一當所御改革も大體取調出來候間今便差立申候撤兵代りも御內敎ニ基付右之內ニ而取賄候樣相纒り候事ニ御座候追々世話仕千人之兵士ハ出來候樣罷成候何分此節柄兵備無之候而ハ一日も御安心難相成候諸藩者更ニ當ニ不相成害のみニ御座候右之內肥後ハ實意ニ心配致居佐賀筑前は舊格式ニ用ニハ可相立且反形ハ不相見候得とも眞實之所はあてにもいたし兼候

一箱館ニ於而御普請役俵物前貸金遣込一條之義ハ大坪本左衞門へ篤ト申談置候間同人ゟ可申上今暫ク御猶豫可被下候

右之段申上度且當季相伺度如此御座候早々頓首

十二月廿二日　　伊豆守花押

上野介樣

尙以時下御厭專一ニ奉存候江戶表も種々之義有之候哉ニ及承申候何廉御厚配ト深察仕候在方懸りも又々相替り候よし度々動き候而ハ民心折

合申間敷哉ト被考候事ニ御座候是も無御據御事ト奉拜察候敬不盡

イ六十五號
○慶應三年十二月廿三日　在坂閣老書簡（以下四通同封）

原本代筆ニ似タリ

本月十日御內狀拜見野州草賊鎭壓方も早速御行屆一時は嘸々御苦心之程御察申候先々御同怡奉存候

一市中御取締向夫々御良策も相立候由何卒本原之地御鎭靜御盡力御座候樣奉存候

一野州一件ニ付申上探索書類五冊御廻シ落手承知いたし候

右別便之御報

新潟表開港諸取扱方追々切迫ニ相成候ニ付糟屋筑後早々歸府爲致筑後なり白石下總なり早速新潟ゟ御遣しニ相成不申候半而は御不都合之義は萬々承知いたし居候得共當地何分外國之方取扱向多端ニ付卽今筑後歸府爲致兼候乍去新潟之方切迫も是又等閑ニいたし兼候義ニ付平岡和泉ニ而も又は誰なり共新潟御用取扱候樣被仰渡置之御手續ニ可被成候

其中ニは筑後に歸府可申渡与奉存候尤筑後事外國局中永滯在は折合方不都合与之趣も承り込居候間いづれニも新潟へ轉し候積りニ有之候ニ付其段御含置惣奉行幷ニ惣奉行並にも内々御話し置之方与奉存候筑後事奉行並ニ而は當地おゐて不都合之事も有之候間外國奉行被仰付候

一昨廿二日伊賀守に英公使ハークス面會いたし度旨書翰差出し候ニ付對話及候處長崎表同國アグルス船水夫殺傷人穿鑿方之義ニ付兼而平山圖書頭被遣候御約束之處今以御遣し無之早々是非とも御遣し有之候樣相迫り右は公議相決候迄は都て外國交際御引受之積ニ而斷候辭柄も無之去迚當地種々御用も有之同人被遣候事ニも難相成候間伺之上堀内藏頭可遣旨別紙之通書翰遣し申候間其御含ニ而同人出崎有之候樣いたし度此段も申上度草々如斯御座候已上

十二月廿三日

豊前守印

伊賀守印

江戸御同列中樣

イ六十五號ノ内
○慶應三年十二月　英國公使ヘ可被差遣御書翰案

以書狀致啓上候然者平山圖書頭長崎表ヘ差遣可申義ニ付昨日御面晤之節御談話之趣も有之右者兼而御約束いたし候義ニ付夫々出立之用意も致し候處貴樣ニも御承知之通國内紛紜相生し心ならすも追々延引ニおよひ候尤長崎奉行於て亂暴人探索方ハ精々骨折候義ニ候得共右之義ニ付而は貴樣より貴國政府ヘ御書通有之候趣且は御兼約之義にも有之候得共當今國事多端之折柄圖書頭義當地於て專ら御用筋取扱懸居候廉々も有之同人義差向長崎表ヘ差遣候義ハ何分にも不都合之次第有之候間若年寄外國惣奉行堀内藏頭義圖書頭代として長崎表ヘ差遣し候積ニ候右可得御意如此御座候以上

十二月　日　　御　一　名花押

シエルハリエスパルケスケシビ閣下

原本豊前守自筆カ

イ六十五號ノ内
○慶應三年十二月廿三日　二條御退去後在坂閣老書簡

十二月十二日附御內狀拜見先以　上樣益御機嫌能被遊御座御同意奉恐悦候次ニ各樣方愈御安健御奉職相成奉大賀候然は目今切迫之時勢ニ付先便申進候處歩兵は一大隊長鯨一大隊は陸路十七日出立跡もひき續御差登騎兵は三小隊砲兵は二座十七十八兩日陸路御差立相成就而者　繁姬樣長鯨御出帆は先御見合尙申進次第御取計可被成候義承知いたし候

一軍艦は御差支運送船御勘定所持ニ候へ共早々御修復出來候樣製鐵所に御促之由精々御盡力可被成候

一小野友五郎兵隊一同乘組出帆爲致旨承知いたし候

一前文之次第ニ付御譜代御呼上心得方等御談之旨御評議之由御尤壹人一兵ニ而も餘計馳登三百年之御恩澤を奉報候は此時ニ御座候

一野州賊徒八州取締等之手ニ而手際ニ鎭壓いたし候由御同怡ニ奉存候關東ハ根本之儀ニ付何卒御鎭靜ニ相成後顧の慮無之樣いたし度候

一當節御用狀も是迄之如く遠隔齟齬有之而は不都合ニ付誰也廉書爲持一ト纏ニ而差下へく旨拜承御地より同樣之旨承知致候
一日記可差進旨承知仕候妻木多宮に相命置候間出來次第都度々々御廻し可申此度之義は大略出來丈御廻申候
一御地御決論之旨次便御申越し可被下候右御報如此御座候以上
十二月廿三日夜第十字認

豐前守
伊賀守印
越中守

江戶御同列中樣

尙以御端書所司代守護職ニも去ル九日御免相願大坂に御供いたし漸之事ニ而於京地暴發ニ不相成此度之御下坂者眞の御良策ニ有之於坂城彼の機會を待て寬急御處置被遊ニ付追々彼も孤立之形勢ニ相成勝算目中ニ有之候樣相運可申機會ニ御座候會桑藩とも一時は憤懣ニ不

堪氣色ニ候處此處鎭靜勇氣を蓄罷在候可頼忠義金石の如くニ御座候

已上

○イ六十五號ノ内
慶應三年十二月　二條御退去後ニ於る京情探索書

昨十四日仙臺兩肥兩筑柳川雲州阿州等　御所より被　召何れも罷出候處十三日諸藩申合差出候建白御稱有之且云　天朝と德川と之御間柄ニ於てハ聊も御隔意ハ不被爲在候間一同其旨相心得盡力致候樣御口達有之御趣萬里小路殿之言也と云

一上樣御正實於　天朝も盡ク奉稱譽何レも　御德ニ感候樣子於是乎土藝尾越藤堂細川何方へ參り候而も　上樣之御美德不奉稱者ハ壹人も無之候

一長防人も　上樣　御正實ニ者奉感佩候何も御恨抔申上候樣子ハ無之と云々備前藩澤井權十郎之言也

一藝藩三宅萬太夫ニ面會仕小子共云會桑之士大憤發一人として不死もの

ハ無之續而陸軍も同樣大憤激此を以戰ハ假令薩兵雖强不敗之理なしと申候處三宅云會桑之事世間ニてハいろ〳〵と評批申候得共御咄を承り候而ハ實ニ德川御氏之御寶也と被稱候事ニ御座候諸藩人名

尾　荒川甚作　　同　丹羽淳太郎
同　田中國之助　　越　中根雪江
越　酒井重之丞　　同　毛受鹿之助
サツ　岩下佐次右衛門　　同　大久保逸藏
同　西鄉吉之助　　土　後藤象次郎
土　福岡藤次　　同　上山尤〔左カ〕太衛
藝　辻將曹　　同　櫻井與四郎
同　久保田平作　　細川　溝口孤雲
津田山左衛門

一乘院御里坊ヲ假參與館ニ相成是ハ日々出勤と申事ニ御座候

一藤堂藤井丹助須知九右衞門云參與所ゟ罷出樣子を見候處議定所より始終呼ニ參り候名前ハ大低ハ後藤大久保之兩人のミニて其跡ハ格別多用之樣ニも見受不申候云々京師取締

松浦　園部　笹山　高取　膳所　水口　大洲　龜山

町奉行替り　笹山　龜山

右改而被　仰付候よし

一今十五日諸藩不殘參與所ゟ罷出候樣御達有之藤堂歸雲須知九右衞門兩人罷出候由如何成ル御沙汰ニ御座候哉御分不申候得共多分昨日申上候御布告之一儀ニも可有之歟と愚按仕候今夕方備前藩雀部八郞ゟ面會仕候處此者之御所より被下候事ハ今日延引ニ相成候と云此義も然と取調後ニ可申上候事

一八日九日御大變以來備前藩等ハ何事も御打合等ハ一切無之候間少しも御所之御模樣御分り不申と云ハ備前守樣御上京期日不相分候由併牧野

權六郎八日ニ國元發足と申事ニ候得共御大變を承知致候ハヽ途中ヨリ
引歸候も不知と申事ニ御座候何ニ就候而も君公之御上京を促し候より
外ハ無之と被申居候備前藩も是より後ハ何事も申合爲國家盡力可致と
申事ニ相成候猶逐々時情可奉申上候草々
一大原公之家來某大原公之使者と申て土州藩へ參り内府公下坂之義ハ沈
靜之爲と申ハ僞實ハ坂地ニ而割居兵を養ひ不容易場合可及候間於　朝
廷も御手配被爲在度既ニ藝藩ニ而も人數差出ニ可相成手筈ニ相成候間
御藩ニても速ニ御出兵有之度と申候由右ニ付後藤象二郞大原公ゟ御逢
云々之事申候處大原公承知と申候ニ付御家來者相違有之間敷と相尋候
處家來之趣相答候由後藤云左すれハ一大事大事誤候事を申觸不屆者ニ
候間切捨候より外ハ無之且又御前ニ而其儘ニ御差置被遊候ならハ畢竟
御前御罪とも可申上候間御首ヲ頂戴不仕候而ハ不相成譯也と申候由右
故同列之堂上ヲ以內濟心ニ辭職之事と後藤ゟ御談ニ相成候處後藤云至

極可宜右樣之御方樣廟堂ニ御立被爲遊候而ハ御新政之始以の外ニ御座候間速ニ御辭職可然と申上候由右故御引籠りニ相成候と云

十二月　　穂積亮之助

新井謙二

上包以上四通同封

稲葉美濃守樣　　松平越中守

稲葉兵部大輔樣　　板倉伊賀守

松平豐前守

十二月廿三日發ス　　十二月廿九日達

裏

原書豐前守自筆

イ六十六號

○慶應三年十二月廿四日　大坂閣老急檄幷水戸公へ御直書（共五枚）

一筆啓上仕候甚寒之節御座候處先以　上樣益御機嫌能被遊御座御同意奉恐悦候次ニ各樣方愈御安壽被成御奉職珍重奉存候然は追々當地之御模樣も御承知ニ而御心痛之義と御察し申候拙子共ニも日夜苦心困難罷在候御地も兎角浮浪之徒暴行及候よし去ル十五日江戸出立會藩柏崎才一上坂申

聞候ニハ江戸彼邸ニ屯集之浮浪之徒江戸を放火し大擧をなし根原を突の策を立小田原近傍大久保出雲守陣屋燒拂等此地ヲして後顧の念を生せしめんとの奸謀既に顯れ候上者草賊共到處兵威を以討滅之策を速ニ御施可被成候酒井左衞門尉松平大和守堀田相模守等ニ被命火急討滅ニ及候樣可被成候討滅之手續ハ處々徘徊先或者押込暴動之ものを討取自然彼邸ゝ跡の付候上者無二念邸を衝突いたし候樣被成候方可然右は最初町奉行より同邸ゝ懸合有之於當藩鎭撫方精々心付候得共力不及候間於出先暴行及候ハ、御召捕御座候樣相答候との風說も有之候上者直ニ彼邸へ手を下し候譯ニも至ル間敷哉乍去顯然證迹有之候上ハ本邸を討可然候哉一體右樣江戸近傍幷市中强賊縱橫ニ暴行及候を一人も召捕候事も不相成市民の依賴を失ひ　御威光をも汚し以の外之義ニ御座候此段申進候樣御沙汰御座候

已上

十二月廿四日夜八字認　豐　前　守

伊賀守印

越中守

江戸御同列中様

尙以時下折角御自愛專要奉存候於當地も過日　御奏聞も被遊右御手續立次第速ニ御討伐被遊候義ニ付東西相應し彼ヲして落膽せしめは御成功可立御待と奉存候以上

別啓當節柄之義ニ付水戸殿へ御愼御免正奸共混同御召遣此節之草賊追討之御沙汰被　仰出別紙寫之通　御直書被進候間早々御達兼而御趣意之趣を以御取計可被成此程申進候筑波殘黨諸家御預之者共も早々御預戻し夫々鎗劒等之隊ニ編成し草賊討伐之方ニ御用被成候樣是亦早々御取計可被成候早々不悉

十二月廿四日　豐前守

伊賀守印

越中守

江戶御同列中樣

別啓水戶殿へ御直書被遣候間早々御達可被成候尙又各樣方へも御書下壹封御下被進候間御拜受可被成候早々已上

廿四日夜　坂地　兩人

江戶御同列中樣

水戶殿ゟ被進候　御直書寫

一翰呈晋愈御清穆大賀之至ニ存候當今草賊四方ニ蜂起し不容易時節是迄紛紜之論は扨置鬩墻之節ニ無之候間御愼。〔脫アルカ〕直樣關東之賊徒追討可被成候當節柄御臣下之向も黨與不相立同心協力爲　皇國抽精忠候樣能々御諭澁田赤沼等之者共も被召遣光明正大各爲　天幕勳功を可相立旨御說得夫々功を以旣往を不咎候樣御措置有之樣存候不悉

十二月廿四日

板倉自筆

上包以上四通同封
稲葉美濃守様
稲葉兵部大輔様
松平越中守
板倉伊賀守
松平豊前守

裏

十二月廿四日發　十時二十五分前
同廿九日達

イ九十六號
○慶應三年十二月廿四日　水戸藩年寄への御直書寫

卯十二月廿九日頂戴之御直書寫

目今奸賊機ニ乗し闘左を躁《マヽ》かし候由水府始江示し合暴行之草賊速ニ討滅致し當地後顧之患無之様無二念取計候様可致候也

十二月廿四日　御判

水戸年寄共江

イ六十九號
○慶應三年十二月廿六日　一柳對馬守伺書

私儀上京伺相濟候ニ付御當地發足可仕与奉存候處去ル廿三日於　營中拜見被　仰付候　御建言之趣誠以奉感激候右ニ付直様上坂可仕と奉存候得

薩邸討伐ノ件

共從　朝廷被爲　召候廉も御座候ニ付一先上京仕御模様次第速ニ上坂可
仕候乍去萬一京都表御用之品ニ寄手間取候共非常之節者乍少人數も　公
邊之御爲盡力忠戰相勵　神祖以來之御厚恩奉報度兼而之志願二念無御座
候此段御聞置可被成下候然處御當地昨日不容易御次第も御座候ニ付上京
伺濟之儀ニは御座候得共發足之儀猶又爲念奉伺候否何卒速ニ御指圖被成
下度奉存候以上

十二月廿六日

上包

一柳對馬守

第六號

○慶應三年十二月　朝廷ヨリ宮堂上幷地下官人ヘノ諭告書

德川内府從前御委任大政返上將軍職辭退之兩條斷然被　聞食候抑癸丑以
來未曾有之國體　先帝頻年被惱　宸襟候御次第衆庶之所知ニ候依之被決
叡慮　王政復古國威挽回之御基被爲立候間自今攝關幕府廢絶卽今先假ニ
總裁議定參與之三職を置萬機可被爲行諸事　神武創業始ニ原キ搢紳武辨

堂上地下別なく至當の公議を竭シ天下之休戚同ク可被遊　叡慮ニ付各勉勵舊來驕惰之汚習を洗ひ盡忠報國之誠を以可被奉　公候事

一內覽　勅問御人數國事御用掛り議奏武奏守護職所司代總而被廢候事

一三職人體

總裁　有栖川帥宮

議定　仁和寺（寺宮カ）　山階宮

中山前大納言　正親町三條前大納言

中御門中納言　尾張大納言

越前宰相　安藝少將

土佐前少將　薩摩少將

參與　大原宰相　萬里小路辨

長谷三位　岩倉前中將

橋本少將　尾藩三人

越藩　三　人　　藝藩　三　人
土藩　三　人　　薩藩　三　人

太政官始追々可被與候間其旨可心得居候事

一朝廷禮式追々御改正可被爲在候得共先攝籙門流之儀被相止候事

一舊弊御一洗ニ付言語之口被洞開見込有之向者不拘異議無忌諱可被致獻言且人材登庸第一之御專務ニ候故心當之仁有之候ハヽ早々可有言上候事

一近來物價格別騰貴如何トモスヘカラサル勢富ハ益富ヲ累ネ貧者益窘急ニ至り候趣畢竟政令不正より所致民ハ王者之大寶百年御一新之折柄旁被惱　宸衷候智謀遠識救弊之策有之候ハヽ無誰彼可申出候事

一和宮御方先年關東ヘ降家被爲在候得共其後將軍薨去且　先帝攘夷成功之　叡願より被爲許候處始終奸吏之詐謀ニ出御無詮之上者旁一日も早く御還京被爲在度近日御迎公卿被差立候間其旨可心得居候事

右之通御確定以一紙被　仰出候事

○第五八號
慶應三年十二月　尾張老侯建白書

上包
書付

寫

謹而奉言上候臣慶勝不才闇劣之性議定職之大任蒙　仰候段　恩寵不堪感荷奉存候其砌謹而　御請者奉申上候得共猶退而熟思仕候得者此度　王政一新之折柄大任之職ニ列候儀素より微力ニして難堪負荷且宗家旗下之者鎮撫筋之儀彼是遲延相成候段誠以恐懼戰慄之至奉存候加之宗家臣慶喜辭職奉願候處御許容も被爲在候折柄臣慶勝其支派ニ罷在重大之職務を汚居候段千萬恐懼之至ニ奉存候間議定職之儀　御免被　仰出候樣伏而奉懇願候臣慶勝誠惶誠恐頓首頓首

十二月　大納言慶勝上

○第八六號ノ二
慶應三年十二月

上包
昨朝　御垂問ニ付認奉差上候

方今之事件實ニ薩土得意の時也尾越兩公も恐くは彼等に迷され給ふならん歟　大君神策中之御事とは奉存上候得とも愚按を以て言はゝ元來公明正大々々之四字之爲に殆と二百有餘年之功勞を失はんとす左候へハ今日之處俄ニ方略を改むれは是迄唱來候公明正大之字か權謀ニ落可申間何處まても表面は公明正大之字を守り內實兵備を嚴整し非常を防くも肝要ニ奉存候卽今薩土共彼より言ふ事皆用ひられ大得意の折柄なれハ決して彼より暴發は致すまし却而　幕府之擧動を見合　幕より事を起さしむるを待つなるへし何分ニも　幕にて少しも動くへからす只希くは浪華城ニ御遷被遊威風堂々整々として浪華城ニ大兵を屯集し彼奸猾諸藩をして暴發する事能はさらしむるを上策とも可申哉　京師ハ古より戰爭の度每ニ居ものかならす敗る京ニ居て敵を待つへきの地位にあらす又浪華　幕兵十分之御備あらハ薩土の兵は一月を待すして漸々歸り去るへしと奉存候卽

今之形勢愚意は先如斯と乍恐奉聽仕候謹白

十二月

○第九六號ノ二　慶應三年十二月　遊擊隊巡邏著服ノ件ニ付伺幷評議書

縫殿頭殿

遊擊隊巡邏著服之儀ニ付奉伺候書付　遊擊隊頭並

此度遊擊隊ゟ御入人被　仰付候ニ付兼而被仰渡候通巡邏爲仕可申候就而者兼而武役之者ハ平服そき袖羽織細袴著用可致旨被　仰出候ニ付御觸面之著服相用候者勿論之儀ニ御座候得共巡邏之儀者不目立樣相廻り候方却而御警衛にも可相成与奉存候間著服之儀者野羽織襠高袴ニ而爲相廻候方可然哉にも奉存候得共如何可有御座哉尤右巡邏之外者平服著用爲仕候儀ニ御座候依之此段奉伺候以上

卯十一月

附紙

附紙　書面之趣一覧勘辨仕候處巡邏之儀者不目立樣相廻り候方御警衛ニも可相成ニ付野羽織襠高袴著用爲廻度との趣一應尤ニも相聞候得共そき袖羽織細袴之儀者武役一般

之著服ニ候得共外々ニ差響ニも相成可申与奉存候間書面伺之趣者先見合候樣可致旨被
仰渡可然奉存候同役一同評議仕此段申上候
十二月　　原　彌十郎

〇第九六號ノ一　小笠原自筆
新理ニのミ拘泥致候得者活潑を失候間遊撃隊者陸軍中之別派ニ被成置頭
並申立之通被仰付可然与愚考候
卯十二月三日　　壹岐守

〇第一八號
慶應三年十二月　京坂探索書
去月下旬長州家老毛利内匠事　朝命御差留ヲ押破千人餘之人數召連大
坂表へ罷出候事
當月初旬毛利大膳父子官位復舊是迄之堂上方悉貶られ三條實美始官位
復舊近々歸洛之上復職ニも可相成哉之模樣　九門御固薩土藝尾越ニ而
相固他人通行一切差留大小砲玉込薩州等ハ拔劔ニ而相固居候趣

右之次第最早昨今暴發ニもおよひ候形勢　前文之數藩ニ而　御所廻り
取圍且二條御城ヲモ遠卷ニ取圍如何共難被成御場合之事
右之通ニ付別紙之向々は早々上京候樣可致事尤其外ニも見込有之向は
上京之儀可被相願事
御門番相勤居候者幷此度上京被　仰付候者之外は銘々屋敷最寄持場ニ
相定巡邏可致候事委細ハ大目付御目付可承候

第五十五號
○慶應三年末　無名氏建白
上包
草稿之儘御叱覽可被成下候

乍恐不顧愚朦之意奉獻言候今般諸侯ヘ御達有之候　台命之御趣旨謹而奉
拜誦候如何ナル御深意之御次第柄ニ御座候哉了解不仕候得共誠以不堪驚
懼痛心之至候抑　神祖御開業之始ヨリ昇平于今貳百餘載天下其洪澤ヲ不
被者ハ無之昨秋國家騷擾中　大君被爲襲御職位候以來天下多難不被爲安
御寢食日夜御執掌御憂慮被爲在尊　王之儀ニおゐても無御疏略御粉碎之

勢微臣等ニおゐても乍恐奉拜察候時運之變遷不被爲得已御儀とハ乍中御辭任被遊　御政權ヲ　朝家に御歸し被遊候と之御事何ニ共恐愕之至奉絶言語候　大君固より御才略御英邁之御質　大樹之任ハ申迄無御座人望之所歸ニ御座候雖有列侯才賢之衆御右ニ出ル御方ハ無之と奉存候乍恐斯ル御時勢王政之克く行ハるゝ處ニ非す諸夷交際日に盛ニ互市通商自今富國强兵之基本も稍開候折柄武門に御委權不被爲在候ハ而ハ不叶御事ニ御座候幾久敷御倚賴被爲在度御事と日夜奉伏禱候上ニ在而ハ天下之公議ヲ盡シ同心協力ハ素より政道之所主に御座候乍去　將家ヲ御立被置候ハ而ハ御國躰難立御政綱易弛相成候下士民におゐても一鄕一村ニ爲甲者無之而ハ凌上犯法暴行に流れ候事ニ御座候窃ニ惟れハ　天朝搢紳之輩偶外姦之瘴煙毒霧之蔽ヲ被爲受候而斯る御時勢ニ至候僕等不堪奮發之至一身之義氣ヲ振ひ何卒彼ノ煙霧ヲ排却シ　公武御合躰御復職被爲在候樣仕度諸賢侯御盡力之程伏而所願ニ御座候外姦欲奪權ノ勢相見へ彼レ得時候ハヽ

天下ハ土崩瓦解之勢ニ相成候事眼前と奉存候若外姦之禍有ニおゐてハ命を松樹之下ニ委ね可奉酬　御洪澤志願ニ御座候僕不憚躐等之罪恐懼稽首謹白

丁卯ノ才月

號外之四
○慶應三年末　薩藝土三藩士建白

三藩從臣連名建言

今般幕府政權を　朝廷ニ奉還仕候次第誠ニ以復古之御大業數百年來之英斷ニ御座候而御國體御變革宇宙間ニ御獨立可被遊御基本ニ候へ共微賤之私共迄も深く天下之爲ニ奉恐悅候就而者衆庶議事之道を以諸藩士共被召出廉々御下問被　仰付候義ニ付謹而奉言上候

一德川家取扱掛之廉々當時伺出之通被　仰付置召之諸侯會議之上　御確定被爲在可然哉ニ奉存候

一脫走公卿方近々上坂之聞有之候樣御座候へ共推而右等之次第ニ相成候

義者有之間敷召諸侯會議初發ニ御裁斷被　仰出長防御所置同時ニ相成候哉ニ奉存候

一外國取扱之義者暫時越方之通ニ取閣召之諸侯會議之上　皇國一體を以朝廷之御條約可被爲結尤兵庫開港之處者今般大改革を以玉體變換之次第談判ニ及ひ被差延候ゐ右件々當時在京仕候三藩之者とも同意仕候ニ付乍恐連名ニゐ申上候書外猶又口舌を以言上可仕候誠恐誠惶頓首謹言

松平修理大夫内
關山糺
松平安藝守内
辻將曹
松平土佐守内
後藤象二郎
福岡藤二〻
神山左多衞

第八七號ノ一
○慶應三年末　稻葉閣老自筆

結局ハ御東下之外無之萬一六ヶ敷時ハ龜之助殿元千代殿之内　御養君被

仰出右を京地へ御殘し置ニ而　還御夫ニ而も參らすは直ニ　大御所樣ニ
被爲成而も　御東下根本御固京師之新君眞ニ宜候ハヽ眞之　御養君不宜
節ハ御都合次第御廢

○慶應三年末カ　第四六號ノ八

一御目付い

諏訪安房守
溝口越前守

右之通可被　仰付哉

（諏訪以下板倉閣老自筆）
諏訪安房守も可然共被思召候得共格別力之有之人にも無之宜敷人物と申
計には無之哉兼而美濃殿も御承知と存候櫻井庄兵衛なとの方可然と被
思召候一應及御懸合候樣被　仰出候事

○慶應三年末カ　第七六號ノ一

水戸殿御上京相成候ハヽ御同家御名義も宜京地之御守衛御都合宜西國之

奸計も探　公邊之御便利十分之事

　但備前因州之御都合も宜候事北國御親族御引具相成候ハヽ別而宜候

通問師之爲日光御門跡御登京幷凌雲院佛聚院龍王院兩僧正外ニ多武峰竹林僧正之事

活道局御取開周旋事情解通云々之事

一條殿ニ内々薩土幷浮浪輩多く手を入政權御返上之後政柄之御沙汰有之候事

過激浮浪輩　御所瀧口幷堂上方ニ被召抱候者共凡貳百人餘之事

　幷關東浮浪ニ通達致し居候事

諸藩上京遲速之論

政權御返上御至誠ニ不至論

　御即位前涼陰中

各國御條約面如何之事

御朱印幷封縣之事
金銀製造幷金銀證之事
江戸廻米差支之事
其外云々
御三家方御周旋御不都合之事
御親藩御譜代ハ議論不申立謹直ニ兵威を張一致之實力を示し候事
京地非人御遣方幷病院等之事
京地中野《ナカ》之者薩士藝ヘ入組不都合之事
右中野幷悲田院御遣方之事
公邊之御命令一途ニ出候事

〇

戸田和州幷　御所堂上方新參者云々之事

〇第一七號
慶應三年末カ　在江戸薩藩士形勢探索書

泉岳寺脇御旗本内田様借宅英サトウ塾ニ薩人両人潜伏形勢該主之よしサトウ横濱行なれとも留守ニ罷在候よし昨夜同孫方ゟ内々申越候間申上候
三田高輪薩邸藩不殘歸國仕候よしも申越候内々申上候右薩人御探索被遊候て可然哉ニ申聞候以上

第四六號ノ七
○慶應三年末カ

歩兵幷銃隊其外少人數ニ而巡邏いたし無禮もの有之候ハヽぶちのめし突殺不苦
右者京地幷大坂江戸共早々御内命之事
右ニ而何處迄も押通惡黨共退治之事
王政論可然と之義者更ニ　皇統之絶レ候事ニ不心付實ニ不屆千萬ニ付此義を押通し王政論之者退治之事

淀稲葉家文書第五

自慶應三年
至明治元年
附年月未詳之分

イ八十九號
○慶應三年　大政改革ニ付江戸有司見込書

此程於京都粗御決定相成候貨幣改鑄を始御勝手向御改革筋之義猶於江戸表厚評議可仕旨美作守市藏ゟ御沙汰有之候ニ付其段委細ニ申上私共於テモ熟考鬪論仕候處貨幣改鑄之義者異論無之其餘之廉々ハ多少議論も有之相纏り兼乍去御勝手向御窮迫之御場合者何れも苦慮仕候儀ニ付再三再四評議勘辨仕候處當今之御時勢ニ而ハ當分　還御之御期限も有之間敷と恐察仕候ニ付而者凡三四年も御滯京之御見据を以要路の役々者京都ゟ御引纒メ相成江戸表之方者御年限中御禮式ハ都而御廢諸侯も追而御沙汰有之候迄參勤御免勝手次第國邑ゟ引取强兵富國之世話專務ニ可仕旨被　仰出　御留守中者外國事務海陸軍局御委任之御方々而已

在府ニ被　仰付　大奥向幷海陸兩軍御入用之義ハ大凡見積を以御定金相立御委任之御方ニ而御總括有之方と奉存候間右御手順左ニ取調申上候

一御勝手向御窮迫ニ付而ハ（欠マヽ）ヶ年之間御舊格悉ク御廢止大改革之趣朝廷ゟ被　仰上候事

一日光　御宮ゟ御名代を以被　仰上候事

一御布告之事

一要路之役々京住被　仰付方之儀當時在京之分ハ三年或ハ四年在京可罷在旨被　仰出家族引纒として一時歸府被　仰付候とも又ハ呼寄候とも不苦旨被　仰渡在府之内より被　仰付候分ハ家族引連罷越候儀勝手次第ニ可致尤家族之内引分ヶ東西住居ニいたし候とも不苦旨被仰渡引越し候家內人數ニ應し　思召を以相應之旅費被下候樣仕度候事

一大奥向之義者西丸二ノ丸御引纒メ相成　御本城西城とも大手御門者御

〆切ニて坂下御門一方之通行与御取極之事
但矢來　紅葉山下内櫻田等も〆切之事
一御寶物類も所々御藏ﾆ懸隔居候ﾆ而者御門〆切ニも差支候ニ付便宜之場所ﾆ一纒メニいたし御締り向嚴重ニ相成候得者番之者少人數被附置候とも御懸念有之間敷事
一御數寄屋之御召具類ハ御拂又者品ニ寄御貯置ニ而　思召ヲ以被下等ニ相成可然事
一御國内外國事務御取扱之御老中方者伊賀守殿御役宅ニおゐて御用向御取扱之事
但凡左之役々日々御宅ﾆ罷出候事
寺社奉行　三人　町奉行　二人　大目付　二人
遠國奉行　御勘定奉行　三人　御目付　四人
外國奉行　五人　御作事奉行　一人　御使番

御　右　筆　十人　　坊　　主　五六人

御使番ハ惣人數三十五人ニも御減し相成京地之方ハ交代之事

一海軍總裁ハ海軍所ニ御出勤之事

　但同所ニ罷出候向　　海軍役々　　御右筆五人　　坊主五六人

一陸軍總裁ハ陸軍所へ御出勤之事

　但同所ニ罷出候向陸軍役々　　御右筆五人　　坊主五六人

一遠國奉行ゟ建白之類ハ總而京都ニ直ニ差出候事

　但三港ハ勿論外國ニ關係之儀ハ江戸表ニ差出候事

一御本城ハ雅樂頭ニ西城ハ掃部頭ニ火之番被　仰付候事

一外曲輪ハ御廢大名持御門ニハ歩兵持ニ被　仰付候事

一十萬石已上朝覲是迄之通

一會侯ハ是迄勳功重ク御賞之上江戸表大御留守居被　仰付候事

一彥根姫路庄內ハ在府被　仰付候事

但江戸御守衛ハ本文三藩幷定府萬石以上又ハ兵隊之事

一御年限中ハ御神忌御法事たりとも御破格之事

一十萬石已下萬石以上之分海軍賦取建高別紙可申上候

一御貢獻米之事

〇イ十七號慶應三年　職制改革案二通老中へ出せるものか

官員部署之次敍

會議總裁　壹人　國內事務總裁　壹人　會計總裁　壹人

海軍總裁　壹人　陸軍總裁　壹人　外國總裁　壹人

一會議總裁　壹人

右者諸務之官司を六局ニ分惣裁壹人を置て六局之會議を裁判せしむ

但本朝古へ之太政官左右大臣を被置關東にても代々大老職を被置し
と同意なり

一毎月幾日取極國家之大事局々之疑義を會議いたし候事

但評席へ不時ニ御臨被遊候事も可有之事

一御國内事務總裁　壹人

若年寄　内壹人ハ諸侯之事を取扱　壹人ハ年内之事ヲ取扱

壹人ハ曲直裁斷之事を取扱

奉行

奉行並　壹人ハ國學敎導　壹人ハ公事方　壹人ハ宗旨法度

一御勝手方　農業産物　普請貿易

會計總裁　壹人

若年寄　二人　内壹人ハ收納を掌る　壹人ハ出方ヲ掌る

奉行　四人　會計奉行　四人貿易建築　物産

奉行並　御金奉行

諸税取立方　税關奉行

一全國壹ヶ年之收納取調六局會議之上局々之年々之入用定額取極可申上

事

右取極之上は其局々より斷次第相渡年末ニ至勘定帳局々より差出候節惣勘定取調可申上事

一御旗本御役人御家人惣體金給ニ被仰付可然哉之事

但米納之分ハ御拂ニ取計金納之分は當時相場壹割下ニ直し爲相納渡シ方ハ年送り三ヶ年平均ニ而中分之相場相立渡し方取計可然哉

〔下ケ札〕諸侯分地之分ハ如何可有御座歟

一商賈は等級を分け終年商ひ高之二分（百分之二）宛商税可爲相納哉

但農民ニ而商致し候ものも同斷之事農商共御時節柄之儀諭し方厚く評議之事

〔下ケ札〕當時町入用相嵩り候故商税差出シ候ハヽ自身番取潰シ相成候而ハ如何又七分金之儀ハ如何可相成歟

一寺社御朱印地除地門前地等も上り高取調二分之地税可爲相納哉

一海陸軍御更張之折柄莫大之御入費ニ付御手許後宮始如何樣にも御取縮

可被成候得共諸税其外之御法もいまた不相立中々御引足不相成候間右仕法相立候迄凡之見的を立外國商社早々取結融通方相立候樣可被成事

一商社組立方之儀ハ其筋ニ而奮發いたし十分蹈込早々取調之事

一金銀銅鐵鉛石炭羅紗織立綿羊牧し方獸皮類製し方等其外諸產物とも御國益ニ可相成品々開方之爲鑛山師を始諸職人海外より呼寄速ニ取開御國用丈御國内にて間ニ合候樣取計有餘盛大ニ至り候ハヽ輸出いたし候事

但緩急見計勘辨を盡し可取扱事

一諸國運漕之便を開車馬道路等を闢き富强之大本を立候事

但兵卒之交代貿易轉運之便を開候儀ニ付尤急務之事馬車より蒸氣車ニ推及候樣取調可然事

一御旗本御家人病身等ニ而難相勤ものハ御扶持高返上退隱歸農願勝手次第ニ而可然哉

但知行有之候ものハ知行所上候而御預り代官取扱上り高當人に被下

兵賦等引落勘定致候事

尤退隱願之節子孫ニ至り急度相勤候もの有之候ハヽ可召遣旨御書付

相渡子孫人才ニ應し本高ニ被召遣候事

一武士退隱之もの百姓地買入在方住居不苦尤年貢賦役等は村並ニ相勤御

代官支配無役と申名義ニ而可然哉

但諸事村役人進退に從ひ候事追而人數相殖候節ハ無役肝煎等之名義

之もの取立取締可爲致哉

一陸軍總裁　　壹人

若年寄　　壹人　　人選奉行　　已下人員宜ニ從事

步行奉行　　騎兵奉行

大砲奉行　　兵糧奉行

會計奉行　　兵糧衣類金銀出納運漕等之事を掌身分奉行同等之事

歩兵　騎兵　散兵　大砲隊

右取建之人數幷役々諸規則等は此度之渡來之教師ニ十分無腹臟見込之趣爲申立夫々評議を盡し舊習ニ拘らす處置可有之御宛行等之儀も取調可申事

一陸軍附屬之御買入品等は萬事教師へ相談可取計候事

一陸軍學校取建之事

一士官增人等之儀も教師等見込承り可取計事

一大學校御取建諸國之藩屏ハ勿論農工商ニ至迄有志之ものハ入寮之儀御觸出之事

但銘々月俸爲差出極々貧窮ニ而格別秀才之ものハ吟味之上御賄も可被下哉之事

（下ケ札）
大學校ハ京都へ御取建之事歟江戸へ御取建之事歟江戸へ御取建之事ニ候ハヽ京地之大學校江戸へ御移しに相成候名目ニ相成候歟之事右樣相成候ハヽ諸大名より學校入

費ノ貢米京都へ差出し候事（金納ニてハ議論沸騰必米ヲ以て貢し候事）
諸大名嫡子二三男不殘入學の事學校へ入學不仕者ハ御目見不相叶又養子ニ遣し候事
も出來不申事勿論月俸差出し候事

一三兵傳習通辯之爲佛國へ留學ニ可被遣もの丶內業前熟達之もの殘し置
爲相勤候事
但身分等級御引立可被下事

一海軍總裁　壹人
若年寄　壹人　人選方奉行　已下宜に從ふ
海軍器械奉行　火器奉行
兵糧奉行　會計奉行
傳習之儀は英國江二ヶ年季限相立御賴之事
但横濱港內船中ニ而傳習いたし候事

一製鐵所は當時之教師へ萬事御任せ海軍附屬之御買入品等同人江申談取
計可申事

但英敎師渡來之上ハ英へ渡合候事

一外國總裁　　　　壹人

若年寄　　壹人　　奉　行　　四人

奉行並　宜ニ隨ふ

一御國內限り之儀と違ひ一言一動御國體ニ關係致候儀を深く相心得條約

面を牢記し義理を研窮いたし御不體裁ニ不相成樣勉勵可致事

一外國ニ被遣候ものハ全權を御與へ御用中は彼之コミサーリス相當之任

ニ被　仰付候事

但老中直引合致候事

一一件之事有れは壹人ニ御委任成功迄爲取扱之事

但同寮は勿論事柄ニ寄六局定議之上取極可申尤局々同樣之事

○イ十六號

御國內

美濃守

高家
駿府御城代
山田奉行
御留守居 御廣敷御用人 姫君樣方御用人
林大學頭
大目付
浦賀奉行
京都見廻役並
奈良奉行
甲府町奉行
火消役
今大路民部大輔

御側衆
甲府御城代
山陵奉行
一橋殿家老
町奉行
京都町奉行
禁裡附
堺奉行
新潟奉行
奥詰
奥法印

寺社奉行
伏見奉行
禁裡附頭取
京都見廻役
龜之助殿同
甲府勤番支配
大坂町奉行
日光奉行
駿府町奉行
清水小普請支配
半井刑部大輔
法印御醫師

狩野勝川院　奥法眼　法眼御醫師
狩野董川　同紅德　同探原
御目付(原朱)御勝手掛り并外國掛之名義御廢之事　御使番
開成所頭取　奥御右筆組頭(原朱)平御右筆之分ハ諸局ヘ分配之積

會計

御勘定奉行(原朱)但御勝手掛之名義御廢之事　御作事奉行(原朱)在方掛之名義も右同斷之事
御勘定奉行並　佐渡奉行　御納戸頭
國々郡代幷御代官

海軍

兵部大輔
肥後守
海軍奉行並　軍艦奉行　同　並
軍艦頭　製鐵所奉行

陸軍

縫殿頭

若狭守

美作守

陸軍奉行並　騎兵奉行　歩兵奉行

奥詰銃隊頭　遊撃隊之頭　騎兵頭

歩兵頭　撒兵頭　組合銃隊頭

銃隊頭　騎兵頭並　歩兵頭並

撒兵頭並　銃隊頭並　砲兵頭並

御鐵砲玉藥奉行

外國

壹岐守

圖書頭

外國奉行　　長崎奉行　　箱館奉行
神奈川奉行　　外國奉行並　　箱館奉行並

右之通ニ者候得共京都ニ而者毎局之御用時宜次第夫々御取計濟其段江戸表其局々之御同列ゟ御通達之筈ニ候事

第九〇號ニ通ノ一
○慶應三年　軍制改正ニ付建言

御國之儀は上天子より下庶民に至る迄門閥を以て尊崇仕候風習ニ御座候處近來追々御世話も被爲在人才御拔擢上下混一之躰西洋各國ノ如ク開花ニ進候筋ニは候得共公家武家混一ニ難相成封建之御制度難改然る時は輕輩と雖門閥等級無之而は難相成元來三千石以下御旗本之可相勤御番方ニ而も兩御番大御番小十人組と家筋三等ニ被立置御取扱萬端相違も致し居既ニ兩御番ハ頭も相番と唱組之者も御老中方ゟ御引渡相成候程之儀ニ而大御番は又小十人ゟ遙ニ御取扱も宜夫々羨望仕候程之儀ニ有之去迚御座敷勤番調練迄も五御番とも今日ニ異り候儀無之然る處昨年御變革五御番

御廢不殘合壁奥詰銃隊ニ御編制以來貳千九百石ゟ僅ニ百俵未滿之者迄相番と相成罪もなく是迄之門閥を失ひ候哉兩御番大御番等ゟ勤仕並小普請入被　仰付難有安し居候者不少一體是迄之情體ニ候得は小普請ニ入候を辱と存候處方今は却て榮と心得候者も有之哉ニ而筒袖戎服を不平と申ニも無之候得共格別等級御座候者と心得候家筋悉く合壁相成候邊ゟ不平を生し空ニ安逸を樂候者不少哉ニ付私共ゟ如何樣說諭仕候とも人心皷舞國家之御爲死力を盡候儀無覺束今日之形勢背候迄ニは無御座候得共志氣相振候場合ニ難至尤舊來之御規則ニ而は御足高等も被下候得共方今之御時勢夫ニも及間敷候間只家筋之處は舊來之通御立置勤番所等之名義も舊來之通御改相成候方可然哉方今之御處置只御番方ニも不限拜謁以下武役等之者も是迄之儘御存置相成候而も格別害も無之候處一時ニ御變革人心を失候場合無之と難申候ニ付譬愚は愚と雖封建難改公家武家混一難相成然るに改め易き者而已御改相成人心可服謂れ無御座候ニ付方今之人情元來

之御國體篤と御洞察被爲在些末之處ニ至候迄家筋を被立置御遣方相成候
て人心皷舞仕候御一助とも可相成哉と奉存候ニ付此段申上候以上

拝謁以上

　御小姓組　　　　　御書院番　一等

大御番　　　　　新御番　二等

小十人組　　　　　三等

拝謁以下

　與力　一等　御徒　二等　同心　三等

○第九〇號ノ貳

小出大和ゟ差出候草案

御書院番頭格

奥詰

　銃隊頭　二人　但一組三百人位ツヽカ

　同與頭与歟

銃隊頭取と歟　　六人　但一人之傾五拾人ツヽ則一小隊也内ニ而差圖役
相當ニ可被仰付候
御小性組番頭格
奥　詰
銃隊頭　　貳人　但同斷
同　斷　　六人　但同斷
同　斷
右組之者ハ則是迄之兩御番之身分ニ付御取立もの等容易ニ被仰付間敷門
地御撰筋目之者可被仰付事
新番頭格
奥　詰
銃隊頭　　二人　但一組三百人位ツヽ
同與頭か

頭取か　　六人　　但一組五十人也則一小隊前同斷

小十人頭格

奥詰

銃隊頭　　八人　　但一組二十五人位ツヽ　　内差圖役二人ツヽ

同頭取　　八人　　但頭一人ニ頭取壹人ツヽ

右新番頭格之組ハ新御番格奥詰銃隊小十人頭格之組ハ小十人格奥詰銃隊

と被定

右二等ニハ拜謁以上ニ候ハヽ可被仰付尤永々ニ無之而ハ被仰付間敷候事

御徒頭格

表銃隊頭　　十人　　但一組三十人位ツヽ

頭　取　　十人　　但頭壹人ニ頭取壹人ツヽ

右之分ハ御家人席以上之者可被　仰付事

都而高之義ハ是迄之御見合ニ不拘御番何兩ツヽ被下候事

右席以上ニ而業前幷一體愼方行跡等宜敷ものハ奥詰小十人格拔群之者ハ新御番格之奥詰銃隊ニ御取建可被　仰付事

〇慶應三年 イ四十六號

近衞家へ文通之案

將又今午刻過國事之儀ニ付大樹公攝政殿御亭へ被罷越攝家方御同所へ御參集之上御相談被申上度候間御所勞中御苦勞千萬ニ者奉存候得共押而も御參集被成候樣被致度右者傳　奏衆へ表立申達候得共猶私ゟも此段申上候樣大樹公被申付如斯御座候

〇慶應三年 イ六十八號

此程御國態之儀申談候末猶又篤と再考を遂候處　朝權歸一之廉品々故障出來すへくと深く心痛す元來武門相始りてゟ　朝廷者神明之貴冑ニも被爲在候故專ら神事御引受人間之仕置ハ盡く武家ニ御打任せ被置候ニ付自然御國地掌握ニ歸し候者不得已事ニ而又當然之筋共存す成敗存亡を武家

ニ而引受候者即ち皇統御連綿之大基本とも存するなり然るに政權を返上往古之王制ニ御恢復候へ者我身ヲ始メ各迄都而領地被　召上身分庶人ニ降り候ハ當然之事海內ハ郡縣ニ御改革之上御直支配兩刀を帶し武士と唱候事ハ堅く御禁制武衞之儀ハ　輦轂ハ親軍遠地者鎭守府御取立ニ而こそ古代之振合ニ準すへし乍併六百八十年來之成法ヲ無謂御變更相成候而者海內土崩瓦解之勢目前之事と存す因て各衆議ヲ可相盡候我者嫌疑も候間右會議ニハ加ハらす扨又江戶表多人數之家人共兼々堂上方內脫藩惡黨共申合國家ヲ動亂可致所存ゟ追々關東御扱振不宜抔申觸し憤懣不服之輩既ニ澤山有之昨今別而惡敷相募り候哉之趣萬一前書之廉等洩レ聞候ハヽ如何樣なる激發暴動之所行ニ可及哉我深く心配す孰れにも一應右爲鎭撫東下候積りなり若前件ニ付宜布見込等有之ものハ發途迹ゟ夫々申聞候樣可被致候事

〔別紙〕　近來諸大名共彼是政事向ヲ妨け百事申付ヲ背我儘增長之上遮て

政權ヲ　朝廷江返上候樣申聞候私ニ於ても時勢不得已一應筋有之事と存込申上候得共猶熟考仕候へ者元々大名と申者武門仕來之通私家一門幷普代恩故之者江領地宛行又ハ外樣ニ而も格別忠勤ヲ抽候者江家祿増遣し且代替之節々本領安堵之朱印迄相渡置百事普代同樣扱來候者ニ候處二百四十餘年之恩義忘却追々上ヲ凌き武家先規ニ戻り差越し　朝廷ヲ口實ニ致し主家を押倒可申逆心ゟ前件の儀等申募內實ハ尊奉之本心ニ出候儀ニ者毛頭無之若　朝廷ニ而政柄ヲ被爲握候へ者武門と違ひ彌增勝手我儘之所行無差支出來可致哉抔の奸計ニ而不屆至極無此上次第ニ御座候家祖□□以來治平之勳績も是迄ニて消滅生民塗炭之禍者不日ニ差起り可申深く嘆敷且者殘念之至り御座候尤私先代逆徒追討之　勅諚ヲ蒙り墓々敷成功無之　宸襟ヲ惱シ候儀深く恐入居候半此上惡黨共橫行ニ及候而ハ益以職掌ニ對し恐入候間今一際武威ヲ相立海內ヲ鎭撫仕度日夜心痛罷在候因テ此迄申上候廉者全く一時之見込違と　思召御

聞流しに被成下度前條之如く　王制復古抔申唱候者ハ皆無上野心之惡黨　皇國の大罪人ニ而寸時も難差許置海內浮沈の御場合不肖ヲ不顧丹誠ヲ抽て不法ヲ働候惡黨ハ無所殘誅伐いたし是非　宸襟ヲ奉安候心得ニ御座候因テ腹心ヲ明シ奉布陳候事勢切迫語無倫序此段宜敷奏聞ヲ可被遂候

○イ七十號
慶應三年〔カ〕　御改革ニ付上意の趣書取

一御改革之事

一防長止戰之事

一女中御減之事

但人物撰候而老女幷御錠口等一兩輩ハ御殘被成候尙取調早々可相伺候事

一天璋院樣　和宮樣御人増之事

一御兩所樣大概之儀者思召次第之事

但其度々急度伺之上可取計事
一御軍艦之二十四艘之事
一商船外國へ仕出之事
一一橋御館廻人留無之是迄之通御警衛巡邏等可致事
一西丸繪圖面可差上事
一御本丸繪圖面可差上事
但坪數等巨細取調可申上候事
一江戸表ニ而兵隊御取建等行届御滿足被遊候尙此上共無油斷盡力可致事
一ロセスに極密　御直書被下候事
但此後御大切之儀故御不都合無之樣厚取計可申事
一外國之政事向認候書物取調可相廻事
一御改革之儀尙伺候節小栗上野相心得上京之事
イ九十四號
○慶應三年ヵ　和宮樣天璋院樣御意　二通

覺

一天璋公より御内密玄同江御沙汰有之候大奥御殘人之役名書京地江御伺濟ニ萬一相成右書面當地江參り候上其儘大奥江出候而は御不都合ニ付呉々も御心得有之度との御事

一天璋公江　上樣ゟ被進候御直書萬一當著致候得は瀧山と錦小路兩人江各方より御渡しに相成候御内命之事

　閣老御一同江

○イ三十三號

一過日　宮樣天公より御願達之奥御殘人別一條書面京地江御伺ニ相成居候哉

一以御取次瀧山へ右之義申通置候樣ニ被遊度候瀧山ハ右御願書京都江御廻シ無之積リニ而罷在候事左候半而は先日玄同より御殘人別書付さし出し候通萬一京地より被　仰出候節御不都合之事

一上様ゟ之御直書途中ニ而留り候半哉と之御懸念之事

イ七十九號

○慶應三年カ　海軍擴張の意見伺書

海軍御擴張之綱領

第一御國力御相當ニ御キマレ御定之事

第二海軍御用途臨時定式共平均一ヶ年何程と御見積海軍奉行ゟ御委任之事

但軍艦運送船共定式臨時御入用乗組役々水夫火焚大工鍛冶職迄之御手當ヲ見込平均一船一ヶ年三萬四五千兩ニ相成可申事

第三海軍役々褒貶黜陟は海軍奉行獨裁之事

第四御國内産貨御開拓之義は勿論ニ御座候へ共就中石炭之義は兩三之場所外國人ゟ年期ヲ以而御許し右御利潤者悉皆海軍ニ御當用可相成との義は御夙算も被爲在候御義ニは御座候へ共速ニ御施行相成候樣仕度事

第五荷蘭ゟ御注文之バッヘルモーレンと相稱候泥浚之器械無程廻著之筈

ニ御座候間右到著之上は品海砲臺より北之方澪筋を佃島迄堀通し御船々は勿論品川沖廻船を佃島迄ニ碇泊替被　仰付廻船碇泊之税御取立相成海軍御用途之御筋ニ被遊候樣仕度事

第六商船差向三四艘御備香港上海邊迄貿易之商旅御開相成有志之商人江は乘組被　仰付運轉之義は海軍士官業前研究之爲乘組候樣仕度事

第七御譜代諸侯江相當之御軍役金納ニ被　仰付海軍御用途ニ被爲充度候事

第八亞國東洋之便船相開候上は留學生多人數同國江御差遣相成候樣仕度事

右件々御賢斷奉仰候

（卷表）京都江伺候八箇條云々

イ三十二號
○慶應三年カ

一御腰物之事

一奥坊主惣人數百四十三人
一六尺惣人數五十二人
一御庭番十四人
一御休息御庭方人數凡三十人餘
一野馬局之事
一御藥院御藥園之事
一是迄奥之番取扱候御入用筋是迄之半減之見込之事
一御細工方並御勘定御納戸江被　仰付候事已來御納戸江被　仰付候事

第五十三號
○慶應三年　安藤理三郎（盤城平侯）上知ノ儀ニ付某侯内願書

口上書取

安藤理三郎上知之儀是迄追々御猶豫も相願置候處先般周防殿ゟ以御書取早々上知可致旨御沙汰有之奉恐入候儀ニ御座候右ニ付先日御内々事情等申上候節厚御含被下候旨御内話も御座候ニ付其段理三郎始江も極内爲申

聞候處誠以難有かり御懇情之程難忘以來共萬端宜相願度旨申居候事ニ御
座候其節も申上候通御加增地抔之譯とも違本知貳萬石減知被　仰出上知
村々取極り候節ニ至り貳萬五千石餘之上知ニ相成凡半知も同樣之儀何分
ニも家來扶助も出來兼無餘儀多人數暇差遣し候外無之候得共左候得者路
頭ニも迷ひ候儀君臣之情合難忍儀共有之其上當今之時勢萬一非常之節御
奉公筋も自ら手薄ニ相成候場合等も有之無餘儀遲延およひ候儀ニ御座候
乍去外向ニ者未寸地も上地不相成向も有之哉ニ候處理三郎方ニ而者可成
丈者上知仕度と既白川郡拾ヶ村四千貳百石程之場所者一昨丑年上知もい
たし候程之儀ニ御座候其餘之處も追々上知仕度心底ニ者御座候得共前條
申上候通家來共扶助之處何と歟主法相立口腹を養ひ候活計も出來候上者
速ニ上知も仕度候得共何分急速良法も付兼候間夫迄之處今暫上知御猶豫
被成下候樣奉願度儀ニ御座候先日申上候節右事情篤と御憐察も被下候間
誠以難有儀ニ御座候其後御同列樣方ゟ御內話も被成下候哉御模樣をも一

應相伺度何れ近日御猶豫願書可差出候間何分厚御含數多之家來御救ひ被下候樣於私も偏ニ奉歎願候理三郎ニも右事情猶又私ゟも委細申上歎願仕呉候樣申聞候事ニ御座候

第八一號ノ二

○慶應三年

覺

去寅十二月御目付ニ成猶又當卯七月御物頭ニ成　田安江御附人元小十人頭　菅沼主計

去寅十二月御用人江御附人ニ成布衣被仰付候　元御代官　今川要作

去寅十二月勘其儘ニ而御勘定奉行格ニ成當卯六月高增ニ成　元御廣敷御用人格御右筆組頭　星野啓次郎

去寅十二月御右筆組頭ニ成當卯二月高增ニ成　元御右筆　幸山清十郎

右は上知一件ニ付關係いたし候者ニ御座候

當卯二月御勘定組頭ニ成　元御勘定　林幹三郎

同月御勘定組頭助ニ成下總國御領知向取扱ニ成　元御勘定　山本鐵次郎

右者締關係いたし候處書面之通　上より被仰付候

去寅十二月御物頭ゟ御附人ニ成　元奥詰銃隊部屋住　大塚繁太郎
當卯三月右同斷ニ成　右同斷部屋住　都筑鐵之丞
當卯七月郡奉行ゟ御附人ニ成　元御賄格御作事奉行支配組頭　川俣元右衛門

右者内緣等之趣ニ御座候よし

右之外輕き向々ニも去寅十二月以來格別結構之役替御番入等數多有之候

〇第四四號　慶應三年カ

日本在留佛國陸軍敎師之首長カピテーンシアノワン建白せし趣者尤ニ聞取候得共兼而委任之事故書面ハ縫殿頭方ヘ遣し候により猶江戸におゐて同人ニ承るへし尤入費相懸り候諸事者勘定奉行其入費の原を得るに從ひ是を施行すへし

〇第三二號　慶應三年カ　　田安家内願書

一以前御側御用被勤候朝倉播磨守殿當時田安御家老ニ而能出精被勤御悅ニ思召候夫ニ付てハとうか御留守居此度御明キも御座候由ニ付何卒御

留守居ニ被　仰付候様ニ被遊度美濃守様御ふくミ置何分宜敷御内々御頼被遊度且又右御仁被　仰付御座候ハヽ御跡役者當時勤仕並寄合松平備中守殿へ被　仰付御座候様ニ被遊度尤右御仁以前田安御家老被勤候由ニ御座候是又御ふくミ置遊何分宜敷御頼被遊度此書付ハ　美濃守様へ御覧ニ入候のニハ無御座　御鑑様御覧迄ニ御座候　美濃守様へ何分宜敷御咄し被遊候様御事多御中誠ニ御きのとく様ニ思召候得共御無據御頼まれ遊候まゝ御面倒様なから何分御頼思召候

○第七八號ノ八
慶應三年

（原朱）文久三亥年初度　御上洛御供去々丑年御神忌ニ付登山　同年御進發御供　八十次郎

（原朱）安政五午年下總守ゟ附添上京　文久三亥年初度　御上洛御供両度共平御右筆之節　清五郎

（原朱）文政元酉年上京御用　同二戌年壹岐守附添上京　去去々丑年御神忌ニ付登山　三度共平御右筆之節々丑年御進發御供去寅年大坂表おゐて組頭被仰付之　勉次郎

○第九號
慶應三年ヵ　白石勇右衛門罪状探索書

元薩藩
白石八郎太倅
白石勇右衞門
二十四歳

一去丑年九月廿五日上京
中佐作一永田岩次郎丸太久之丞千田直助坂本十右衞門黑葛原吉藏申合
一去年二月中頃六角通唐物屋ニ而金二百兩計盜取
丸太久之亟黑葛原吉藏永田岩次郎申合
一同年二月末頃七條通烏丸邊兩替屋ニ而金百五拾兩盜取
一右賊業相顯黑葛原吉藏永田岩次郎兩人ハ割腹被申付
一右割腹之次第承り去年十二月頃脫藩いたし候由
坂本十右衞門千田直助申合
一當正月十一日大坂表名所不存兩替屋ニ而晝八ッ時分金子貸呉候樣申聞
一同刀を拔金千三百五兩盜取
入佐甚五郎坂本甚太郎眞渡廣太千田直助臂念清助岩元民之助申合

一同月十二日同所名前不存両替屋ニ而金四千八百両盗取

一右盗取之金子之内九百両程臂念清助千田直助申合取迯一同々道上京

○第一九號

慶應三年カ

一小譜（普カ）請支配組共以來御國内持ニ可相成事

一御旗本御家人子弟厄介砲術教授所者學校之事故御國内持ニ可相成事

一別手組ヨリ編成相成候多賀外記銃隊者外國人附添而已ニ而銃隊之御用ニ者不相立候間陸軍局ヘ附屬ニ而者不都合ニ付以來外國局ヘ附屬ニ可相成事

○第四號

慶應三年カ

（付箋）懸り分ハ先不仰出評定所限ニ而取方吟味方取極爲扱候事

刑法寺社 取扱
若年寄 一人
寺社奉行 二人

寺社取扱評定所奉行
道中奉行兼
吟味方人
取手方人

（付箋）評定所組頭
吟味方人
取手方人

評定所調役
吟味方人
取手方人

評定所定役
吟味方人
取手方人
吟味方人

同下役
取手方人

御國內事務
總裁
御老中一人
（付箋）町奉行之儀ハ捕手吟味等ハ闕係無之全ク町方取締向等而已相心得候積
但追而ハ江戸地面ゝ付キ候儀ハ不殘取扱候積
公事者是迄之通取扱候事

和漢洋 學問取扱 若年寄　一人	諸侯 御規定 御禮式 遠國方 町 取扱 若年寄　一人	大奥 御守殿 雜事 取扱 若年寄　一人
學問所奉行 和漢　人 洋　人	大目付　人 町奉行　人 遠國奉行 御目付　人 御使番　人	高家 御側衆 御留守居 御兩卿家老 清水小普請支配 火消役 御小性 奥詰 御廣敷姬君樣御用人 法印醫師 法眼醫師 寄合小普請醫師
和漢學問所頭取　二人 洋學問所頭取　二人 和漢教授職 同手傳　人 洋教授職 同手傳　人	（付箋） 町奉行支配組頭　人 遠國奉行支配組頭 御徒目付組頭　人	御留守居支配向 御廣敷姬君樣御用人支配向
和漢 學問所調役　人 洋 學問所調役　人	町奉行支配調役　人 遠國奉行支配調役 御徒目付	
和漢 學問所調役下役　人 洋 學問所調役下役　人	町奉行支配定役　人 同下役　人 遠國奉行支配定役 同下役 御小人目付以下支配向	

第一六號
○慶應三年カ　萩原鏘之進內願ニ付テノ調書カ

遊擊隊
萩原鏘之進

一高貳百石
弘化三丙午年十月六日養父家督被下置小普請入同四未年四月十二日大御番ゟ御番入被仰付安政四巳年八月廿八日病氣ニ付願之通小普請入被仰付文久二戌年十一月十五日劍術世話心得被　仰付同三亥年十二月五日奥詰被　仰付同月十五日講武所奉行支配大御番格被　仰付慶應二寅年十月廿三日奥詰　御免遊擊隊被　仰付候

心願御場所
遊擊隊頭取

一田安
一橋　御兩卿之內
御物頭

第八一號二通ノ一
○慶應三年カ

一御附切と申御定人數凡三十七八人之よし當時三十四五人も有之候哉右

之内近年中村武左衛門と申者抔勤向ニ付別段功分は無之哉之處學問ある廉ニ而小十人頭ニ而御附切被仰付候事

第十一號
○慶應三年カ　在京諸藩人數調書

諸大名幷藩士當時上京人數

加州

建仁寺　屋敷 岡崎村　屋敷 河原町

右三ヶ所屯集

家老

(原朱)仙洞御所跡前 井二條殿御警衛　篠原勘左衛門

前田將監 惣人數三千人計

富山

建仁寺塔中清壽院

妙喜庵光雲庵旅宿

家老

登飛田讃岐

勘定頭其外兼帶

山本五郎兵衛 惣人數六百人計

越前

岡崎村

屋敷內

松平越前守

留守居

（原朱）堺町御門御警衛　伊藤友四郎

島津重太郎
惣人數四百人計

阿州
聖護院村領
屋敷內
留守居
合田左源次
寺西金左衞門
惣人數三百人計

藝州
木屋町三條上ル町々家旅宿
家老　石井修理
安井門跡幷最寄町家旅宿
中老　坂本十尋
惣人數百五十人計

靈山下
西本願寺下屋敷旅宿
士分八九人計
中間十五人計

加州大聖寺
木屋町三條上ル町
近江屋むめ方旅宿
中澤十郎太夫
上下十五人計

彥根
頂妙寺　要法寺　超勝寺屯集
家老
宇都木兵庫
脇伊織

（原朱）石藥師御門御警衞

惣人數三百七八拾人計

河原町三條下ル
屋敷内
家老
戸塚左太夫
岡本半輔
惣人數四百五十人計

秋田
淨福寺本隆寺幷最寄町家屯集
家老
(原朱)二條殿橋本家中山家平松家五辻家石山家警衛
小野忠右衛門
惣人數五百人計

肥後
壬生村

屋敷内
家老格
(原朱)寺町御門御警衛
木村男夫
惣人數七百人計

土州
大佛正面上ル町稱名寺旅宿
(原朱)猿ヶ辻御警衛幷堂上方之内四五軒警衛相心得罷在候由
同所
桐間將監
專定寺旅宿
山内主膳
智積院寮其外最寄町家
寺院等旅宿之分
士分
足輕共四百人計

中間
河原町屋敷内
士分百人計
足輕六十人計
中間五十人計
松代
六波羅野
屋敷内
家老
眞田志摩
河原左京
惣人數七十五人計
津
四條大宮西入町永井屋敷

借請旅宿
家老
（原朱）下立賣御門御警衛
藤堂内匠
人數不明
堀川蛸薬師下ル
屋敷内
留守居
深井半右衞門
惣人數三百五十人計
薩州
二本松屋敷内
島津大隅守四男之由
島津永之助
同人家老
（原朱）乾御門御警衛
伊藤杢
惣人數貳百人計
家老

町田内膳　惣人數七百七拾人計

役名不分

重富某　外七家惣人數百八十人計

玉川宮附

井上大和

室町頭鞍馬口

近衛殿御花畑ニ旅宿

家老

小松帶刀

松田某　惣人數貳百人計

相國寺塔中旅宿

士分五拾人計

中間不明

石藥師寺町東入町

出石屋熊吉借屋

用人

大久保市藏　家來三人中間二人

岡崎

屋敷内

士分足輕共廿五人

中間拾二人計

今出川烏丸西入町

平野屋仙吉方旅宿

山伏

中性院 上下六人

右之外追々入込候者共所々町家ニ旅宿之分八拾人計

佐土原

東洞院蛸薬師下ル

屋敷内

能勢十郎左衛門 士分中間共三十人計

平戸

寺町綾小路下ル町

正圓寺旅宿

惣頭役　安藤庄兵衛 惣人數四十人計

宇和島

松浦大内藏 惣人數四十四人計

寺町四條下ル町

淨教寺

同通佛光寺下ル町旅宿

行願寺

同通綾小路下ル町

正覺寺 惣人數六七拾人計

尾州

吉田村

屋敷内

勤番頭　馬場三十郎

目付　吉田又十郎 惣人數六百人計

筑前
中立賣油小路西入町
屋敷內
納戸用人　河村五太夫
惣人數百七八拾人計
上立賣新町東入町
屋敷內
留守居方之由
惣人數三拾人計
因州
中立賣油小路西入町
屋敷內
家老　鵜殿主水介
(原朱)中立賣御門御警衛

油小路下立賣下ル町
惣人數四百五拾人計
屋敷內
留守居　野村儀左衞門
惣人數五十人計
新發田
新町頭寺ノ內上ル
妙覺寺旅宿
家老　寺田數右衞門
惣人數百五十人計
仙臺
中長者町西洞院西入町
屋敷內
家老　但木土佐

遠藤主税

留守居

國分武次　惣人數二百人計

柳川

猪熊元誓願寺下ル町

熨斗目屋金右衛門

其外所々旅宿

益子多門　惣人數五十三人計

久留米

西洞院四條上ル町

屋敷內

家老

（原朱）今出川御門御警衛

有馬織部

惣人數二百二十人計

津輕

屋敷內

留守居

（原朱）近衛殿御警衛

岩淵彦吉　惣人數二十七八人計

津和野

新町頭鞍馬口下ル

屋敷內

留守居

勇新兵衛　惣人數拾二人計

備前

小川武者小路上ル町

屋敷內

（原朱）清和院御門御警衛
家老　伊木長門
番頭　水野主計
宮城式部　惣人數六百人計
本國寺
水戸殿
家老　鈴木縫殿　惣人數百八十人計
盛岡
聖護院村
屋敷内
留守居　津田又六　惣人數二三十人計
膳所

屋敷内
惣人數百人計
大洲
二條川東
聞名寺旅宿
惣人數三百二十人計
鍋島
上長者町日暮西入町
屋敷内
留守居　百武作左衛門　惣人數三十三人計
對州
屋敷内

紀州
聖護院村
屋敷内
家老
吉川治右衛門
惣人數二十三人計
留守居
木村丈右衛門
惣人數二百人計
（原朱）御臺所御門御警衛
岡
三本木
屋敷內
家老格
大河原新右衛門
惣五十人數二百人計
（原朱）猿ヶ辻邊御警衛
沼津

二條川東寺院旅宿
惣人數二三十人計
肥前島原
寺町佛光寺上ル町
法然寺旅宿
澁川主水
惣人數十二人計
豫州松山
四條裏寺町
妙心寺旅宿
日向延岡
安東收藏
此外下部共七人計
木屋町二條下ル二丁目
家來

小野嘉七郎方其外旅宿

原　小太郎
家來八人計外三人

小倉

縄手通三條下ル町

新光寺高樹院旅宿

家老　小笠原甲斐

中老　小笠原織江
人數不知

越前丸岡

新椹木町丸太町下ル町

山崎屋菊次郎方旅宿

今村順太左衛門
上下五人

屋敷內

松平圖書頭

家老

酒井監物
惣人數八十人計

川越

二條川東

信行寺旅宿

家老

沼田粂之進
惣人數二百人計

(原朱)朔平御門御警衛

十津川郷士

切通シ河原町西入町

屋敷內

番頭　佐古源左衛門
其外惣人數百人餘

右之外

高野川邊御警衛　仙石讃岐守人數 五十人計
竹田口御警衛　石川宗十郎人數 此人數不相分
蹴揚御警衛　能勢日向守人數 六十五人計
四ツ塚御警衛　市橋下總守人數 五十人計
伏見豊後橋御警衛　本多美濃守人數 八十人計

宇治橋御警衛　藤堂佐渡守人數 百三十人計
八幡御警衛　松平伊豫守人數 此人數不相分
上嵯峨中院町御警衛　土井淡路守人數 三十人計
洞ケ峯御警衛　永井日向守人數 此人數不相分
柳谷御警衛　西尾隱岐守人數 三百人計

右之分いつれも最寄ニ人數屯罷在候

○慶應三年カ 第四六號ノ九

一横山鐔三郎御處置之事

一松平圖書頭高輪屋敷之事

一秋月之事

○慶應三年カ 第四六號ノ五

稲葉閣老自筆

御警衛場所定幷潔白之人を中間ニ用ひ閣老之威權立候樣

堀右京亮

無見込

因循改革論

無見込

御東下論幷萬石以下上納金御免

稲葉閣老自筆

○慶應三年カ　第四六號ノ二

一御譜代之向ゟ銃隊取立方談之事

稲葉閣老自筆

○慶應三年カ　第七八號ノ七

水野肥前守

松平右京亮

青山左京太夫

秋元但馬守

若年寄

若　　　狹

肥前

右京

大目付

播磨守

御目付

筑前守

筑後守

伊勢守

御勘定奉行

大和守

海陸之人撰ハ惣裁之御見込次第

第四五號ノ七

○慶應三年カ

稲葉閣老自筆

伺

一若年寄ゟ　秋月右京亮
一若年寄並ゟ　川勝美作守
右之通り可被　仰付哉

第七二號三通ノ一
〇明治元年正月四日　京師情報三通（共五枚）

正月四日巳刻出

三日夜酉刻より伏見表ニ而合戰相始り夜通シ伏見やける九分通燒失
大坂飛脚休ミ
徳川公會津御先手
豐後橋藝州勢鳥羽口長州勢一手大勢打合双方死亡有之新撰組松山勢まけ何れも勝負相分不申合戰最中ニ有之候
大樹公ニは無滯大坂ゟ御歸城京中大半市中立退申候昨夜より大小砲打結肝ひやし申候
一江戸方は大勢薩長士唯今ニ而は葵御勝利のよし

一京師より三日戌刻ニ申遣候書状

今三日辰刻より薩州人數多勢大小砲ニ而伏見ゟ出張三ケ所計火之手上り夫より七八ケ所ニ相成會津桑名淀迄出張之處大合戰と相成申候委細之儀は跡より可申上候

同斷四日之書狀

今四日巳刻頃より大小砲すさましく恐怖市中大騷老人小供立退候樣町觸出上を下へと混雜致し候双方死人數不知と申事ニ候

今四日午刻仁和寺宮甲冑ニ而騎馬堂上方三頭立帽子騎馬錦之旗貳流レ先ゟ押立薩州人數貳百人程鐵砲警衞ニ而室町通御下り被成候京方は薩土藝人數大坂方ハ郡山彥根桑名會津細川勢ニ候處大坂方旗色あしくと申居候得共事實不相知此段不取敢申上候

○第七二號三通ノ二

昨三日午刻ゟ京都混雜之儀注進申上候大坂表ゟ　御公儀樣御上洛被遊

御先手會津樣松山樣姫路樣其勢凡三萬餘騎夫ゟ京都御固メ之勢土州樣
長州樣表州樣肥後樣伏見宿へ御出馬有之正八ツ時ゟ大戰ひニ相成伏見
は不申及淀鳥羽燒拂ニ相成右ニ付當宿へ京都之御固メ薩州樣大村樣備
前樣阿州樣彥根樣右之御方々御出張被遊大混雜夫故船留人馬共繼立—
—尙今朝卯刻頃淀枚方邊燒拂ニ相成未タ收り方相分り不申候得とも
右之次第————

正月四日巳刻認メル

○第七二號三通ノ三

正月八日正九ツ時著

昨三日四時頃薩州戎裝多人數伏見之方ゟ押行候趣相聞如何ナル變事出
來可申哉と市中人氣動搖致候處夕七時過ニ至伏見之方ニ三ケ所火之手
揚り砲聲相聞候處此度御變革ニ付伏見奉行御引拂ニ相成右跡ハ公邊之
新撰組と薩藩との取合ニも可有之哉と申合居候處夜ニ入火之手益以盛

ニ相成大小砲聲更ニ絶間無相響終夜一寸之間不止事柄更ニ不相分候間御目付方書記役某へ罷越模様承り候處舊臘廿五日頃江戸表ニ而庄内市中廻人數屯所江薩藩及亂妨候ニ付右藩余二藩等ニ而薩邸燒打ニ致し薩藩彼是高輪より蒸氣船ニ移り公邊之蒸氣船砲聲ヽ致し候而二艘之蒸氣船ニ而追懸挾打ニ致し候儀も有之右之次第大坂表江申來候處兼而會桑其外今般之御變革之御處置不服ニ付　公邊御鎭撫之御主意相守兼候間大坂表より伏見江押出し候由右を薩長承知致し伏見江出張戰爭ニ及候由又一說ニ　上樣御上洛被　仰出候付而は御宿割大久保主膳正歩兵二大隊引率伏見御出張之處薩藩通スノ通サヌノ縺より戰爭ニ相成候よし

大坂方　會　桑　松山　高松　大垣其餘陸軍方歩兵

京方　薩　長　藝　土

昨夜中之處大坂勝利ニ而余程京近江進候處今朝夜明方ニ至り京方旗色直り大坂方引色相成候趣相聞候京方旗色直り候ハ長州昨三日夜龜山泊

ニ而京地迄五里ナラテは無之右戰爭承知有之山崎天王寺邊御出張相成候故會桑挾打を畏れ繰引ニ致し候事ニも可有之哉之風說も御座候由桑松勢不手際ニ而大砲其外多分ニ分取ニ合ひ候歟之說も御座候砲戰而已ニも無之手詰之鬪ひも有之双方夥敷怪我人有之由相聞此奥如何相成候哉只今四時過戰爭止不申候

正月四日出

板倉自筆

第三〇號
○明治元年正月五日

一權十郎呼出事

一大和守差留之事

一右京亮家來召捕相成候もの者曖昧模糊と被差置御返し等可相成樣致度

右ニ付猶追々申上候事も有之由

辰正月五日

イ九十八號
○明治元年正月九日　伏見開戰ニ付閣老の率先上坂を促す書

申上候書付

井上備後守

去ル三日於京地戰爭相始り候哉之趣承知仕候就而ハ御手前樣方始萬石以上以下共早々御出勢可相成ハ勿論之義と奉存候處于今右之御沙汰無之以之外之御事と奉存候尤右戰爭之御次第坂地御同列中樣等ゟ之御報告ニハ無之藩士ゟ藩士ヘ之書狀又は町人ゟ町人共ヘ申越候哉之趣ニハ候得共敢而右樣之眞僞確證ヲ御論不被遊何れ之道御登坂相成候方御至當と奉存候間即刻右之御次第御布告有之明日ニも御老中方若年寄御出立御座候樣奉存候若此御場合御因循被爲在坂地御不都合相成候而は臍を嚙候共無詮事と奉存候間速ニ御確定被爲在候樣仕度謹而奉申上候以上

正月九日

井上備後守

○慶應四年正月　御東歸ニ付上意の書付　イ七十五號

先般尾張大納言松平大藏大輔を以可致上洛旨御內諭を蒙り奉り候ニ付去ル三日先供之者四隊關門迄相越候處松平修理太夫家來共無謂通行差拒兼

而伏兵等之手配致し置突然彼より及發砲兵端を開粗暴之擧動ニ及候は全く修理大夫家來共一已之所業ニ有之剰矯　叡慮朝敵之名を負せ他藩之者を煽動し人心疑貳を抱き戰利あらす此分ニ而は夥多之人命を損候而已ならす可奉寧　宸襟誠意も不相貫紛紜之際曲直判然不相立候而は不本意之至深心痛致し候就而は深き見込も有之兵隊引揚軍艦ニ而一ト先　東歸致し候追々申聞候儀可有之候間銘々同心戮力爲國家可抽忠節事

上包付札廻し
上意之書付　（朱書）同上　（美濃守）

イ七十四號
○明治元年正月十二日　松平縫殿頭書簡

拜見仕候唯今開陽船ニ而　上樣　還御被遊候由御同樣奉驚入候事ニ御座候坂地御模樣不容易御次第と相成誠以奉恐入候右ニ付押而可罷出之趣被仰下奉畏候病中ニは候へ共押而罷出候上萬緒可奉伺候尤御納戸口迄駕籠相用度候間宜敷御含置可被下候先者御報迄草略頓首

正月十二日

再白昨今別ゟ不出來ニゟ胸膈煩悶揮筆仕兼候ニ付替毫申付候間御仁恕可
被成下候已上

御《表》《巻》　四　人樣　尊酬　　縫　殿　頭

《包》《上》稻葉美濃守樣
松平周防守樣
小笠原壹岐守樣
稻葉兵部大輔樣
立花出雲守樣

松平縫殿頭

イ七十六號
○明治元年正月十四日　還御後に於る急策建言　失名氏

此度之火急之　還御實以無御據御儀奉恐察何共奉恐入候御事ニ御座候
此上ハ小節ニ御拘不被遊重大之策略を幃幄中ニ運し速ニ賊徒誅戮海内
寧靜　東照宮樣御神靈被爲繼候樣之御處置偏ニ奉仰願候付ゟハ當今之
急務聊存込之次第不憚忌諱左ニ奉申上候
第一御府內御警衞御取締之事

此度之虛ニ乘し浮浪之黨如何樣之事相巧候も難計御府內ハ勿論近鄕近在之御固第一之急務と奉存候駿府御城御警衞甲府城共御賢《堅カ》固之被　仰出候事

第二山海諸街道御備之事

右ハ奉申上候迄も無之賊徒何時襲來も難計候間速ニ御手配無之候而者事不意ニ起り狼狽ニ至り候樣之事尤可慮之至と奉存候海岸是又同斷ニ御座候

第三大擧西征之事

右ハ御國運御挽回之御大事業ニ付紀水兩家ハ不及申加賀仙臺肥後を始神君樣御恩澤を奉存候程之諸侯一同江御依賴被遊內外一和之上速ニ此盛擧被爲在候樣奉存候昔賴朝公は僅七騎迄御打破候而も三年を不出して海內を掌握し　神君樣も數多度之御危難ニ被爲逢候得共終ニ天下を御一統遊候精神一注何事不成況や　神靈東地ニ不爲墜候得は只々至誠

至心之意を以諸侯を御賴被遊候ハヽ御恢復不遠与奉存候萬一名分小節ニ御拘被遊此機會を御失被遊候ハヽ乍恐　御家運も是迄ニ相成可申与痛心之至只此一事ニ奉存候

第四外國交際彌以御親睦之事

外國とは不相替信義御失無之聊も權僞を不用至誠を以御交被遊國内之事御隱し無之實情御布告相成候樣仕度左も無之候得は賊徒離間之奸謀ゟ如何樣之變事出來も難計奉存候

第五言路洞開衆論御採用之事

只今迄之通閣老方を初御役人衆御逢等之儀手重ニてハ上下之事情自ら懸隔申候間以來は何ニよらす國事ニ付建言仕候ハヽ貴賤之論なく手輕ニ御逢被成其事柄ニ寄候而ハ　上樣拜謁直々言上之儀も手輕ニ相叶候樣御制度急速御改革御座候樣仕度奉存候

右五ヶ條之外當奉申上度儀夥敷御座候得共巨細之事共一時ニ書取兼候間

猶以衆說取合追々可申上候右は只々存込之儘先々取不敢奉申上候儀ニ御座候以上

正月十四日

上　　　　　　　　　　　　　　三　　廻

○明治元年正月十三日　三廻探索書
第八九號ノ三

因州家ニ而上屋敷自燒致し候目論見有之哉之風聞入御聽早々事實取調可申上旨被仰渡候間相探候處當時上屋敷幷向屋敷住居勤番之もの凡百五六十人定府八九軒國足輕抱足輕ニ而百人程中間百人餘も有之昨今屋敷自燒等之目論見致し居候模樣不相見屋敷內平常ニ相替候樣子無之候尤來ル十八日迄ニ不殘國許ゟ引拂候趣下々へも申付有之哉ニ風聞仕候猶相探可申上候得共一ト先此段申上候以上

隱　密　廻

正月十三日　　　　　　　　　定　　　廻

第八九號ノ二
○明治元年正月　徒目付小人目付探索書

上

土州屋敷之樣子探索仕候處當月十日上屋敷ゟ米幷火藥員數不相知手船ニ積込士分兩三人乘込出帆いたし候由ニ御座候
右之趣風聞及承申候依之申上候以上

市中見廻り

辰正月

御徒目付

御小人目付

第八九號ノ五
○明治元年正月カ　探索書

築地土州邸之義隣家松平嘉兵衞殿家來横山力藏方ニ探索內談及候處昨年七八月頃迄は右邸之內ニ壯年之者も罷居出入之體相見候其後引拂候由ニ而一向相見不申候由當時は土州緣家ニ而五味某是は御旗本ニ而本居所裏番町邊之由同居致居

中長屋は一切無之表ニは右附役堀粂藏外貳三軒幷足輕等之外書生等之類之ものは一向相見不申由右横山義は五味氏には度々參候事も有之候ニ付邸内之模様等は粗承知間違も有之間敷歟と存候

上屋敷之儀は出入藥種やに問合候手續も有之又は京橋太刀賣森川と申同家用達に尋合候儀も可相成事ニ御座候今日は未タ承不申候

第八九號五通ノ一

○明治元年正月カ　探索書

上

伊賀殿公用人ゟ内々申聞候義有之候エ付探索爲致候今朝御目付ゟ差出候ニ付御廻し申上候

今般坂地おゐて御戰爭相成候處既不容易形勢ニ而　還御被爲在候ニ付尚逆徒共追々襲來候も難計其節は夫是御手配も可有御座義とは奉存候得共其期ニ臨候而は文武官之差別無之銘々一命を抛候義は申迄も無之候得共其時ニ至り候得は陣列一致之程如何御座候哉と奉存候間唯今より文官之

向々ニ小銃御貸渡し相成武官之向ニ夫々御割入相成非常之節は銘々其心得ニ而可然場所ニ御間配相成候樣仕度最早火急事變相發し候義も難計候間今日ゟ文武官之無差別非常之心得ニ而出勤爲仕候而可然哉ニ沙汰仕候右之趣風聞及承申候依之申上候以上

第六六號
○明治元年正月カ　徒目付小人目付上申書

上

土州築地中屋敷内ニ潛伏之もの罷居候哉之趣ニ付探索仕候處右屋敷内ニは同家家來之もの僅兩三軒其外門番人兩三人ならでハ無之浮浪體之もの入込居候樣は事實無之趣ニ候且又當地土州屋敷々々ニ而惣人員士分より小者ニ至迄百人程ならでハ無之よし今般同家京地おゐて干戈を動し候ニ付而は當屋敷御取上ケ之御沙汰相成候とも同家之もの相拒ミ候勢は無之御沙汰之儘御受申上いつれも國許ニ一同引拂可申趣沙汰仕候趣相聞申候

篭繪圖寫取申候

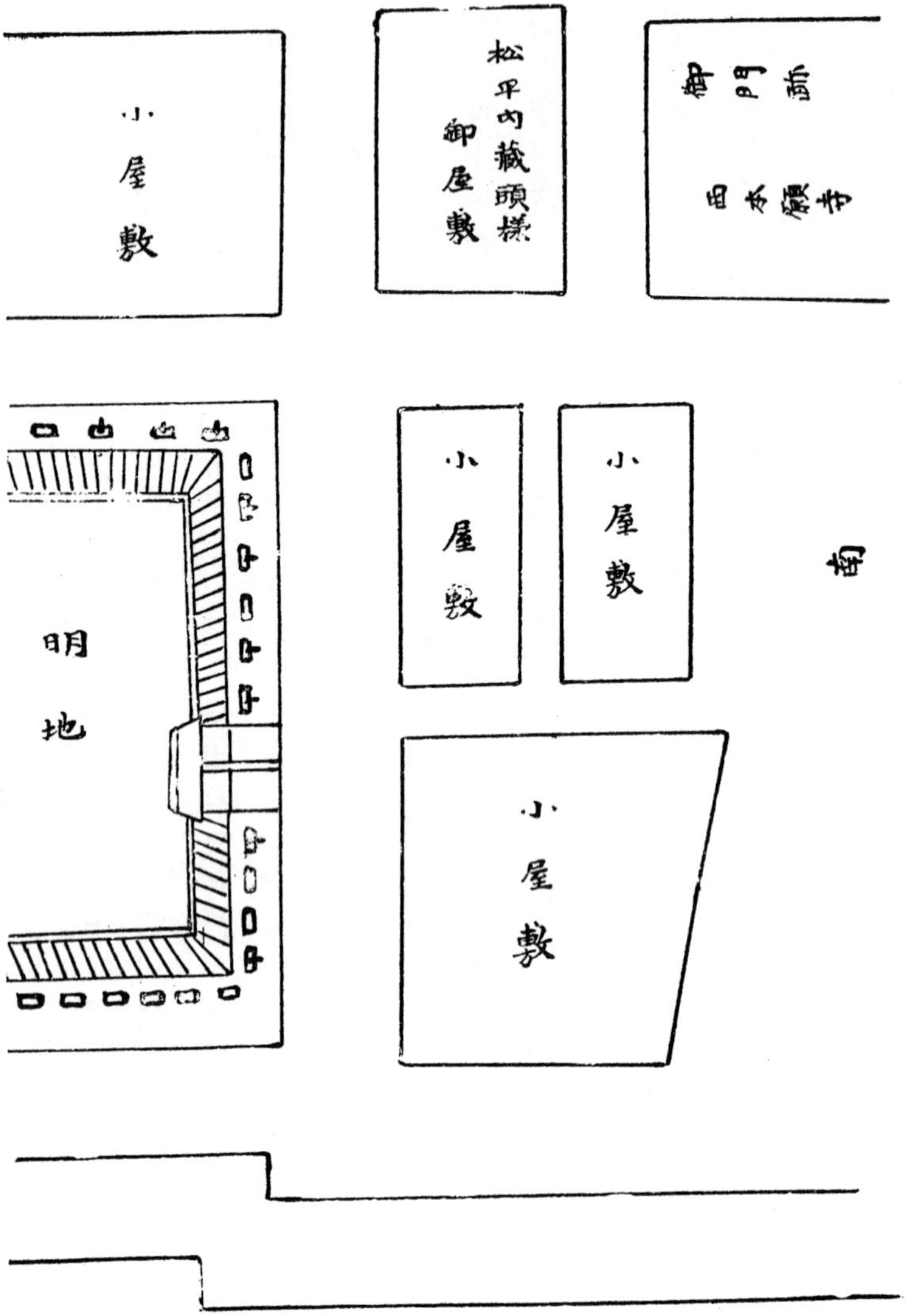
西本願寺
御門跡
松平内蔵頭様
御屋敷
小屋敷
小屋敷
小屋敷
小屋敷
小屋敷
南
明地

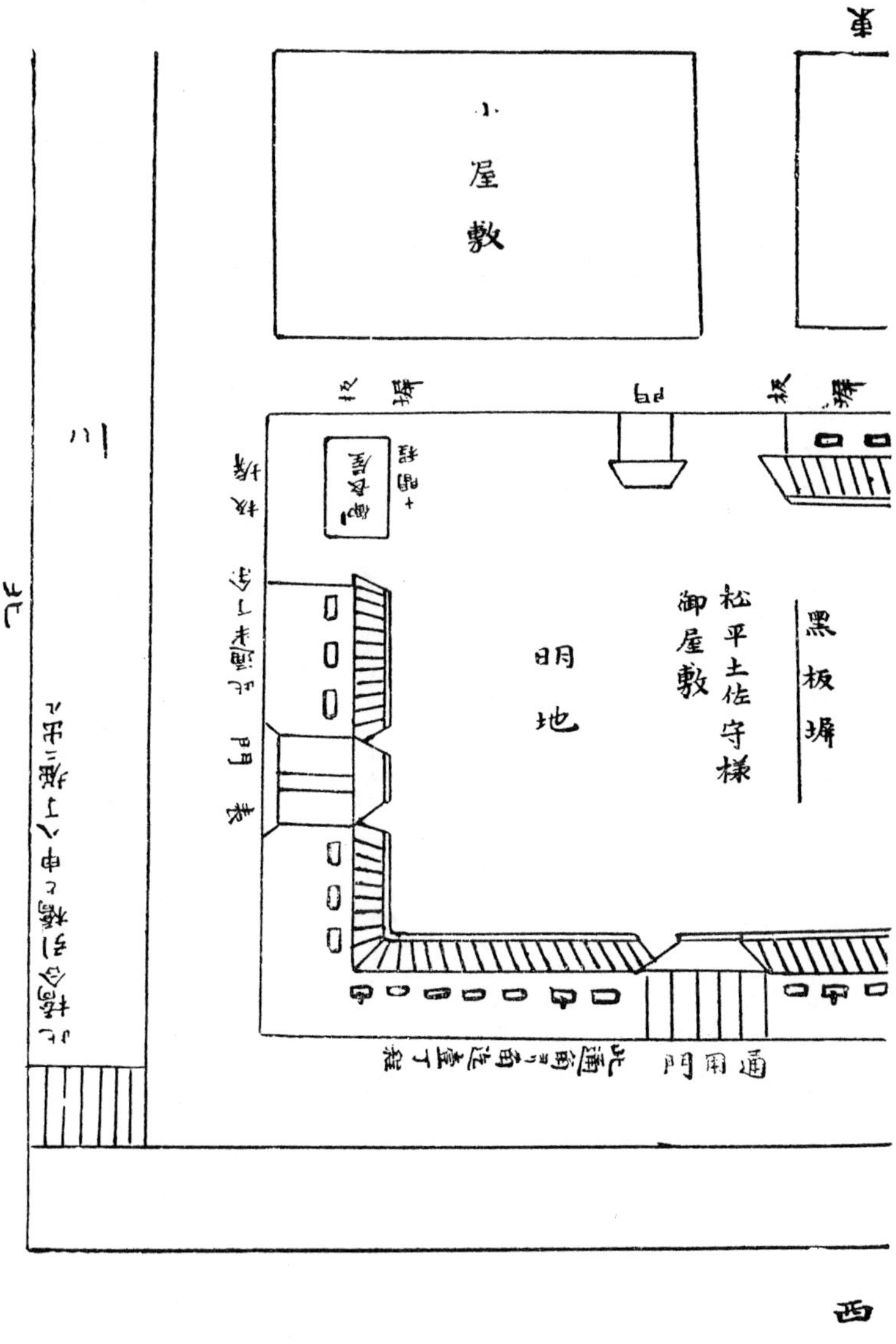
東
小屋敷
板塀
門
板塀
黒板塀
松平土佐守様御屋敷
明地
表門
通用門
北
川
西

右之趣風聞及承申候依之申上候以上

町方掛

御徒目付

御小人目付

第十五號
○慶應三四年頃　田邊拙齋詩稿

時世滄桑更耐嗟　主君去職出藩家宮墟忍看田園趣數畝秋風吉貝花一名橦花

本邦所稱木棉花者也

榮華梵覺屬凄涼庭草沒階蟲上堂空院風寒秋欲半木群猶送舊時香

露溫衣掌徑艸深擧頭帳望夕陽沈離荒門破無人守惟見階前狸跡侵

城中有感

拙齋田邊道拜稿

イ七十七號
○明治元年正月廿日　伏見一擧ニ付大垣小原仁兵衛上書二通

謹上一書於　閣下抑天下之形勢今日ニ至り日月晦冥奉絕言語候已ニ此度

諸道ニ鎮撫使御差向と申事ニ相成釆女正樣ニ　勅使御附添東海道之先鋒を被　命候　德川樣全御取立之當御家ニ而右樣之御用柄相勤君臣之名分何以相立可申哉三歳之童子も所辨知ニ御座候得共時事今日ニ至候迄之運ひニ者許多之云々難盡筆紙苦心焦慮罷在候事ニ御座候　閣下東西隔絶之御地ニ被爲居候而は事實時情も御分り被遊間敷と奉存候抑　御國政之大權を　朝廷ニ御奉還之一事件ハ宇內之大勢を御洞觀被爲在候而之大御英斷千古之御美事と朝野一同奉仰候然ルニ　朝廷之御處置少々御順席《序カ》難被爲立哉之御次第も御座候處ゟ一時紛擾暴動之勢ニ差迫候ニ付　上樣ニは輦下之兵事を御憚り被遊候而御人數御引纏大坂迄御引退被爲在御恭順之御處置是亦上下奉感戴候其後委細之儀ハ私式心得不申候得共何歟別段之御用も被爲在候趣ニ而　朝廷より被爲　召巳ニ御上洛被　仰出御供之面々伏見迄罷登り候折柄俄ニ戰鬪之事起り弊藩人數も鳥羽街道ニ而決戰いたし多分死傷御座候連日之砲聲每戰利を失ひ遂ニ大坂落城之姿ニ相成申

候此ニ至り臣子之情實瑣々之得失ハ度外ニ可差置場合ニ御座候雖然和漢古今之興廢を遠慮深察仕候而は今日此上之御進退一歩之謬ニ而　徳川御家御存亡之境と奉存候却說　御政權御奉還之　英慮ニ基き相考候得は皇國御興隆之御基本さへ被爲立候得は　朝廷江之御忠節は申迄も無之神祖以來御歷代樣江之御孝道も相立天地与御同一體之公論ニ歸し候節は徳川御家之盛衰は第二儀ニ御座候而却而末代之御美目且衰而ハ盛なる之基と奉存候尤此度之兵端を論し候得は何共奉恐入御事ニハ御座候得共大體之御名義ニおゐて其當を御失し被遊候件々も被爲在候　朝廷ゟ被爲召候節先手御供之面々甲冑をも著シ兵威を張り入京之儀御名義無之其一ニ御座候會津桑名ハ　朝廷より歸國被　仰出置候ニ先鋒ニ御進ませ被遊候儀御名儀無之其二ニ御座候薩長之人數ハ兎ニも角ニも　禁闕御警衛之兵ニて洛中御取締之　命も下り居候事ニ付其隊江發砲ハ御名儀無之其三ニ御座候此無名的よりして今日之御場合ニ被爲至候尙且　徳川樣ニは天

下を御壓倒之御兵力萬々可有御座御事ニは候得共此上御名儀なくして大兵を被爲起候得は百戰百勝といへとも　幕威御挽回之道ハ盡果申候愈出て愈御失し詰り御滅却之大害を御速き被遊候ハ古今通徹ニ御座候此ニおゐて倍〔陪カ〕臣之私式建言可仕儀恐入奉存候得共暴擧之罪魁ハ一二藩ニ歸し居候事ニ御座候得は從前　朝廷ニ御精忠之御英斷ニ御立戻り　上樣之御心底御逆意は萬々不被爲在御儀を御露し外藩格別之二三諸侯ニ御委託ニ而朝廷ニ只管御謝罪と申御續ニ相成候方可然と奉存候　德川御家御相續之御上策是より外有御座間敷と古今を洞觀し遠察深慮仕候而閣下迄言上仕候倍〔マヽ〕臣之僣言奉恐入候得共何卒一片之丹衷御執達被成下置候得は生前之本懷是事ニ御座候泣血悲歎恐懼百拜

正月廿日

大垣微臣
小原　寛

別紙

附啓従　朝廷被　仰出候別紙寫二通既已　御聽知之御事とハ奉存候得共奉入　御覽候且又私儀も昨十二月より參與職を被　命其節大坂にも相伺御聽置ニも相成且御目付樣梅澤孫太郎樣にも心事申上仕各局中ニ罷在候得は萬々一之御都合とも存込相勤罷在事ニ御座候其後尚又徵士被　仰付之候此段も御含迄言上仕置候以上

正月廿　小原仁兵衛

上包以上二通
建白書一通

○第二六號

外國御交誼ニ就而者刑法之儀も御一變御座候方と奉存候其筋へ取調被
仰付候樣仕度候事

○水戸殿御所置之事　○御關所御改正之事

○遠國奉行御用取扱之事　○秋月論

○第九九號ノ六

稲葉閣老自筆

一條約調替之義外國奉行督責之事
一甲州田安殿御領之事
一秋月右京亮之事

秘

一水戸殿御愼解之事
一還御之義　上々様ゟ御尋之節取計方之事

○イ三十六號

松平刑部大輔内願書

乍恐以書面意中之歎願御内々奉申上置候私儀段々結構被　仰付不肖之身分誠以恐入　御高恩之程深々難有實以乍不及奉盡愚忠度心懸ヶ候より外他事無御座候既ニ今般溜詰格被　仰付候上者身ニ取候而は十分之儀ニ而此上御場所等奉内願候義ハ如何ニ御座候得共全ク身上之昇進等を奉相願候義ニは無御座何卒　御上御側近ク被　召仕候様御手前様之御引立を偏ニ奉相願候左候得は御側御用人被　仰付被下置候様仕度兼而御承知之通

り萬事不調法成生分ニ御座候上ハ思召之程深恐縮仕候得共兼而心掛罷在候文武兩道之外於　君前不奉申上候心得御座候間右之邊御含置可然御評議被　成下心願成就仕候樣幾重ニも奉相願候以上

松平刑部大輔

上包

松平刑部大輔

○イ五十九號

朝比奈甲斐守辭職内願書

益御機嫌能被遊御座奉恐悅候然者私儀每々格別之蒙御洪恩是迄無滯相勤罷在候者偏御高庇故之義ニ而莫恐筆舌ヲ以難申上陳此程中ゟ胸痛强頼合居兩三日中ニ者引御屆差出シ候心得右者兼々入　御聽置候通何分難相勤事情多少有之既ニ先頃當御場所被　仰付候節云々奉申上候處其節御免相願候而者晉私一身之事ニも無之御不都合之次第も在之哉ニ相伺殊ニ同役共擧而上坂仕事實御差支ニも可有之哉と奉存無據今日迄不顧尸錄之懼相勤居候得共昨今者同役共相揃私一人御免相願候ても御差支無之者詳明ニ

御座候間何分ニも御聞届奉願候　御前樣限り奉申上候者過日も粗入御聽置候通同役共一同之折合尤不宜英佛二黨ニ分レ候形チモ在之私義者登坂も不仕故右中間ニ相立居以前と違筆頭ニ罷在自然相方之訴不少中々私輩之力ヲ以駕御難仕奉恐入候事共ニ至り可申と日夜心配仕其外不可言意味多少在之實ニ相勤兼候間今般者過日之如き御不都合も無之間退役ニ決心仕候事ニ御座候一體一應御直ニ可奉申上と存居候得共御引中一身之事ヲ以御逢奉願候も奉恐入差扣候得共又是迄非常之蒙御懇命不奉申上も如何と夫是心配仕候間不得止事事情之一端口上書ヲ以御含迄ニ奉申上候間御序之砌御覽置被成下同役共ゟ表向ニ奉願候間其節者可然　御賢察被下置候樣仕度候依之此段奉內告候已上

五月十三日　　　　　　　　　　朝比奈甲斐守

上包
上　　御直披

○第九九號ノ七

（付箋）此度御貢獻ニ付上ケ知相成候分

一山城國久世綴喜紀伊相樂四郡之內新田共

高貳萬千七百九拾五石四升六合

（付箋）○印附候分ハ何方江御所替被爲蒙仰候共御殘シ相成候樣仕度

一○攝津國島下郡之內新田共

高壹萬千百六拾七石壹斗四合

一○河內國若江澁川高安三郡之內新田共

高壹萬五千四百四拾貳石七斗四升六合三勺

（付箋）下ノ部

一和泉國南泉日根三郡之內

高三千貳百七拾四石三斗八升八合五勺三才

（付箋）下ノ部

一近江國野州栗太甲賀淺井伊香滋賀蒲生高島八郡之內新田共

高三萬貳千四百五拾壹石三斗六升六合三才

一○上野國勢多郡之內新田共

高四千三百四拾五石三斗九升三合

（付箋）下總

一○下總國香取印旛殖生相馬四郡之內新田共

國四郡之内相馬郡高貳千貳百拾九石三斗九升貳合三勺ハ上ケ知相成候而も宜御座候（付箋）下ノ部

高貳萬千四百三拾石四斗五升七合三勺

一常陸國眞壁郡之内新田共

高三千三百九拾三石八斗九合四勺六才

右八ヶ國御領分

惣高〆拾壹萬三千百壹石八升八合七勺九才

内

拾萬貳千石

四千五百壹石七斗七合四勺九才　込高

六千五百九拾九石三斗八升壹合三勺　新田

〆

○第四六號ノ六

御譜代大名惣高　凡六百五十九萬九千三百六拾石餘

右ヲ元高百五拾萬兩ニ割

高百石ニ付　凡金貳拾貳兩銀十八匁程
高千石ニ付　凡金貳百貳拾三兩
高壹萬石ニ付　凡金貳千貳百三拾兩

○第四六號ノ三

覺

一製鐵所ゟ　小澤留吉
右一色樣ゟ奉內願置候
一御廣式御侍
大奥　大手前御住居之內明キ跡
右跡部樣ゟ奉內願置候
右之者先仕ゟ懇意仕候達而　御差含之儀相願度申聞候間無據奉內願候
宜御取扱被成下候樣奉願上候以上
十月　天澤山

○第二七號

○横濱之圖　◎省略

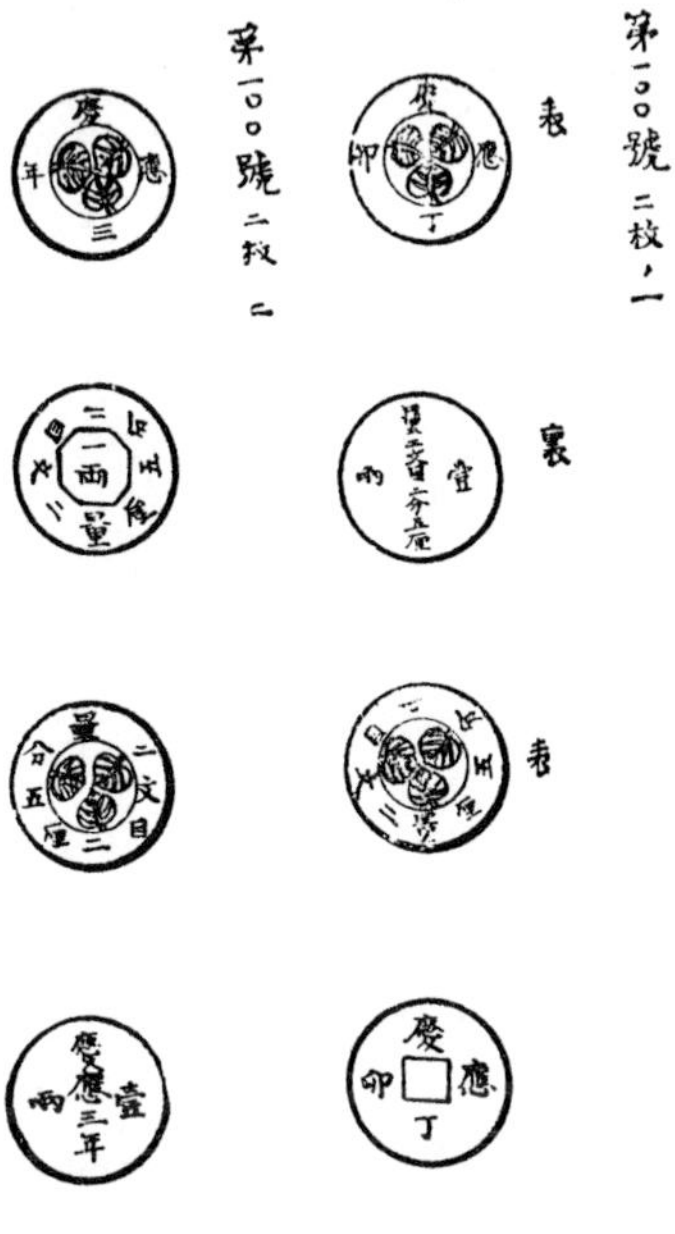

○第三九號

一三河國領分五千石餘之儀者七代以前對馬守數年御役相勤候御褒賞を以村替被　仰付候義御座候猶以譯書委細可奉申上候

一同國領分最寄ニ有之候妙源寺者先祖之開基ニて　權現樣ニも度々　御參詣被爲　在種々御由緒も有之既ニ同寺ニ者先祖之墳墓も御座候儀ニ

御座候由

右之通御座候處昨日不分明之義申上二ヶ條妙源寺領分中之樣ニ奉申上候得共个條書之通ニ御座候其餘之義ハ尚取調させ可奉申上候

○第九八號ノ一

咸臨御船先年亞米利加行之節乘組候亞人カッテン、ブロック

○第九八號ノ二

稻葉閣老自筆
難行二字他筆

難行

一紀伊殿御參府之事

一加州へ英人申聞候云々之事

難行

一安藤對馬守之事

一外郭御門番所取拂御門而已御存シ尤番人三四人之事

○第九八號ノ三

勤並
○大澤顯一郎
砲兵差圖役頭取
遠山修理亮
勤並
三宅眞吉
御廣敷
吉川圭三郎
御用引請取扱
堀內藏頭
木下大內記

○第二一號
通門局御取建

○第六五號
一金五十フランク
〆銀貳貫貳百九拾匁　此金三拾八兩貳朱銀貳匁五分
一金二十フランク

〆銀九百拾六匁　此金拾五両壹分銀壹匁

一金十フランク

〆銀四百五拾八匁　此金七両貳分貳朱銀五分

一金五フランク

〆銀貳百貳拾九匁　此金三両三分銀四匁

一銀五フランク

〆銀貳百貳拾九匁　此金三両三分銀四匁

一銀二フランク

〆銀九拾壹匁八分　此金壹両貳分銀壹匁八分

一銀一フランク

〆銀四拾五匁八匁　此金三分銀八分

一一サンチームハフランク百分之一也

但百分ノ一ハ　銀九厘壹毛六分也

一銀五十サンチーム
〆銀四匁五分八厘
一銀二十サンチーム
〆銀壹匁八分三厘二毛
一銀十サンチーム
〆銀九分壹厘六毛
一銀五サンチーム
〆銀四匁五分八厘
一銀二サンチーム
〆銀壹分八厘三毛
一銀一サンチーム
〆銀九厘壹毛六
一金ホントステルリンク

〆銀貳百六匁壹分　此金三兩壹分貳朱銀三匁六分

一金二十フランク

〆銀九百拾六匁　此金拾五兩壹分銀壹匁

惣銀五貫三百八拾九匁七分六厘六　此金八拾九兩三分　銀四匁七分

六厘六

岡田斧五郎

堀　貞之助

戸塚靜珀

○第九九號ノ五

一周防殿所替之事

一成島甲子太郎之事

一上杉三萬石之義ニ付兩人礼之事

○第一〇一號五通ノ一

形如大極圖團々翔雲表散身迸射人摧堅如振稿勇者難爭力智者病施巧斯器元不仁用爲護國寶

○第一〇一號ノ二

御下段

○何れも藝州表へ差遣ハさる萬事心を用ひ不覺無之樣忠勤を勵めとの上意

御次之間

○何れも不覺無之樣忠勤を勵めとの　上意

○第一〇一號ノ三

上包
仙石右近樣

神奈川奉行　外國奉行
陸軍奉行並　海軍奉行並
此外

○第百〇一號ノ五

開成所頭取　學問所奉行並

御目見特格

百俵四人

三十俵貳人

三十俵貳人

三十俵貳人

並支配　増田金五郎

同　山口鐵之助

同　永井誠一郎

御納戸同心　篠塚榮之助

遊擊隊　出野清三郎

進物番上役　福田長右衛門

○第二三號

一内櫻田御門番

一甲府御警衛

一此度脫走人召捕方御達ニ付有合之人數差出候

一宿々取締之御達ニ付下諏訪宿蔦木宿ゝ人數出置候

但右之外二ヶ宿有之

一田安領ゟ援兵之懸合有之少人數差出可申事ニ相成居候

○第八三號ノ一　稻葉閣老自筆

根津へ住居致候

林昇と申者近々上京致候上ハ林隱岐と改名可致見込之由

此者　勅命と號銅札通用を目論見諸商人を煽惑し横濱居留の商人を追々遊說致候由

○第八三號ノ二

上包
七月八日主膳正殿に上ル

一國家御大事之个條

一御機密筋御申合可有之个條

一人才黜陟之事

但賞罰共

一御制度筋御改革之事
一大名御仕置筋之事
第八三號ノ四
○（上包）上

四百俵高

持　高
御役料貳百俵

貳百俵高

御留守居支配
御裏門切手番之頭
（原朱）跡部遠江守
（原朱）竹本淡路守

御留守居支配
御廣敷番之頭
（原朱）右　兩　人

若年寄衆支配
御賄頭

御役料貳百俵
（原朱）是より席合は引下り候得共
百五拾俵高
（原朱）若年寄衆
御勘定奉行支配
御代官
（原朱）小栗上野介
（原朱）小栗下總守
（原朱）此程江戸表ニ而三人大坂ニ而壹人被　仰付候得共未明跡も御座候
持高
御勘定奉行支配
御藏奉行
（原朱）右兩人
御役料貳百俵
御兩卿
三百俵高
郡奉行
御役料貳百俵
（原朱）勘定奉行
御兩卿

（原朱）
家　老
（原朱）
佐藤清五郎ゟ

御聲懸奉願上候以上
右之内いつれ之御場所ゟ成とも　思召を以
（原朱）
御聲懸

六　月

○第八二號
申合之書付

此度部屋番相止候ニ付左之通り申合候事
一――不參之節部屋番可差出處兩役人之內ニ而差出可申事
一獻上物有之節部屋番持出之廉々　兩役人之內ニ而持出之事
一退出之節殘り御用向有之奥御右筆所より居殘之儀達し有之候ハヽ兩役
人之內ニ而爲居殘可申事
右之通申合候事

丹羽長門守

松平大藏少輔

○第八九號ノ四

植村出羽守　　松平出雲守

○第八四號

仙石右近内願書

一簡呈上仕候追日秋冷相募候處乍恐　太守樣益御安全被爲入奉恐悅候然は呈書仕奉恐入候得共先頃御達之節御内聞申上置候一條ニ付此程輿太郎殿迄文通仕又々御逢之義奉願候處過日同人より文通ニ而近々日限取極御逢御都合も可伺樣被申越旁早速久々時候御機嫌も不奉伺候間罷出時候御機嫌をも伺且ハ御逢日限をも可奉伺候處段々愚考仕候處先頃御逢相願候義も多分他向ニ而も承知仕何カ小生奸曲成事を御内聞ニ入レ跡形も無之事を申上候義と申觸レ候者も有之由承込申候且は彼レ同腹之者も御役人内ニ不少當時小生御支配方ハ申上候迄も無之若年寄衆ニ有之處御支配違イヘ罷出御逢願候廉を若々寄合肝煎ゟ嚴敷談シ等有之候とも小生事ハ如何樣談シ相受後日參上出來兼候譯罷成候とも元々往々御爲筋ニも相成可申事件故先頃御逢之節御内聞ニ入候次第ニ御座候間聊寄合肝煎抔を恐怖

仕候義ニは無之候得共右等之風聞承込居候處參上仕候ハヽ他人之見聞にも相成又々如何樣成風評仕候矢《マヽ》柄も可有之左候而は萬一　太守樣當時奉對　御職掌御不都合等之義も出來候而ハ實以奉恐入候御次第ニ御座候間先々參上之義ハ相控罷在候乍併累代奉蒙　御國恩其上御内聞ニ入候義ハ不容易次第柄ニも有之追々彼レ之動靜を相考候處先年中内話御座候見込之場合ニ成行キ候處扨々恐入候次第ニ御座候一旦御内聞ニも奉入候事故當時承込居候義を不申上も扨々殘念至極ニ御座候間元々御内聞ニ入候義ハ乍不及多年奉報　御恩澤一端とも可相成赤心より之事ニ而跡形も無之義ハ乍恐不奉申上候追々不容易義に同心之人々申上兼候得共御撰擧相成候ニ付何卒御逢等相願候而も自分人口ニ不相掛時々參上ニ而も御不都合等ニ掛念不仕身分と罷成度日夜焦心苦思仕居候當時參上見合候ニ付何卒御内聞ニも入置度義御座候故折角近々御逢も被下候深キ思召之處參上見合候義を申上候段深ク奉恐入候ニ付不苦候ハヽ極々略服略供ニ而他人之

見聞ニ不拘候樣仕御裏御門御內玄關ゟ罷出候而御逢等奉願度候不容易事件を乍不及心痛仕居候故旁以テ赤心を明シ覆臟無之處を奉申上候半而は却而先頃御逢之節覺悟ヲ相極メ罷出候處不存寄出格之蒙御褒詞候段深ク難有且ハ恐入候次第然處思召ニも逆可申も不被計旲々も奉恐入候得共此段奉申上候每々申上奉恐入候得共何卒不及なから今一度御目付役被　仰付樣奉願度候尤當今之御場合ニ而は一ト先つ他御場所被　仰付候而其上御目付役被　仰付被下候樣奉願度候一體是迄遠國御役ヲ心願仕置候得共可相成候ハ丶海軍奉行並又ハ當今文學御世話も御座候折柄故學問所奉行並被　仰付被下候樣奉歎願度候將又方今不容易御時勢ニも有之自然他人之見聞も不少候ニ付申上候ハ奉恐入候得共呈書等之義ハ何卒御內々に被成下樣是又可然御取繕御披露可被成下候樣奉願候早々頓首

九月廿九日

仙石右近

御側中

御披露

○第六四號

御用部屋ニ入り得へキ役名書

御用部屋江入候分御役名

寺社奉行　御留守居　海軍奉行並
陸軍奉行並　大目付　町奉行
奥詰銃隊頭　歩兵奉行　御勘定奉行
御作事奉行　外國奉行　御軍艦奉行
神奈川奉行　長崎奉行　箱館奉行
歩兵奉兵〔行カ〕並　製鐵所奉行　遊擊隊頭
大平備中守　御目付　御勘定吟味役

○第九四號ノ一

太陽寺四郎左衛門
齊田源藏

右兩人當時執政ニ而過激輩之由是等之者上京者暫時見合候方と奉存候

何分宜御勘考奉懇願候頓首

○第九四號ノ三

鐵砲狹間

東　七十二ヶ所有之　内三十六ヶ所

西　六十三ヶ所有之　内三十二ヶ所

南　九十六ヶ所有之　内四十六ヶ所

北　九十四ヶ所有之　内四十七ヶ所

○第四〇號

平野内藏介（和州田原本領主）内願書

日光准后宮近々　御上京被遊候哉ニ承知仕候ニ付甚差越之儀奉申上奉恐入候得共萬々一內藏介儀　御旅中差添等被　仰付候儀も御座候者素ゟ不行屆者之儀深く當惑心痛仕候殊ニ去亥歲以來引續御役當り其上和州五條村邊浪士及亂妨候節鎭靜方之儀御所司代此　御許樣　御勤役中御達も有之領內取締唯今以嚴重申付置候從來難澁之勝手向度々之御役當り當節ニ

至り必至と差支　公務始家中扶持方ニも差支一同歎息罷在候右樣必至之場合萬々一　御上京差添等被　仰付候而も迚も難相勤御座候間差越之儀重々奉恐入候得共　御免除之儀奉歎願候誠ニ自由ヶ間敷奉恐入候得共難澁之者相應之御役被　仰付被下置候樣仕度奉願上候御多端之折柄奉恐入候得共何卒御憐愍之　御沙汰被成下置候樣只管奉願上候以上

九月　平野内藏介家來　吉村衛守

○第七號　騎兵方ヨリ某藩ヘノ通告書

是迄蹄鐵御賴ミニ而當局蹄鐵師打來候處兎角材料不都合之義も有之哉ニ付向後者御相對ニ無之騎兵方當番所ヘ向ヶ被遣候樣致し度左候得者當番下役兵士等之内ニ而取扱爲仕代料之義も同所ニ而請取別紙之通り押切有之候請取書差出し候間左樣御承知御家來ヘ御申渡有之候樣致し度候依之請取書案貳枚相添此段申上候間御順覽可被下候

四月十六日　騎兵方

猶以本文之義明後十八日ゟ改革為致申候

（押切）

騎兵當番所

一鐵沓料　　前壹足分

銀九匁七分五厘　相定

爪　髪　　貳匁

右之通慥奉請取候以上

月　日　　蹄鐵師　由　兵　衛印

上

（押切）

騎兵當番所

一鐵沓料　　四ッ共打替

銀十九匁五分　相定

爪　髪　　貳匁

右之通慥ニ奉請取候以上

月　日　蹄鐵師　由　兵　衛　印

上

○第二號

尾州藩士某歸國日記

たひにつき

我君よりの仰言のありけれは卯月はしめに尾張の名古屋に赴んとおもひ侍るにえミしの船の寄せ來るとて世の中いとさわかしけれはとく立出よとの仰言によりやよひの四日立出んとおもへは住馴しあつまの名殘りいとをしまれ侍りて

住なれしあつまの名殘惜まれてぬる間すくなき夜半の手まくら

四日朝とく立出むとすれと俄の事なれはとみにハ供人もとゝのひかたくひつしの頃戸山を立出るに何となく名殘のみをしくミかへる方も遠さかりつゝ袖もしほるはかりにて板橋の驛に著くさるの時はかりなるらんこゝにて市ケ谷よりの送りの人々にも別る立出んとするに日も暮はてぬ是

より戸田川を渡る賤の男子の聲〳〵にのゝしることいとかしまし蕨の驛に著くねよとの鐘も過ぬれとたひのてうと共さらにとゝのひかたく子の頃ほひにやゝ枕に著侍りぬ

五日辰の時はかりにわらひを立いて浦和にてしはし休む大宮とかいふ所にてひるげたべ侍りぬこゝを立出る頃より雨降出しつさらぬたに淋しき旅の空心なの雨やとかこちつゝ

ふらて雨に袖ほしあへぬ旅のそらなほぬらせとやけふの春雨

とりの時過る頃鴻巣に宿り侍る

六日卯の半頃立出て吹上に休むそれより兼て聞つる熊谷の土手を通り蓮生法師の置つち木像もありときゝて

武士の其いにしへの跡とへはなもなつかしき心ちこそすれ

午の時過る頃こゝを立出向ひにみゆる山はうすひ峠と聞て

音にのみきゝしハ物の數ならしすさましけなる山の高根は

かくて本庄に著侍りしハはやとりの半頃にてねよとの鐘も打へき頃枕に著けるに間近き所にて賤の男の聲いとかしましく

七日今日ハ道も遠きよしいそきたち出んとすれととみにハ供人もとゝのひ兼やゝ卯の半頃立出て程もなく清き小川あり渡りて新丁といふ所に休むこゝを出て行手にからす川と云河あり船にて渡り向を詠れはおのかさま〳〵渡りゆく供人の有様いと興有今日ハいと長閑にて行〳〵て日の暮かゝるころ山道にかゝりてとりの半頃松井田に著侍りぬあすハ關も有名高きうすひ峠を越なれはとて色々の事なといそき物し侍りてとくいねぬ

八日とりの半頃立出んとするに夜の間の雨の名殘にてまた降出ぬけふハ峠を越るなれはとく晴よかしとおもひつゝ五料村にやすむ是よりハ關にかゝるとて早立出るに雨雲いつか晴て日影ほのかにさす關を越て山路にかゝる所々の山に櫻やまふき咲たるをみて

　人も見ぬかゝるみやまの奥にさへときしりかほに咲さくらかな

木々深き岩間にさける山ふきのいはぬいろなるすかたをかしも
目路遠く見渡す方ハあし引のやまより山につゝく山〳〵
山のあはひにいと荒たる家の有をみて
冬の夜の寒さをいかゝしのくらん戸さしもあらぬ賤かふし庵
碓氷の山より流出ると云川あり
碓氷川なかるゝ水のすさましくみゝかしましき山の瀧つせ
うすひの峠をこゆとて
思ひきや名にのみ聞てすさましきうすひの峠今日越んとは
物になふ男子らもいとたゆけに越かぬる有さま哀けに見ゆ峠の方ハ雲か
かすみか立こめて山々もさたかにミえ侍らす聞しよりハいとすさましく
やゝ越はてゝ山中に休向にミゆるも山のみにて物すこしこゝを出てさる
の頃と思ふ頃かる井澤にやどりぬ今日計ハ日影高きうちにやとれは心長
閑に枕に著侍りぬ

九日またきに起出て庭を詠れは向にいと高き山みゆあれハいかなる山ぞと尋侍るに淺間山と云いたゝきに雲かと見ゆるハ煙なりけり山の半より所々に消殘る雪に日影ほのかにかゝやくけしきえも云れす

音にのみ聞し淺間の朝けふりいま目のまへにみるそ嬉しき

高根にハもゆるけふりも立なからなと消かぬる雪にかあるらん

卯の半頃こゝを立出てふもとを行に過し年此山の燒し時の石也とて所々に有もいと珍らしくあつまに殘りし人の事を思ひ出て

打つれし旅にしあれは淺間山かゝるけしきをともにミましを

追分沓かけに休むかたへをミれは梅桃櫻山吹一時にさきたる氣色いと面白くて

梅の花匂ふかたへに桃さくらつゝしもいろをあらそひてさく

めつらしな時におくれて梅の花やよひのそらに咲にほふとハ

今日もいと早ふ八幡に著宵より枕につき侍りて

十日たつの頃宿りを出けるによべよりの雨やみ兼ていとしめ〳〵しく声
田の宿に休む是よりハ笠取峠といふ所を越るといふなれはとく雨もやみ
ねかしとおもひて

大空もこゝろありせは行たひのみちよりはれよ今日のむら雨

終日雨降て峠を越る頃ハ道もいとわろし母君にも俄かにきのふ旅立給ふ
よしつけこしけるにあやにくに雨降けれはあなたの空ハいかにやと

たらちねハいかにますらん我も同し旅ねのうさを思ひやりつゝ

ひつし半頃和田の宿りに著く夜半過るころよりいよ〳〵雨降出て明るま
てをやミたになけれハたひのやとりハ誠に心淋しくて枕に著ぬ

十一日今日ハ和田峠を越るなれはとく晴よかしと打なけきてもせんかた
なく供の人々いかに越なやむらんかと心くるしう一日こゝにとゝまらん
なとさま〳〵物しけれと時はおそくなりたりとも立出給へかしといふに
つきて辰の頃立出るにいよ〳〵降しきり峠にてはま近き山々も雲にかく

れてミえすいと物すこしけふハあやにくにミえす峠を下る所よりすはの
海ミゆるよしなれとしらて過しかハ
降雨に隔られつゝすはの海のなをのみきゝて過るはかなさ
下の諏訪にやとれるハさるの時過かとおほゆこゝに温泉あれはそれをく
みてあミ侍りて
旅寝せしかひハ有けれ音にきくすはの出湯をけふあミむとハ
十二日空よく晴たり辰の頃立出ていま井村に休む此家ハ今井四郎兼平の
末孫なりときゝて
古しへをいまはたおもふものゝふの名さへくちせす代々ハふれとも
こゝを立出て桔梗か原を行片原に山本勘介のよろひかけ松といふかある
を見て
今もなを松ハ常磐にあるなれはいかてむかしのこととひはまし
洗馬に休むこゝにハ庭の面につく〳〵しのおほく有けれハつまんとてお

り立けるに賤の男かまくの外よりかいまみけれはやミぬ夫より本山に休むしはし行にさかひ川といへる河あり此所は他し國と我君の御國とのさかひなるよしきゝて

こと國と君か御國のさかひなる川としきくも嬉しかりけり

梅澤こゝより熱《贄カ》川の間に熊をかひ置宿ありときゝて立寄見侍に實にたけきありさまいと珍らしそれよりさるの時過る頃宿につきぬ

十三日空いと長閑也卯の半頃こゝを立出て奈良井に休む是より鳥井峠を越とうけより御嶽山ミゆるよしなれとあやにく雨降けれは雲かくれてみえす藪原へひつしのころ著侍りぬ

十四日日影長閑なり藪原を立出行手に木曽よし仲の城跡のよしミえ侍りけれは

あは津野の露と消にし其跡ときくに袂そまつぬれにける

此所に流れ有て巴か淵といふよしきゝて

ますら男もいかておよはん今も世にともゑのふちと名をし殘せは
夫より福島か關を越て山村某の家にやとれるハひつしの半頃かとおほゆ
こゝにて二夜宿らんと思へは心のとけし
十五日空晴渡りたり向に見ゆる山々の氣しきいとおもしろくひつしさる
頃より庭の氣色ミんとて出て高きうてなにのほるこまか嶽に雪の白くつ
もりたるをミて
二夜さをこゝにかさぬるかひありてこまかたけなる雪を見るかな
今よひも長閑に枕に著侍りぬ
十六日しのゝめのころ起出空晴渡りて日影いとさやかに出辰の頃こゝを
立出て名高き木曾のかけ橋を渡るに今ハ名のみにてあやふけもなけれは
あやふしと聞し昔にひき替てやすけくわたる木曾のかけ橋
前なる河にて筏のりするをミるにいとあやふけなり庭に君の御手植の松
有を見て

心あらはおのか齢の八千とせをうへにし君にさゝけよやまつ
此所のけしきいと面白くて立出んもをしとおもひ侍れと時おくれぬとて
出たつ千町といふに休む此道におのゝ瀧といふあり二つに別れて落くる
さま清けなりさるの頃深原に宿りぬ
十七日またきより雨降ていとしめ〳〵しく辰の頃深原を立出るに行手に
今井兼平の城跡ミゆるいまは木立のみ茂りていと哀なり夫ゟ野尻にやす
む雨強く降出こゝを過て三留野に休む此あたりに藤の花所々に咲たるを
見て
あるしなき宿ともしらて戸山なる庭に植にし藤やさくらん
さるの時過る頃妻籠にやとり侍りぬ
十八日夜の間に雨晴ぬ卯の半頃宿を立出つ音に聞木曾のミ坂を過て馬籠
に休む行手に夫婦瀧ありけふハ空いと長閑にて日も永うおほゆ中津川に
宿れるハひつしの頃かとよ

十九日日影長閑にさし出るに中津川を出行手に山々遠く見ゆ茄子川に休けるに庭なる池水に魚のうかひ遊ふも珍らしとなかめつゝとく立出て大井に行こゝにてしばし休みて十三峠といふ山を越るに今まて越來る山々よりハやすらけくおほゆひつし下る頃大湫に著ぬ此あたりすへて檜原のみなり

來しかたをおもへは遠く大木曾や小木曾の檜ばら見るに付ても

廿日長閑に空晴渡りたり辰過る頃に大湫を出行手にゑほし岩兜岩とかいふ石ありそれより細湫に休むつばせに至り又しはし休ミて御嵩に至る今日ハ名高き所もあらねはいたつらに伏見にひつしの頃著侍りぬ

廿一よべより雨強く降て晴まなくいとしめ〳〵し辰過る頃伏見を立出るに雨いや降にふる土田に著ける頃より雨やゝやみて日影ほのかにさし出善師野に休むあすハ名古やに著なれはとく宿りにつかんとてとく立出さるの時過る頃小牧にやとりぬ

廿二日しのゝめの頃ハ少し曇りたれは降出ぬまにとく立出んとて卯の半ころ小牧を出るに日影ほのかにさし出て春日井原にいたれはいと長閑にて此所にしばしいこふこゝを出てひつし過るころ名古屋御城に著侍りて今よりハ君とたみとの惠にてよろつ代すまんくにハ此國

○號外二

(原朱)安藤對馬守酒井右京亮村替

書拔

文久元酉三月

安藤對馬守

常々出精相勤近來外國御用向多端之處諸事引請取扱格別骨折候ニ付別段之　思召を以領分之內薄地之分壹萬石同高を以村替被　仰付之

酒井右京亮

常々出精相勤近來外國御用向多端之處格別骨折候ニ付格別之思召を以領分之內薄地之分三千石同高を以村替被　仰付之

右之通達之
○號外一
(原朱)內藤紀伊守遠藤但馬守村替
書　拔
萬延元申十二月
内藤紀伊守
常々出精相勤今度　御本丸御普請御用彼是心配骨折候ニ付別段之　思
召を以領分之內薄地之分壹萬石同高を以村替被　仰付之
遠藤但馬守
老年迄多年精勤今度　御本丸御普請御用格別骨折候ニ付別段之　思召
を以領分之內薄地之分五千石同高を以村替被　仰付之
右之通達之
○第九二號七通ノ一
書　拔

文久元酉七月

遠藤但馬守

老年迄出精相勤候ニ付御役御免被叙四品雁之間詰被　仰付之

同　人

思召を以詰日御免折々爲伺御機嫌登　城可被致候

同年八月

土屋采女正

遠藤民部大輔

右爲伺御機嫌登　城於羽目間謁年寄共

同二戌十二月

遠藤民部大輔

御用筋古格等若年寄より承合候儀も可有之候間無伏臟相咄候樣可被致候事

同三亥十一月

遠藤但馬守

同氏民部大輔儀年來若年寄相勤古格等相心得罷在候事ニ付先達而相達置候儀も有之候間隱居後ニは候得共折々　御城ヘ罷出候樣可被致候

右之通達之

○第九二號ノ二

書拔

安政五午年

時服　六

本庄安藝守

年來出精相勤候ニ付拜領物被　仰付之

但病氣不相勝候ニ付御役御免相願候處病氣間も無之候間其儘相勤綴々養生致し候樣ニと同日被　仰出之

○第九二號ノ三

書拔

文久二戌六月

酒井右京亮

年來出精相勤候ニ付城主格被　仰付御役御免雁之間席被　仰付之

右之通申渡之

○第九二號ノ四

書拔

文久二戌十二月

松平大隅守

思召を以四品

其方儀昇進之御沙汰ニは難被及候得共年來相勤候ニ付格別之　思召を以四品被　仰付候條以後之例ニは不相成儀勿論之事ニ候

右之通申渡之

○第九二號ノ五

書　拔

文化九申十二月
井伊兵部少輔

近來多病ニ付御役御免被成數年出精ニ付被叙四品

天保十二丑八月
本多豐後守

御役御免前々之通帝鑑間席被　仰付　御懇之蒙　上意被叙四品且取締之儀は水野出羽守申談此度之　御趣意行届候樣厚可心附旨被　仰出之

同十四卯十月
堀田攝津守

御役御免前々之通帝鑑間席被　仰付被叙四品

萬延元申十二月
牧野遠江守

御本丸御普譜御用相勤候ニ付御刀拜領別段御鞍鐙拜領被敍四品御役御免前々之通雁之間詰被　仰付之

○第九二號ノ六

書拔

安政元寅十月

時服　六　　　　　　　松平玄蕃頭

老年迄數年出精相勤候ニ付拜領物被　仰付之

但今日病氣ニ付願之通御役御免被成候

文久元酉八月

時服　五　　　　　　　諏訪因幡守

御役御免前々之通帝鑑間席被　仰付只今迄出精相勤候ニ付拜領物被仰付之

同二戌閏八月

時服　五　　　　　　　　　　　　　遠山美濃守
御役御免前々之通柳之間席被　仰付只今迄出精相勤候ニ付拝領物被
仰付之
時服　五　　　　　　　　　　　　　加納遠江守
御役御免前々之通菊之間縁頬詰被　仰付只今迄出精相勤候ニ付拝領物
被　仰付之
元治元子九月
時服　五　　　　　　　　　　　　　稲葉兵部少輔
御役御免前々之通菊之間縁頬詰被　仰付只今迄出精相勤候ニ付拝領物
被　仰付之
去々丑十二月
時服　三　　　　　　　　　　　　　土岐山城守
出精相勤候ニ付拝領物被　仰付之

同　人

思召を以御召之御上下被下之

同　人

病氣ニ付願之通御役御免前々之通帝鑑間席被　仰付之

去寅十月

増山對馬守

御役御免前々之通雁之間詰被　仰付只今迄出精相勤候ニ付　思召を以

御召之御上下被下之

田沼玄蕃守（頭カ）

御役御免前々之通菊之間縁頬詰被　仰付只今迄出精相勤候ニ付　思召

を以　御召之御上下被下之

○第九二號ノ七

書　抜

元治元子六月十八日

若年寄
諏訪因幡守

御役御免前々之通帝鑑間席被　仰付之

同　人

只今迄格別出精相勤候ニ付別段之譯を以折々登　城御機嫌相伺可申旨
被　仰出之

同　人

別段之譯を以四品可被　仰付候間別紙雛形之通之文差出候樣可被致候
此段　内意相達候事

同廿九日

同　人

老中格被　仰付年寄共之通可相勤旨被　仰付之

同年七月廿三日

加判之列被　仰付之　　　　同　　人

同年九月朔日

四品被　仰付之　　　　同　　人

○第四五號ノ一〇

朱書稲葉閣老

一公用人（朱書）此義京坂等へ相詰候節ハ三人ニ而ハ差支可申も難計ニ付三人ニ而も勝手次第ニ致度事　以來壹人減三人と相定可申候

一案詞　以來壹人減兩人と相定可申候

一書翰方　以來役名廢自用にて兼勤

一取次頭取

一取次　以來兩役は手足り候丈定員を不立成丈減可申候

一部屋番（朱書）部屋番ハ先居置候方と申合候　箱番　鍵番　以來右之役者廢止追而期伺御用捨

願候

一内玄關以來廢候事

一揚扇は廢例刻銘々見計遲刻無之樣登　城之事

一供連馬上之節は供二騎迄は減略勝手次第之事

一駕籠之節は　駕籠脇　四人　徒士　三人　以來右迄減略勝
手次第

一登　城之節槍一本爲持候而も不苦候

但乘切之節は槍不爲持事

一箱は見合兩掛用候事

一長柄傘以來不相用手傘用候事

（朱書）此二ヶ條も時宜ニ寄相用勝手次第と申合候事

一駕籠ニ而登　城之節は牽馬無之とも不苦勝手次第之事

一御用箱品柄寸法等定無之勝手次第之事

一銘々宅ニ而用候客火鉢烟草盆燭臺其他調度等定無之有合之品相用候而
不苦候事
一公用人初衣服之品柄勝手たるへく候得共御時節柄故質素に可致事
一本供乘切共供々丈著服割羽織小袴伊賀袴著用之事
一相互交通紙品等は何品ニ而も不苦粗紙相用不苦候事
　但重き御用ニ無之節ハ封袋相用不苦候
一宅ニ而用候諸帳面袖裏半切等總而麁紙可相用候事

○第四五號ノ四

御定書御改正之事
　右者三奉行林家ハ勿論同列も掛り被命候事

○第四五號ノ五　稻葉閣老自筆

一縫殿殿此後上　京等之節者御手當等は御含も被爲　在候事
一黒川近江守之事

○第四五號ノ六

一當地之御趣意御徹底之事

一陸軍方御取締且兵隊御組立之事

一京坂町奉行組之者御改革等御施行も御座候ハヽ先江戸町奉行ゟ手始之事

一高減等之義百俵已下ニ至迄一樣之御處置ニ而者人心之向背ニ拘不容易事故得と御熟考被爲在度事

○第四五號ノ八　稲葉閣老自筆

天璋院樣へ之御返事議候而可申上事

是ハ美濃樣御委任殊ニ御職掌ニも相叶至當之義ニ付猶又返上之事

○イ十二號

禁中幷公家諸法度

一天子諸藝能之事第一御學問也不學則不明古道不能政致太平貞觀政要明

文也寛平遺誡雖不窮經吏《史カ》可誦習群書治要云々和歌自光孝天皇未絶併語家國習俗也不可棄置云々所載禁秘抄御習學專要候事

一三公之下親王其故者右大臣不比等著舍人親王之上殊舍人親王仲野親王贈大政大臣穂積親王准右大臣是皆一品親王以後被贈大臣時者三公之下可爲勿論歟親王之次有官之大臣三公在官之內者爲親王之上辭表之後者可爲次座其次親王但儲君各別前官大臣關白職再任之時者可爲位次事

一淸花大臣辭表後座位可法親王之次座事

一雖爲攝家無其器用者不被任三公攝關況其外事

一器用之御仁體雖被及老年三公攝關不可有辭表但雖有辭表可有再任事

一養子者連綿但可被用同姓緣女其家督ニ相續古今一切無之事

一武家之官位者可爲公家當官之外事

一改元漢朝之年號之內以吉例可相定但重而於習禮相熟者可爲本朝先規之作法事

一天子禮服大袖小袖裳御紋十二衆
御袍菊麈青色帛生氣御袍式御引直衣御小直衣等之事
一仙洞御袍赤色橡式甘御衣大臣袍橡異紋小直衣親王袍橡小直衣公卿著禁色雜袍雖殿上人大臣息或孫雖著禁色雜袍貫首五位以上藏人著禁色至極﨟著菊麈袍是申下御服之儀也晴之時者雖下﨟着之袍色四位以上橡五位緋六位深緑七位淺緑八位深縹初位淺縹之紋與直衣始式拜領任先規著用之殿上人直衣羽林家之外不著之雖殿上人大臣之息亦者孫聽著禁色直衣布衣直垂隨所著用也小袖公卿衣冠之時者著綾殿上人不著綾練貫羽林家三十六歲まて著之此外不著之紅梅十六歲三月迄諸家著之此外平絹也冠十六未満透額帷子公卿從端午殿上人從四月酉加茂祭著用普通也
一諸家昇進之次第其家々舊例可申上但學問有職歌道令勸學其外於積奉公者雖爲超越可被成　御推任下道眞備雖八位下依有才知譽右大臣任尤規模也螢雪功可拌指事

一關白傳奏幷奉行職事輩申渡義堂上地下之輩於相背者可爲流罪事

一罪輕重可被守名例律事

一攝家門跡者可爲親王門跡之次座攝家三公之時者雖親王之前官大臣之次座相定上者可准之但皇子連枝之外門跡者親王宣下有間敷也門並之室之位ハ可爲其仁體考先規法中之親王希有之義也近年反繁多無其謂攝家門跡親王門跡之外門並者可爲准門跡事

一僧正大正權門跡院家可爲先例至平民者器用卓抜之仁希有任之可爲准僧正也

一門跡ハ僧正大正少法印任敍之事院家ハ僧都大正少權律師法印法印《マヽ》法眼任先例任敍勿論但本人者本寺可推擧之上猶以相撰器用可申沙汰事

一紫衣之寺任權職先規希有之事也近來猥勅許之事且亂﨟且汚官寺甚不可然於向後者撰其器用戒相續有知之聞之可被申沙汰事

一上人號之事積學之輩ハ爲本寺撰正權之差別於申上者可被及

勅許但其仁體佛法修行及二十箇年者可爲正年序未滿可爲權猥競望之儀
於有之者可被行流罪事
右可被相守此旨也

慶長二十年壬卯七月　日　昭實

秀忠

家康

右十七ヶ條家康秀忠昭實先判之趣也萬治四年正月十五日内裡炎上之節
就令類燒今度以別本如舊文寫調之爲後日鑑加判形者也

寛文四年甲辰六月三日　光平御判

家綱御判

解題

丸山國雄

一

本書は、淀藩主稲葉正邦《長門守美濃守》が老中在職中その許に達した書翰・意見書・建白書並に探索書等を収録したものである。山城淀藩稲葉家は本姓は越智氏、河野通有から出で、通有の第三子通種が初めて拝志氏（のち林氏）を称し、代々伊予に居を構えた。その子通任の時に美濃に移り、その後裔正成が稲葉一鉄貞通（安土桃山時代の武将永正一二年生れ、父は通則で伊予守と称した。美濃曽根城に居し、永禄七年織田信長に服し、元亀元年六月姉川の戦に徳川家康の後陣として奮戦し、武功を樹て、天正年間長嶋・加賀の一向一揆を討ち、殊勲を挙げた。天正三年入道し、一鉄仙斎と号した。信長の死後、秀吉に仕え、天正一六年一一月一九日歿した。歳七四）の女婿となり、稲葉氏を称した。正成は初め秀吉に、のち徳川氏に仕え、寛永四年下野真岡に封ぜられ、二万石を賜り、その子正勝は老中に補せられ、四万五千石を加封、正勝のとき十四万石に累増された。享保八年その子正知が山城淀に移封された。正邦はペリー渡来に際し、幕府が開鎖について下問したとき、通商の拒絶は当然であるが、武備不十分のために必勝を期し難いからしばらく通商を許し、兵制の整備を俟って拒絶すべきである、と上申している。

安政元年十一月京都七口の警備を命ぜられ、文久三年京都所司代に補せられた。ついで元治元年五月老中に転じ、慶応三年五月幕府の職制改革にあたって国内事務総裁に任ぜられ、明治元年二月までその職にあった。正邦が慶応三年老中筆頭、国内事務総裁時代の史料には特に貴重なものがある。本書の原本は五巻からなり、元治元年五月から明治元年までを収録している。

二

文久三年八月の政変以来、わが国内外の事情はここに一つの転機を迎えた。文久元年以来引き続き国内の政情は変化を来たしていたが、特に八月十八日の政変後は、幕府の期待に反して、幕政は不利な立場に追いこまれていった。長州藩においては、「薩賊会奸」を合言葉のようになった。しかし第一回征長の役後、犬猿ただならぬ間がらにあった薩・長間のわだかまりも解消し、両藩は提携するようになった。

一方外国に対しても一大変化が起り、従来攘夷論に徹していた長州藩が、四国連合艦隊との交戦後、急転して英国と接近するに至った。薩英戦争と四国連合艦隊との交戦によって、外国の武器の優秀性を看取した薩長両藩の攘夷論者も自己陶酔の夢から目覚めて、武器購入の急務なることを悟り、外国殊に英国と接近するようになった。

英国は混乱期に処して、幕府をして攘夷派を押え、条約を励行することによって貿易の拡大を図ろうとして幕府を支持強化してきたが、その後幕府の態度が徒らに国内の政情に右顧左聘して定見を欠き、却って雄力諸藩に攪乱され、通商に対しても元治元年に発布した五品江戸廻品令の如き不誠意を示したので、幕府から離れて、雄藩の動向を注視し、薩・長二藩の開国派に接近すると共に朝廷の政治的潜在力に注目するようになった。

慶応元年閏五月（一八六五）パークス公使（Harry Smith Parkes）は横浜に着任した。彼は着任匆々長崎・箱館及び蝦夷島を視察した。蝦夷島では乗馬で奥地まで行っており、これは対露政策の参考に資するためでもあった。英国としては元治元年には横浜貿易額の八三％を占めていたとは言え、英国全体の貿易額から見れば微々たるものであった。この点からすれば日本貿易を放棄しても痛痒を感じないが、世界征覇の鎖の一環としてこれを棄てさることは、国家の体面からして許されない事情があった。また東洋に於ける勢力の維持、海上権の確保などからして日本近海の諸島を欧米列国の手に委ねることが出来ない。これが英国の対日基本方針である。

彼は蝦夷島視察後、九月七日仏国公使ロッシェ（Léon Roches）及び蘭国公使代理と会見して、下関砲撃事件の償金三分の二の放棄と、その代償案を示して、同意を求めた。仏国公使は下関・兵庫の開港の価値は、償金の放棄に値せぬと、これに反対したが、同十一日四ヶ国使臣の間に協定がなり、英国の提案は条約勅許を得るために最も適策であるとし、上坂中の将軍と折衝することとなった。下関の開港は英国が西国大名と通商するために必要であった。かくて四ヶ国連合艦隊（英艦以下九隻）は十六日兵庫に入港し、その中二艦は十七日早朝天保山沖に進航した。慶応元年十月五日（一八六五）条約は勅許された。本書四五—四七頁 将軍は職を賭して条約勅許を要請して勅許を得たにも拘らず、一たび回答をもたらしてパークスに会するや、傲慢なパークスの恫喝にあって当然要求し得べき下関償金の軽減を自ら放棄した。かかる幕府の軟弱外交は遂に税率の改定を強制された。慶応二年五月一三日老中水野忠精（和泉守）と四ヶ国使臣との間に改税約書十二ヶ条が調印された。（本書四七—四九頁）これによって輸出入税共に五分の課税を原則とし、安政五年の条約より著しく後退した。幕府の外交は依然として事なかれ主義で、国内情勢の安定に全力をつくすありさまであった。

三

稲葉正邦（長門守・美濃守・民部大輔）は元治元年四月一一日所司代から老中に昇任されたが、慶応元年四月一一日辞任、更めて慶応二年四月一三日から明治元年二月二一日まで再任された。当時幕府の二大政策は兵庫開港と長州処分問題であった。

征長初役が戦ずして終焉を告げたことは、内治外交に困りはてていた幕府としても喜ぶべきであった。然るに幕府の要路は、長州藩の実力を軽視し、長州処分を江戸で行い、一挙に幕府の権威を回復しようとした。しかし慶応元年二月老中本荘宗秀・阿部正外が幕兵三千を率いて入京し、慶喜及び守護職松平容保・所司代松平定敬を罷免し、諸藩兵の入京を禁止し、幕府自ら京都の守衛に当り、朝廷を威圧しようとした。然るに京都の情勢は幕府の予想に反して所期の目的を達することができず、却って将軍上洛督促の朝令が下った。かくて将軍は進発するとことなり、元年五月二二日上洛した。しかし長州再征については朝臣諸侯の間に反対する者があり、征討勅許の議も容易に決しなかった。九月二一日将軍が参内し、漸くにして征長の勅許を得た。然るに幕府が征長を遷延している間に長州藩では藩論が一定し、薩藩もまたこれに応ずるかの如く征長出兵を拒絶することに決定した。殊に薩・長二藩の間には和解の気運が動き、長州藩は薩州藩を通じて兵器を長崎から購入して軍備の整備充実を行った。

慶応二年六月三日征長総督徳川茂承は海路広島に出陣し、七日戦闘を開始したが、芸州口、石州口に於いて幕府軍は利あらず、七月一八日浜田城は陥落し、一方小倉藩も長州藩兵の反攻を受け、六月一七日に門司・田ノ浦が攻略され、七月三日には大里が占領された。かように幕府軍は至るところで長州藩の新鋭軍に対処し得なかった。

七月二〇日将軍家茂は大坂城で病歿し、八月一二日一橋慶喜が将軍名代として進発した。彼は幕軍の敗退を認め、名を将軍の死にかりて、八月二二日休戦することを決し、九月二日勝海舟義邦・軍艦奉行をして長州藩にその旨を伝えた。かくて長州再役も終局したが、これより幕府の権威は下向の一途を辿った。

四

既述の如く国際勢力の圧力は、国内政局に大きな変革を与えた。長州藩を征圧した外国の強大な兵力は、条約勅許と改税約書をかちとることによって、開鎖の如何にかかわらず、それが一時的の擬装的開国論者を含めての封建的攘夷論者に壊滅的打撃を与えた。即ち最後まで強硬論を唱えた朝廷も、将軍家茂の将軍職辞退の上表文にある如く、無暴な戦いを起せば必勝の利はなく、終には聖体の安危にも拘る、との憂慮が万事を解決した。（本書四五―四七頁）ここで問題となったのは、朝廷の面目であった。この時救いの神となったのは、幕府側から提案された公議輿論政治の体制であった。しかし国内にわだかまるあらゆる政争が国際勢力と連がりがあることが認識され、この意味において対外危機感は識者の心に深く刻みこまれた。当時外艦の摂海進入も薩英連盟の策略であるとの風説が行われたが、薩藩の開化派にしても開国は「富国強兵」「以夷制夷の衛《まもり》」であるとの観念から脱れ去ることはできなかった。こうした気持は明治政府の要人の等しく抱いていた意識であったと言い得る。

幕府の対外政策は譲歩につぐ譲歩で、謂わば事勿れ主義をもって臨んでいたが、元治元年八月の四ヶ国連合艦隊の下関砲撃事件に際しても傍観し、そのため幕府の意志が疑われるに至った。一方対内的には権威の回復に努め、京都の情勢に暗い江戸在住の老中は、ひたすら強硬策をとった。そのため在京の幕府要路と意志の疏通を欠き、往々にして意見の対立をもたらすに至った。長州再征の失敗もその一因が上述のようなところにあった。幕府は敗色濃きなかで解兵を希望していたが、そのことが将軍の死という悲しみのうちに行われたことは、最大の悲劇というべきであろう。

文久三年八月の政変が幕府の権威を示したかのように考えられるが、その半面に従来の尊王攘夷運動が尊王倒幕を目的とする運動へと質的変化をもたらした。ここにその理由は省略するが、これを以て幕府末期の政局の第一の転機とすれば、慶喜の将軍宣下は第二の転換機ということができよう。謂わばこれより幕末政争の最後の段階に入ったからである。

将軍慶喜の幕政改革は仏国公使ロッシェの献策に基いたと言ってよかろう。従来の老中の合議制を改めて、陸軍総裁・海軍総裁・国内事務総裁・会計総裁・外国事務総裁の五局専任の老中を置いたが、これは欧州列国の内閣制度を取入れたものである。また幕府は門閥打破・人材登用を採用した。稲葉正邦が国内事務総裁に任命されたのは、三年五月六日のことで、老中兼帯であった。陸・海軍の充実には特に力を注ぎ、三年春、陸軍伝習所を横浜に開き、仏国士官を招いて歩・騎・砲三兵の教育を始めた。海軍は安政二年からオランダ士官を教官として長崎で伝習を開始したが、安政四年に軍艦操練所を、文久三年には神戸に海軍操練所を設ける傍ら、米・蘭二国に軍艦の建造を発注した。更に幕府は文久元年長崎飽ノ浦に製鉄所を創設し、元治元年一一月仏国公使に横須賀・横浜に製鉄所の創設を依頼した。慶喜の時代には横須賀製鉄所は工事半ばで実用に役立たなかった。

慶喜は更に幕府の財政窮乏を救う一方法として、新税の賦課、殖産興業、貿易の振興、鉱山の開発、運送業の助成を行った。ロッシュ公使は慶応元年一一月二四・二五日にわたって本庄宗秀老中・伯耆守と会見し、条約勅許・兵庫開港について意見を交換した。本書五〇―六六頁また英国公使は幕府と外国との関係を探索するため老中と会見し、製鉄所の創設・軍艦の発注・貨幣の改鋳などをはじめ改税の件について懇談を重ねている。本書六一―八四頁開港後の貿易額も次第に増加し、安政六年には輸出入共に微々たるものであったが、慶応頃には約十倍の六千万円を超え、毎年輸出超過であった。しかし開港場を増加するためには諸経費を必要とし、さらに軍備の充実には莫大な資金が用意されなければならない。兵庫開港のために約百万両の経費が必要であった。そこで幕府は仏国公使の提言を容れて、大坂に商社の設立を計画し、鴻池・加島等の豪商を商社頭取以下の役員となし、資金を拠出して商社を設立せしめた。当時の商工業は一般に個人営業であって、三井組のように家族的団体ともいうべき例もあるが、西欧の会社組織のようなものではなかった。慶応三年にこの方法が始めて実現したのである。商社は会社組織といっても不完全なものであって、株式会社と同一視することはできないが、在来の企業組織から分れて新しい組織を移入したことは、わが国の経済発展に一大影響を与えた。そのほか貨幣改鋳や御用金のほかに、関税収入と外債の募集や幕府紙幣の発行を挙げることができる。その頃既に各藩では紙幣即ち藩札を発行していたが、幕府は未だかつて紙幣を発行しなかった。慶応三年に幕府は遂に紙幣を発行することとなった。これは横浜貿易の資金にするためで、同年八月に四種の金札を発行した。流通区域は江戸・横浜に限定し、一〇月には江戸及び関八州を流通区域として向う三ヶ年間に兌換すべき五種の金札が発行された。一一月には前記の大坂の商社に近畿地方を流通区域として金百万両を限って六種（百両・五十両・十両・一両・二分・一分）の金札の発行を許可した。しかし金札は信用されず、従って商社も設立されなかった。かように慶喜の改革には刮目すべきものがあったが、彼が親しく政権の座についたのは僅か一ヶ年に過ぎなかった。従って幕府の改革もその緒についた許りで、幕府は瓦解し、遂に結実を見ずに終った。

五

幕府は仏国公使の提言によって諸般の改革を行ったのであるが、慶応元年一二月一二日老中本庄宗秀とロッシュの会見の際に、貨幣の改鋳や関税の改正について触れている。（本書八五頁）外債・軍制改革についてはロッシュは詳細な計画書を小笠原閣老に呈している。本書一三九—一四八頁　慶応三年二月大坂城内で将軍とロッシュとの対話内容は、幕政改革についての仏公使の意見を詳述したものである。これは慶喜の新政策を知る上で欠くことのできない史料であろう。本書二一四—二三六頁　本書の第三（自慶応三年三月至一〇月）は主として兵庫開港に関する資料が収められ、その他仏国公使に刑法・税制・外交に関する問題についての意見を聴いている。この頃幕府が外交官を海外に駐在せしめようとしたことは注目すべきであろう。対外関係と言えば、慶応二年一二月ロシヤの侵略に対した北蝦夷（樺太）に奉行所を設置せよと、建白した者がある。一八二—七頁　また三年八月二四日泉岳寺で閣老とパークスと会見した際、パークスは天皇の政治関与について忌憚のない質問をしている。二九一—二九五頁　本書の第三・第四・第五は幕政の終局に関する史料であって、幕府要路の大政奉還を中心とした意見を見る上で興味深いものがある。稲葉正邦は幕府政治終焉の時期に老中として内治外交の衝に当ったので、その手許に集められた史料は、維新史研究の上に大きな役割を果すものである。

淀《よど》稲《いな》葉《ば》家《け》文《もん》書《じょ》

日本史籍協會叢書 187

大正十五年十二月二十五日発行
昭和五十年一月三十日覆刻

編者 日本史籍協會
代表者 森谷秀亮
東京都三鷹市大澤二丁目十五番十六號

發行者 財團法人 東京大學出版會
代表者 福武 直
一一三 東京都文京區本郷七丁目三番一號
振替東京五九九六四電話(八一一)八八一四

印刷・株式會社 平文社
本文用紙・北越製紙株式會社
クロス・日本クロス工業株式會社
製函・株式會社 光陽紙器製作所
製本・有限會社 新榮社

日本史籍協会叢書 187
淀稲葉家文書（オンデマンド版）

2015年1月15日 発行

編　者　日本史籍協会
発行所　一般財団法人　東京大学出版会
代表者　渡辺　浩
〒153-0041　東京都目黒区駒場4-5-29
TEL　03-6407-1069　FAX　03-6407-1991
URL　http://www.utp.or.jp

印刷・製本　株式会社 デジタルパブリッシングサービス
TEL　03-5225-6061
URL　http://www.d-pub.co.jp/

AJ086

ISBN978-4-13-009487-0　Printed in Japan